Rolf Dreyer

UKW-FUNK-
BETRIEBSZEUGNIS
und
SPRECHFUNKZEUGNIS
FÜR DIE BINNENSCHIFFFAHRT

Delius Klasing Verlag

Von Rolf Dreyer sind auch die folgenden Titel im Delius Klasing Verlag erschienen:

Sportküstenschifferschein + Sportbootführerschein See
Übungen und Aufgaben Sportküstenschifferschein
Sportküstenschifferschein
   10 Fragebogen mit Antworten 12 Karten- und Gezeitenaufgaben mit Lösungen
Begleitheft für die Ausbildung und Prüfung Sportküstenschifferschein
Sportbootführerschein See
Skippertraining – Planen, Führen und Entscheiden

Bibliografische Information der Deutschen Bibliothek
Die Deutsche Bibliothek verzeichnet diese Publikation in der Deutschen
Nationalbibliografie; detaillierte bibliografische Daten sind im Internet
über <http://www.dnb.ddb.de> abrufbar.

3. Auflage
ISBN 3-7688-1429-7
© by Delius, Klasing & Co. KG, Bielefeld

Umschlaggestaltung: Ekkehard Schonart
Layout und Zeichnungen: Rolf Dreyer, Bielefeld
Fotonachweis: Seiten 6, 30, 33, 34, 35, 37, 39, 40, 59: HDW-Hagenuk;
Seite 26 : ELNA; Seite 27: Dantronik; Seiten 25, 29, 158, 159:
ICOM; Seiten 28, 29: SIMRAD; Seite 43: UK Hydrographic Office;
Seite 57: Wasser- und Schifffahrtsamt Cuxhaven; Seite 100: Kiesel
Druck: Ludwig Auer GmbH, Donauwörth
Printed in Germany 2006

Delius Klasing Verlag, Siekerwall 21, D-33602 Bielefeld
Tel.: 0521/559-0, Fax: 0521/559-115
e-mail: info@delius-klasing.de, www.delius-klasing.de

Achtung! Verlag und Autor übernehmen keine Gewähr für die Richtigkeit der in diesem Buch angegebenen Kanäle, Rufnummern (MMSI) und KüFuSt. Das Buch ersetzt keine amtlichen Veröffentlichungen.

Inhalt

Schritt 1   Das sollte die ganze Crew wissen **7**

Schritt 2   GMDSS **17**

Schritt 3   Not-, Dringlichkeits-, Sicherheitsverkehr **42**

Schritt 4   Ergänzungen zum UKW-Seefunk **53**

Schritt 5   Seefunk mit DSC-Controller **62**

Schritt 6   Binnenschifffahrtsfunk **76**

Schritt 7   Fragenkataloge **83**

Schritt 8   Englische Seefunktexte **149**

Schritt 9   Übungen zur praktischen Prüfung **157**

Schritt 10 Funkzeugnisse, Prüfungsinhalte **200**

Anhang   Übermittlung von Meldungen, internationale Buchstabiertafel **202**
   Vorhersagegebiete in Seewetterberichten, Anruf- und
   Arbeitskanäle deutscher KüFuSt, Frequenzen und Verwendung
   der UKW-Kanäle, Seegebietskarten Nordeuropa, Südeuropa,
   Merkblatt SAR-Einheiten, Karte Binnenschifffahrtsfunk
   Schifffahrtsvokabular Englisch – Deutsch

Register **220**

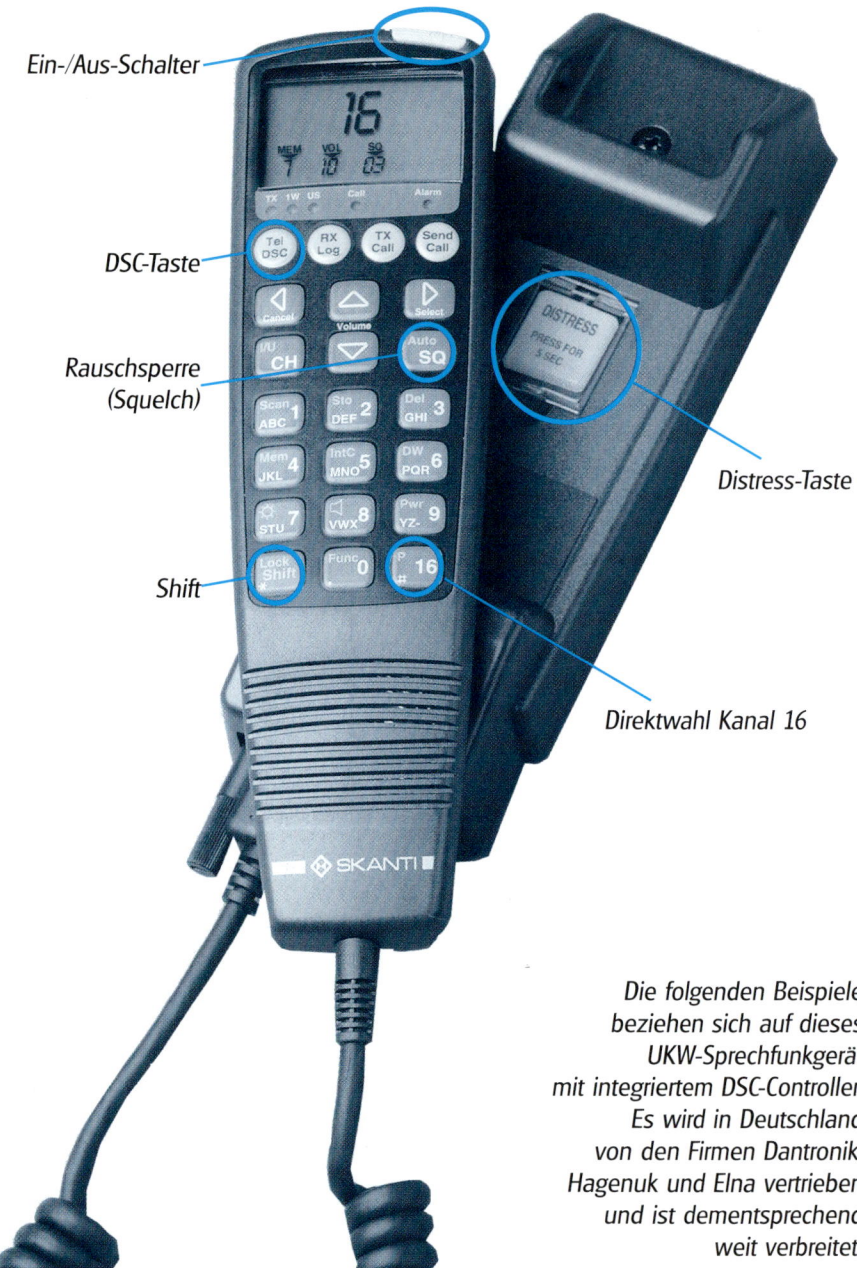

Ein-/Aus-Schalter

DSC-Taste

Rauschsperre
(Squelch)

Shift

Distress-Taste

Direktwahl Kanal 16

*Die folgenden Beispiele
beziehen sich auf dieses
UKW-Sprechfunkgerät
mit integriertem DSC-Controller.
Es wird in Deutschland
von den Firmen Dantronik,
Hagenuk und Elna vertrieben
und ist dementsprechend
weit verbreitet.*

Schritt 1: Das sollte die ganze Crew wissen

UKW-Sprechfunk

In Küstennähe ist ein UKW-Sprechfunkgerät das wichtigste Kommunikationsmittel zum Land und das Einzige zu anderen Schiffen. Ein Handy kann kein Funkgerät ersetzen. Nicht nur liegt dessen Reichweite weit unter der eines UKW-Sprechfunkgerätes, auch kann man damit die umliegende Schifffahrt und die landseitigen Schifffahrtseinrichtungen nicht erreichen. Per UKW ist dies sogar kostenlos möglich. Abgesehen von wenigen offenen Booten verfügen daher nahezu alle Boote und Yachten über ein UKW-Sprechfunkgerät. Es befindet sich zumeist unter Deck am Kartentisch.

Ein-/Ausschalten des Gerätes

Für das UKW-Sprechfunkgerät gibt es in der Regel einen eigenen Stromkreis. Vor dem Einschalten muss daher zunächst an der Schalttafel der Schalter UKW (oft auch VHF – Very High Frequency) umgelegt werden. Erst dann kann das Funkgerät eingeschaltet werden. Wenn es – wie üblich – an den GPS-Navigator angeschlossen ist, muss auch er eingeschaltet sein, damit im Notfall automatisch die aktuelle Position übertragen wird.

Distress-Taste

Wenn die Distress-Taste, die mit einer Abdeckkappe geschützt ist, fünf Sekunden lang gedrückt wird, dann wird ein digitaler Notalarm gesendet. Er enthält u. a. die MMSI, die 9-stellige Rufnummer des Schiffs und die aktuelle Position mit der dazugehörigen Zeit. Position und Zeit liefert der angeschlossene GPS-Navigator.

DSC-Notalarm (Distress Alert)

```
D 211512680           CH 16 S
5358N 00755E          1842
UNDESIGNATED
```

D = Distress (Seenot)
211512680 = MMSI des Havaristen
CH 16 S = Notverkehr auf Kanal 16 Simplex
5358N 00755E = Position 53°58'N 007°55'E
1842 = Zur Position gehörende Zeit 1842 UTC
UNDESIGNATED = keine Angabe der Notfallart

Dieser Notalarm wird von Funkstellen empfangen, die mit einem DSC-Controller für UKW ausgerüstet sind. Das sind zum einen die Schiffe in der Umgebung, zum anderen – in A1-Gebieten (s. Karte auf Seite 206) – das zuständige MRCC (Maritime Rescue

8

Co-ordination Centre, Seenotleitstelle). In Deutschland ist das MRCC die zentrale Leitstelle (Bremen) der Deutschen Gesellschaft zur Rettung Schiffbrüchiger, DGzRS. Das MRCC bestätigt umgehend den Empfang des Notalarms, sodass der Havarist (wie auch die umliegende Schifffahrt) darüber informiert werden, dass sofort die Rettungsmaßnahmen eingeleitet werden.

Hinweise
➠ Es gibt keine Möglichkeit, die Funktion der Distress-Taste zu testen.
➠ Nur der Schiffsführer darf eine gefährliche Lage zum Notfall erklären. Notalarme dürfen nur auf Anweisung des Schiffsführers gesendet werden.

Skipper über Bord! (GMDSS)

Für alle Segler ist die Vorstellung, dass eine Person über Bord geht und nicht umgehend wieder geborgen werden kann, ein Albtraum. Das folgende Beispiel behandelt den Fall zweier Segler, bei dem – in einem A1-Gebiet – um 1842 UTC der Skipper über Bord geht und vom anderen nicht gerettet werden kann.

MMSI: 211512680
Schiffsname: Arcturus
Rufzeichen: DA1221

Punkt 1:
Hörer abnehmen, Distress-Taste fünf Sekunden lang gedrückt halten.

Punkt 2:
Hörer wieder einhängen, Display beobach-

ten. Nach spätestens 15 Sekunden wird der Empfang des DSC-Notalarms – vom MRCC oder der Küstenwache – bestätigt. Im Display erscheint von lauten Signaltönen begleitet die folgende Anzeige:

Dabei bedeutet „DIST ACK" Distress Acknowledgement = Notfall-Bestätigung. Danach – oder falls keine Notfall-Bestätigung eingeht etwa 15 Sekunden später – sollen nähere Angaben zum Notfall gemacht werden. Dies erfolgt im Sprechfunk auf Kanal 16:

Punkt 3: Hörer abnehmen; das Alarmsignal verstummt. Die Sendetaste auf der Hörer-Innenseite drücken und bei gedrückter Sendetaste langsam und deutlich sprechen:

Mayday
This is
211512680 Arcturus/DA1221
Skipper overboard. I am alone and
I cannot rescue the Skipper.
Over

Mayday
Hier ist
211512680 Arcturus/DA1221
Skipper über Bord! Ich bin allein und kann den Skipper nicht retten.
Over

Hinweise
➡ Schifffahrtssprache ist Englisch; außerhalb des deutschen Hoheitsgebietes muss in der Regel englisch gesprochen werden.
➡ Es ist möglich, die Notfallart „Mann über Bord" zusammen mit dem DSC-Notalarm zu senden. Dies verlangt aber eine eingehende Kenntnis der Bedienung des Gerätes, kostet wertvolle Zeit und erspart nicht Punkt 3.

Damit ist eine Sprechfunkverbindung zum MRCC hergestellt. Zum Sprechen muss die Sendetaste gedrückt und zum Hören losgelassen werden (Wechselsprechen).

Das MRCC hat inzwischen über die MMSI auf die Schiffsdaten des Havaristen zugegriffen (Typ, Größe, Name, Rufzeichen, zulässige Personenzahl). Mit der in Punkt 3 abgegebenen Meldung (Eröffnung des Notverkehrs) erfährt es erste Umstände des Notfalls. Das MRCC wird nun z. B. fragen, wann der Skipper über Bord gegangen ist, wie weit sich das Boot von der Unfallstelle entfernt hat, ob der Skipper eine Rettungsweste trägt und ob er noch sichtbar ist. Es wird das schnellstmögliche Verkehrsmittel (Hubschrauber, Rettungskreuzer) einsetzen und im Rahmen seiner Möglichkeiten Ratschläge für das Verhalten an Bord geben. Dabei wird es vor jedem Anruf einmal „Mayday" sagen. Ggf. wird es auch die Schiffe in der Nähe des Havaristen zur Hilfeleistung auffordern (Mayday Relay, s. Seite 47).

Auch Schiffe haben möglicherweise den DSC-Notalarm, die DSC-Bestätigung und den anschließenden Notverkehr empfangen. Fahrzeuge in der Nähe kommen sofort zu Hilfe; sie teilen dies auf Kanal 16 mit (s. Seite 44).

GMDSS

Die Möglichkeit, über eine Distress-Taste vollautomatisch einen Notalarm auszulösen, wurde 1992 mit Einführung des GMDSS geschaffen und von der Schifffahrt als revolutionäre Verbesserung der Notalarm-Übermittlung angesehen. Bis dahin hatte es katastrophale Schwierigkeiten bei der Abgabe und Aufnahme von Notmeldungen gegeben (z. B. Archille Lauro, Estonia).

Durch das GMDSS (Global Maritime Distress and Safety System = weltweites Seenot- und Sicherheitsfunksystem für die Schifffahrt) können in einem Notfall Rettungsleitstellen (MRCC) und die umliegende Schifffahrt schnell, sicher und umfassend alarmiert und eine koordinierte Suche und Rettung unverzüglich eingeleitet werden. Im nebenstehenden Beispiel wurde das digitale Alarmierungs- und Anrufverfahren DSC (Digital Selective Calling = digitaler Selektivruf) verwendet. Weitere Informationen zum GMDSS in Schritt 2, Seite 17 ff.

Skipper über Bord! (NON-GMDSS)

Mit einem Funkgerät ohne Distress-Taste müssen alle Angaben zum Notfall gesprochen werden. Das ist im Ernstfall gar nicht so einfach. Die meisten Menschen können kaum noch richtig reden, sobald sie oder andere sich in Lebensgefahr befinden. In manchen Notfällen (Feuer, Sinken) ist das Funkgerät zudem nur noch kurzzeitig sendebereit, sodass es auf jede Sekunde ankommt.

10

Liegt der Havarist weit von der nächsten Funkstelle entfernt, so wird er nur schwer zu verstehen sein. Stets sollte eine Notmeldung langsam und deutlich, zum Mitschreiben geeignet und möglichst in englischer Sprache gesendet werden – im Stress ein nahezu unmögliches Anliegen.

Im obigen Beispiel (Skipper über Bord) muss die an Bord verbliebene Person zunächst die Position des Schiffes bestimmen (GPS), den Hörer aus der Halterung nehmen, die Sendetaste drücken und langsam sprechen:

Mayday Mayday Mayday
This is
Arcturus Arcturus Arcturus/DA1221[1]
Mayday Arcturus/DA1221
Position 53°58'N 007°55'E at 1842 UTC
Skipper overboard. I am alone and
I cannot rescue the Skipper.
Over

Mayday Mayday Mayday
Hier ist
Arcturus Arcturus Arcturus/DA1221[1]
Mayday Arcturus/DA1221
Position 53°58'N 007°55'E um 1842 UTC
Skipper über Bord! Ich bin allein und kann den Skipper nicht retten.
Over

Form und Aufbau dieser Meldung entsprechen den alten Vorschriften (NON-GMDSS).

---

[1] Bei schwer zu sprechenden, nur in Landessprache gebräulichen Namen kann auch nur das Rufzeichen (dreimal) gesprochen werden.

Sprechfunk-Grundlagen

Ultrakurzwellen breiten sich geradlinig aus und folgen nicht der Erdkrümmung. Ein Empfang ist nur aus vergleichsweise kleiner Entfernung möglich. Um die Reichweite zu erhöhen, werden die Antennen auf möglichst hohe Masten montiert. Segelyachten können so etwa 30 Seemeilen weit funken.

Unter **Sprechfunk** versteht man das Sprechen über Funk zwischen Schiffen untereinander sowie zum Land. UKW nennt man den Frequenzbereich zwischen 30 und 300 MHz. Für UKW-Sprechfunk wird aber nur der Frequenzbereich 156 bis 162 MHz genutzt (für UKW-Rundfunk 88 bis 106 MHz).

Zur Vereinfachung wurden 55 **Kanäle**, denen jeweils eine Frequenz zugeordnet wurde, geschaffen. Während man beim UKW-Radio die Frequenz des Senders suchen und einstellen muss, braucht man im UKW-Sprechfunk nur einen **Kanal** zu wählen. Jedoch darf nicht jeder beliebige Kanal benutzt werden. Zur reibungslosen Abwicklung dürfen bestimmte Gespräche nur auf bestimmten Kanälen geführt werden.

Die drei Funkerregeln

1. Erst hören – dann senden; nur senden, wenn der Kanal frei ist
2. Immer den eigenen Stationsnamen (Schiffsname und/oder Rufzeichen) nennen
3. Keine unnötigen oder unwichtigen Aussendungen; keine beleidigenden Ausdrücke

Wichtige Kanäle im Seefunk

Kanal 16 Kanal 16 wird weltweit als **Notkanal** verwendet. Wenn ein Schiff eine Notmeldung auf UKW aussenden will, so soll dies auf Kanal 16 erfolgen. Vor vielen Küsten (A1-Gebiete) wird Kanal 16 von Rettungsleitstellen oder Küstenwachen ständig abgehört. Auch der anschließende Funkverkehr zur Suche und Rettung wird in erster Linie auf Kanal 16 abgewickelt. Wenn kein Notverkehr herrscht, dürfen auf Kanal 16 auch Dringlichkeitsmeldungen und sehr kurze Sicherheitsmeldungen ausgesendet werden. Anrufe, mit denen eine Funkverbindung zu anderen Zwecken aufgebaut werden soll, sind auf Kanal 16 zu vermeiden. Solche Anrufe sollen auf einem anderen Kanal, einem Arbeitskanal, erfolgen. Nur wenn kein Arbeitskanal zur Verfügung steht, darf auf Kanal 16 angerufen (aber kein Funkverkehr abgewickelt) werden.

Kanal 13 Kanal 13 ist für den Funkverkehr von Brücke zu Brücke vorgesehen – und zwar gleichermaßen für Anrufe wie die Übermittlung von Meldungen. Das angerufene Schiff kann einen anderen Kanal vorschlagen, doch vor einem Wechsel muss das rufende Schiff sein Einverständnis erklären.

Kanal 69 für Sportboote (nur in Deutschland)

Kanal 72 für Sportboote (nur in Deutschland)

Kanal 70 Auf Kanal 70 werden DSC-Signale übertragen, er ist für Sprechfunk gesperrt.

IMO-Entschließung A.954(23)

Im Jahr 2005 wurde die Entschließung A.954(23) der International Maritime Organization, der UN-Organisation für Seeschifffahrt, in Deutschland umgesetzt. Sie bezweckt die – nach Einführung des AIS (siehe Seite 58) – richtige Benutzung der Kanäle und verlangt, dass Kanal 16 nicht mehr als Anrufkanal verwendet wird, wie es früher zumeist praktiziert wurde. Im offenen Sprachanruf ist seitdem – wo immer möglich – der Arbeitskanal zu verwenden; das ist der Kanal, auf dem anschließend auch gesprochen wird – für die Seeschifffahrt Kanal 13, für die Sportschifffahrt in Deutschland Kanal 72 oder Kanal 69. Zu weiteren Kanälen für den Schiff-Schiff-Verkehr und zu den Kanälen im Revier- und Hafenfunk (mit Küstenfunkstellen) siehe Seiten 204, 205. Auch der Routine-Anruf wurde reformiert – verkürzt; siehe dazu Seite 14.

Das oben beschriebene Verfahren des Wechselsprechens wird als **Simplex-Verkehr** bezeichnet. Um dem Gesprächspartner anzuzeigen, dass eine Antwort erwünscht wird, sagt man **Over** (Bitte kommen).

Zum Gegensprechen (**Duplex-Verkehr**) werden zwei Frequenzen benötigt, sodass wie beim Telefonieren gleichzeitig gehört und gesprochen werden kann. Dies ist nur auf Duplex-Kanälen (s. Seite 205) mit speziellen Funkgeräten für Duplex-Betrieb (s. Seite 26) möglich. Wird auf einem Duplex-Kanal – wie allgemein üblich – im Simplex-Verkehr gesprochen, so nennt man dies **Semi-Duplex-Verkehr**.

12

Mit der Rauschsperre (Englisch: squelch, abgekürzt SQL oder SQ) kann die Verständigung verbessert werden. Die Rauschsperre unterdrückt das Rauschen, indem sie die Empfindlichkeit des Empfängers verringert. Der Schwellenwert der Rauschsperre (Empfindlichkeit) kann durch Drücken der Tasten SQ und ▲ bzw. ▼ verändert werden. Bei eingeschalteter Rauschsperre ist kein Rauschen hörbar; Sender in großer Entfernung, die nur schwach strahlen, werden unterdrückt. Ist die Rauschsperre ausgeschaltet oder wird der Schwellenwert heruntergefahren, so rauscht es, aber schwache Sender können nun empfangen werden.

Ist auch bei ausgeschalteter Rauschsperre kein Rauschen vernehmbar, so strahlt ein Sender. Der Kanal ist dann nicht frei, es darf nicht gesendet werden (Funkerregel 1).

Außer in einem Notfall muss vor jedem Anruf zunächst in den Kanal gehört und die Rauschsperre ausgeschaltet werden. Wenn bereits Funkverkehr läuft, sind eigene Anrufe (Routineverkehr) zurückzustellen.

UKW-Sprechfunkgeräte besitzen eine Sendeleistung von 25 Watt. Damit beträgt die Reichweite – bei ausreichender Antennenhöhe – über 60 sm. UKW-Funkverkehr ist also auch über relativ große Entfernungen zu empfangen. Um nicht für ein Routinegespräch mit einem Schiff in der Nähe den Funkverkehr weiträumig zu blockieren, soll die Sendeleistung auf 1 Watt reduziert werden (ausreichend für etwa 5 Seemeilen), auch im Verkehr mit Küstenfunkstellen, es sei denn, die Küstenfunkstelle erbittet die

Übertragung mit voller Leistung. Not-, Dringlichkeits- und Sicherheitsmeldungen (s. Schritt 3) dagegen werden immer mit voller Sendeleistung ausgestrahlt.

Ein funktionsbereites Funkgerät bezeichnet man als Funkstelle. Befindet es sich an Bord eines (nicht dauernd verankerten) Seeschiffes, so heißt es Seefunkstelle (SeeFuSt); Funkstellen auf Binnenschiffen werden als Schiffsfunkstellen bezeichnet.

Neben den SeeFuSt gibt es im Seefunk die Küstenfunkstellen (KüFuSt). Diese werden unterschieden in KüFuSt für den öffentlichen Verkehr (Einrichtungen einer Telefongesellschaft) und KüFuSt für den nicht-öffentlichen Verkehr (z. B. Verkehrszentralen, Häfen, Schleusen, Brücken, Lotsen).

Rangfolge im Funkverkehr

Die folgende Rangfolge gilt im Funkverkehr

1. Notverkehr	(Mayday)
2. Dringlichkeitsverkehr	(Pan Pan)
3. Sicherheitsverkehr	(Sécurité)
4. Sonstiger Verkehr	

Mayday ist das Sprechfunk-Notzeichen. Es leitet sich aus dem französischen „veuillez m'aider" (= Helft mir!) ab, sollte französisch ausgesprochen werden (mädeh) und zeigt an, dass ein <u>Fahrzeug</u> (z. B. ein Schiff, Flugzeug oder ein sonstiges Fahrzeug) <u>oder eine Person in Not ist und sofortige Hilfe benötigt</u>. Während des Notverkehrs wird das Wort „Mayday" vor jedem Anruf gesendet.

Alle Funkstellen, die das Notzeichen oder einen Notalarm empfangen, müssen sofort jeden anderen Funkverkehr, der den Notverkehr stören könnte, abbrechen. Der Notverkehr hat unbedingten Vorrang vor jedem anderen Funkverkehr. Die Abwicklung des Notverkehrs ist international einheitlich geregelt. Zu den einschlägigen Bestimmungen siehe Schritt 3, Seiten 42 ff.

Das Dringlichkeitszeichen besteht aus der Gruppe der Wörter Pan Pan (nach dem französischen la panne, gesprochen pann pann). Es zeigt an, dass die rufende FuSt eine sehr dringende Meldung auszusenden hat, welche die Sicherheit einer Person oder eines Fahrzeugs betrifft. Das Dringlichkeitszeichen ist z. B. dann zu verwenden, wenn eine gefährliche Lage eingetreten ist, die möglicherweise zu einem Notfall führt oder wenn medizinische Hilfe dringend benötigt wird. Es muss vor dem Aussenden einer Dringlichkeitsmeldung dreimal gesprochen werden. Zum Dringlichkeitsverkehr s. auch Schritt 3, Seite 51.

Das Sicherheitszeichen Sécurité (gesprochen ßehküriteh) zeigt an, dass die rufende FuSt eine wichtige nautische Warnnachricht oder eine wichtige Wetterwarnung auszusenden hat. Sicherheitsmeldungen werden zumeist von KüFuSt, selten auch von Schiffen gesendet. Zum Sicherheitsverkehr s. ebenfalls Schritt 3, Seite 52.

Hinweis
➡ Alle Sprechfunkzeichen werden französisch ausgesprochen. Weitere Sprechfunkzeichen des Notverkehrs werden auf den Seiten 47 ff. und 79 vorgestellt.

Rufzeichen, MMSI

Die Bundesnetzagentur vergibt Rufzeichen und MMSI. Schiffe, die in ein Seeschiffsregister eingetragen sind, erhalten ihr Unterscheidungssignal (das sie beim Eintrag in das Seeschiffsregister erhalten) als Rufzeichen. Für deutsche Schiffe besteht das Unterscheidungssignal aus vier Buchstaben der Gruppe DAAA bis DRZZ. (Die DDR verwendete Rufzeichen aus der Reihe Y2AA bis Y9ZZ.) Deutsche Fahrzeuge ab 15 Meter Länge müssen, kleinere können registriert werden. Nichtregistrierte Seeschiffe erhalten ein Rufzeichen zwischen DA2001 und DJ9999. Für Seeschiffe ist die Niederlassung Hamburg, für Binnenschiffe die Niederlassung Mülheim/Ruhr zuständig. Rufzeichen werden in jedem Fall mithilfe der internationalen Buchstabiertafel (Seite 202) buchstabiert. Beim Funkverkehr an Bord wird die Hauptfunkstelle Schiffsname Control (z. B. *Carina Control*) und die Nebenfunkstellen Schiffsname Alfa (z. B. *Carina Alfa*), Schiffsname Bravo ... gerufen.

Schiffe mit DSC-Controller oder Epirb erhalten eine 9-stellige Rufnummer (MMSI = Maritime Mobile Service Identity); sie wird in Funkgeräte und Seenotfunkbojen fest einprogrammiert. Die ersten drei Stellen sind die Seefunkkennzahl MID (Maritime Identification Digits); Deutschland hatte zwei MIDs erhalten – 211 und 218 (DDR); Dänemark hat die MID 219, Holland 244). – Auch KüFuSt haben MMSI; hier werden der Seefunkkennzahl zwei Nullen vorangestellt (z. B. 002111240). MMSI, die mit einer Null beginnen (z. B. 021125230) sind Gruppennummern; so kann mit einer Nummer eine Gruppe von Fahrzeugen gleichzeitig angerufen werden (z. B. alle Schiffe der Wasserschutzpolizei oder einer Reederei).

14

Offener Sprachanruf im Routineverkehr

Normalfall (1 : 2)	Erschwerte Bedingungen (2 : 2)
BORKUM PORT	BORKUM PORT
HIER IST	BORKUM PORT
RUBIN	HIER IST
RUBIN	RUBIN
OVER	RUBIN
	OVER
APOLLO	APOLLO
HIER IST	APOLLO
VENUS	HIER IST
VENUS	VENUS
OVER	VENUS
	OVER

Eine unbekannte Yacht mit blauem Rumpf bei Tonne 4 wird angerufen

HALLO ALLE SCHIFFE
HIER IST
POLARIS
POLARIS
SEGELYACHT MIT BLAUEM RUMPF BEI TONNE 4,
ICH BITTE UM SCHLEPPHILFE.
OVER

Eine Sturmwarnung wird angekündigt

SECURITE SECURITE SECURITE
ALL SHIPS
ALL SHIPS
ALL SHIPS
THIS IS
LYNGBY RADIO
LYNGBY RADIO
LYNGBY RADIO
GALE WARNUNG ON THE WORKING CHANNELS

Anrufverfahren

Es gibt zwei Möglichkeiten, um eine Funkverbindung aufzubauen, den **offenen Sprachanruf** und **den digitalen Sektivruf (DSC)**. Ist die Rufnummer (MMSI) des gerufenen Schiffes bekannt, kann es direkt – wie beim Telefonieren – angerufen werden.

Andernfalls muss ein offener Sprachanruf gemacht werden. Dazu wählt die rufende Funkstelle einen Arbeitskanal aus, prüft, ob dieser Kanal frei ist und spricht dann ein Mal den Namen der gerufenen Funkstelle. Dann folgen die Worte *Hier ist* (*this is*) und zwei Mal der eigene Name. Wenn es bei schwierigen Bedingungen für nötig gehalten wird, darf der Name der gerufenen Funkstelle auch zwei Mal gesprochen werden. Bei Schiffen kann nach dem Namen das Rufzeichen gesprochen werden, aber immer nur ein Mal.

Hinweis
➡ Wurde eine <u>unbekannte</u> Funkstelle per DSC angerufen, so lautet der Sprachanruf: *Name – Hier ist – MMSI Name Rufzeichen*. Ist der Anrufer der per DSC gerufenen Funkstelle bekannt: *Name – Hier ist – Name*.

Schiff-Schiff-Verkehr (Routine)

Der sonstige Verkehr (s. Seite 12) wird auch als Routineverkehr bezeichnet. Hier ein Beispiel aus der Sportschifffahrt:

1. Anrufkanal 72 einstellen und prüfen, ob der Kanal frei ist, insbesondere ob kein Seenotverkehr abgewickelt wird.

2. Reduzierte Leistung, Rauschsperre kurz ausschalten.
3. Wenn Kanal 72 frei ist, sprechen:

Pinta
Hier ist
Tina, Tina
Over

Pinta antwortet:
Tina
Hier ist
Pinta
Ich höre.
Over

Tina antwortet:
Moin Manfred, wo steht ihr gerade?
Over

Hi, wie gehts dir. Wir ...

Digitaler Selektivruf – DSC

Ein DSC-Controller macht das offene Sprachan-rufverfahren überflüssig. Per DSC werden MMSI, Arbeitskanal und Priorität übermittelt. Wie beim Telefon ertönt dann ein Signal und es muss nur der Hörer abgenommen werden. Das Funkgerät wird automatisch eingestellt. Neben Einzelanrufen (Selektivrufen) sind Rufe an alle FuSt und Grup-penrufe möglich (Beispiele auf Seite 64 ff.). Bei Manöverabsprachen und Vereinbarungen, die auch andere Schiffe betreffen könnten, soll nicht per DSC, sondern offen angerufen werden.

Während des Gesprächs entfallen Anrufe und „Over". Nachteilig beim offenen Sprach-anruf ist, dass Kanal 72 ständig abgehört werden muss. Wenn hier keine Funkverbin-dung zustande kommt, könnte Tina es noch einmal auf Kanal 69 versuchen.

Mit einem DSC-Controller wird der Sprach-anruf durch einen **digitalen Selektivruf (DSC)** ersetzt. Damit werden MMSI, Arbeits-kanal (72) und Rangfolge (Routine) als DSC gesendet. Auf dem gerufenen Schiff klingelt dann das Funkgerät und wie beim Telefon muss nur der Hörer abgenommen werden. Dann ertönt auch bei der rufenden FuSt ein Signalton – als Zeichen dass nun das Gespräch beginnen kann. Die Einstellung der Funkgeräte erfolgt automatisch. Ein Beispiel findet der Leser auf Seite 64.

Bei unbekannter MMSI muss das gerufene Schiff im offenen Sprachanruf gerufen und genau beschrieben werden. Das folgende Beispiel ohne DSC behandelt den **Funkver-kehr zwischen den Brücken** eines Tankers und eines unbekannten Frachters, die beide in einem Verkehrstrennungsgebiet fahren:

Kanal 13:

Hello all ships
This is
Commodore, Commodore
Vessel in position 50°32'N 0°05'E
course 255°, speed 14 knots
I am the tanker on your starboard side.
In 12 minutes I must alter my course
to 180°.
Over

16

Hallo alle Schiffe
Hier ist
Commodore, Commodore
Schiff auf Position 50°32'N 0°05'E
Kurs 255°, Fahrt 14 Knoten
Ich bin der Tanker an Ihrer Steuerbordseite.
In 12 Minuten muss ich meinen Kurs
auf 180° ändern.
Over

Hinweis
➡ Commodore kann den Kurs und die Fahrt des gerufenen Schiffes an seinem Radargerät ablesen.

Commodore
This is
Emeralde, Emeralde
Understood. 180° OK.
I will pass your stern.

Commodore
Hier ist
Emeralde, Emeralde
Verstanden. 180° OK.
Ich werde hinter Ihrem Heck passieren.

Hinweis
➡ Nach Einführung des Automatischen Identifikationssystems AIS (siehe Seite 58) kann Commodore die Daten des anderen Schiffes Emeralde auf einem Bildschirm ablesen. Das unbekannte Schiff muss dann nicht mehr umschrieben, sondern kann direkt angerufen werden.

Mit dem Funkgerät telefonieren

Wer früher von Bord aus telefonieren wollte, musste eine KüFuSt für den **öffentlichen Funkverkehr** anrufen und sich dort manuell ein Gespräch vermitteln lassen. Heute werden Handys eingesetzt. Doch eine Telefongesellschaft in Deutschland bietet diesen Dienst noch an. Die Gebühren sind hoch: 0,50 Euro/Minute (deutsches Festnetz). Sogar Telegramme werden angenommen (Telegrammgebühr: 9,- zzgl. 0,90 Euro je Wort). Auch ankommende Anrufe werden dem Schiff in Rechnung gestellt. Um angerufen werden zu können, muss man entweder ständig empfangsbereit sein oder die **Sammelanrufe** abhören. Darin verliest die Telefongesellschaft die Namen derjenigen Schiffe, für die angerufen worden ist (Extra-Gebühr: 9,- Euro für zweimalige Erwähnung im Sammelanruf). Um am «öffentlichen Funkverkehr» teilnehmen zu können, ist eine Genehmigung der Bundesnetzagentur erforderlich. Kunden einer Seefunktelefongesellschaft erhalten eine **Abrechnungskennung** (z. B. DP01, gesprochen: Delta Papa null eins, DP07 oder CY03), mit der bei Gesprächen über ausländische Telefongesellschaften die Fakturierung gesteuert wird. Die Entgelte für solche Telefongespräche werden zum Teil immer noch in Goldfranken (GFr) oder in Sonderziehungsrechten (SZR) angegeben.

Hinweise
➡ Vor dem Anruf an eine KüFuSt für den öffentlichen Verkehr ist der Sender der KüFuSt einzuschalten, indem die Sendetaste einige Sekunden lang gedrückt gehalten wird. Ein Freizeichen (Melodie) zeigt an, dass der Sender eingeschaltet ist.

Schritt 2: GMDSS

Das alte Funksystem

Im alten Funksystem, das auch schon auf dem SOLAS-Abkommen von 1974 (s. Seite 53) beruhte, mussten sich die Schiffe bei einem Notfall gegenseitig helfen und die Rettung auch eigenständig organisieren. Hilfe von Land konnte nur in Küstennähe geleistet werden. Auf hoher See, fernab von den Küsten waren die Schiffe allein auf sich angewiesen. Um sich untereinander helfen zu können, mussten alle Schiffe auf See ununterbrochen die international festgelegten Notfrequenzen (z. B. Kanal 16) abhören. Dies gehörte zu den Pflichten des Funkers.

Seine Aufgabe war es auch, andere Schiffe zu alarmieren, falls das eigene Schiff in Not geriet. Mit der damals verfügbaren Technik war dies i. Allg. mit erheblichen Schwierigkeiten verbunden, weshalb oftmals der Funker und nicht der Kapitän als Letzter das sinkende Schiff verließ – denn er war bis zuletzt bemüht, irgendein anderes Schiff zu erreichen. Ein Schiff in Not konnte zwar per

– Sprechfunk auf den Frequenzbereichen Grenzwelle GW, Kurzwelle KW und Ultrakurzwelle UKW,
– Funkfernschreiben auf den Frequenzbereichen Grenzwelle GW und Kurzwelle KW,
– Morse-Telegrafiefunk auf den Frequenzbereichen Mittelwelle MW und Kurzwelle KW

um Hilfe rufen. Im Idealfall war damit auch ein weltweiter Funkverkehr möglich – de facto konnte jedoch häufig nicht einmal jenseits der GW-Reichweite (ca. 300 sm) eine Sprechfunkverbindung aufgebaut werden. Und selbst wenn ein Kontakt hergestellt war, konnten die erforderlichen Informationen oftmals nur unvollständig und verstümmelt übermittelt oder aufgenommen werden. Denn verständlicherweise ist die Aufregung beim Untergang eines Schiffes so groß, dass nicht selten Entscheidendes vergessen oder nicht verstanden wird.

Wenn ein Funker die Notmeldung eines Schiffes empfangen hatte, musste er sofort, ohne Zeit zu verlieren und ohne zuvor seinen Kapitän zu konsultieren, dem Havaristen antworten („Empfangsbestätigung"). Erst danach unterrichtete er den Kapitän, der seinerseits umgehend dafür zu sorgen hatte, dass das

Sprechfunk-Reichweiten

Ultrakurzwelle:	ca. 30 bis 60 sm
Grenzwelle:	ca. 300 sm
Kurzwelle:	weltweit

18

Schiff Kurs auf den Havaristen aufnahm und ihm mit größtmöglicher Geschwindigkeit zu Hilfe eilte. Erschien die Suche und Rettung zu schwierig für ein Schiff allein, so musste die empfangene Notmeldung an andere Schiffe weitergeleitet werden. Rettungseinrichtungen an Land konnten dabei nicht helfen.

Weil es keine leistungsfähigen Kommunikationseinrichtungen gab, waren die Schiffe meistens ganz allein auf sich angewiesen und konnten auch nicht mit wichtigen nautischen Warnungen versorgt werden. So segelte z. B. 1957 das deutsche Segelschulschiff Pamir ahnungslos direkt in den Hurrican „Carrie", der kurz zuvor seine Zugbahn um fast 180° geändert hatte. Die Pamir sank daraufhin auf dem Nordatlantik.

Das alte Funksystem hatte vier entscheidende Schwächen:

1. Schwierigkeiten bei der Abgabe, Übermittlung und Aufnahme von Notmeldungen
2. unzulängliche Einbeziehung der Rettungseinrichtungen an Land
3. fehlende Koordination der Rettungsmittel durch eine übergeordnete Leitstelle
4. nicht hinreichende Versorgung der Schifffahrt mit nautischen Warnungen

Fortschritte in der Kommunikationstechnik, insbesondere durch Satelliten, veranlassten die seefahrenden Nationen, unter Führung der zuständigen UN-Unterorganisationen ITU (International Telecommunication Union, Genf) und IMO (International Maritime Organization, London) 1987/1988 eine Neuorganisation des Seefunks zu schaffen.

Reform des alten Funksystems

Eine Reform des alten Funksystems sollte die Probleme beseitigen. Die Ziele waren:

1. Es sollte nicht mehr den Schiffen überlassen bleiben, ihre Rettungsmaßnahmen selbst zu organisieren. Diese Aufgabe sollten maritime Rettungsleitstellen an Land übernehmen.

2. Solche Leitstellen mussten aufgebaut werden. Sie sollten die Rettungseinsätze auf allen Weltmeeren organisieren können. Sobald ein Schiff in Not geriet, sollten sie hierüber informiert werden und dann alle im Seegebiet des Havaristen befindlichen Schiffe in die Rettungsmaßnahmen einbeziehen können.

3. Daher durften die Notalarme nicht mehr nur die umliegenden Schiffe erreichen. Vielmehr musste gewährleistet werden, dass jedes Schiff in Not selbst eine Rettungsleitstelle an Land alarmieren kann.

4. Auf jedem Schiff sollte eine Alarmierung per Knopfdruck möglich sein. Und wenn der Knopfdruck vergessen würde, sollte beim Untergang des Schiffes vollautomatisch Alarm ausgelöst werden. Jedes Schiff sollte grundsätzlich über mehrere Alarmierungsmöglichkeiten verfügen.

5. Menschliches Versagen sollte auch bei der Aufnahme von Notalarmen weitgehend ausgeschlossen werden können. Alle empfangenen Notalarme sollten auto-

matisch gespeichert und in Fällen, wo alle Mann an Bord gebraucht wurden (Fischer), auch automatisch weitergeleitet werden können.

6. Um es nach Möglichkeit gar nicht erst zu Notfällen kommen zu lassen, sollten alle Schiffe mit den für die sichere Durchführung der Reise notwendigen Informationen versorgt werden.

Einführung des GMDSS

Die weltweite Neuorganisation des Seefunks erfolgte zwischen dem 1.2.1992 und dem 31.1.1999. Sie wurde GMDSS (Global Maritime Distress and Safety System, weltweites Seenot- und Sicherheitsfunksystem für die Schifffahrt) genannt.

Vereinfacht gesprochen übernahm man aus dem alten Funksystem den Sprechfunk und das KW-Fernschreibverfahren (zur Versorgung der Polarregionen, die über Satellit nicht erreichbar sind). Beides wurde jedoch durch ein digitales Alarmierungs- und Anruf-

Die wichtigsten GMDSS-Komponenten

	Bisheriger Sprechfunk (UKW, GW, KW)
+	Bisheriges KW-Fernschreibverfahren
+	Digitaler Selektivruf DSC
+	Inmarsat-Satellitenseefunk
+	Navtex
=	GMDSS

verfahren (DSC-Controller) ergänzt. Zudem wurden der damals bereits vorhandene – und bewährte – Inmarsat-Satellitenseefunk (s. Seite 31) sowie das ebenfalls schon existierende Funkfernschreibverfahren Navtex (s. Seite 31) in das neue Funksystem integriert.

In alter Form beibehalten wurde nur der Funkverkehr zwischen den Brücken der Schiffe (s. Seite 15). Hier und bei Kontakten mit einigen KüFuSt sollte per UKW-Sprechfunk wie bisher verkehrt werden. Im Übrigen änderte sich der gesamte Seefunk vollständig. Dies hat vier wichtige Konsequenzen:

1. Die neuen Alarmierungsmöglichkeiten sind sicherer und einfacher. Die Einbeziehung der Rettungsleitstellen verbessert die Suche und Rettung.

2. Auf die Funkwache kann verzichtet werden. Wie bei einem Telefon schellt es bei Anrufen, die das Schiff betreffen.

3. Bei Verbindungen über große Entfernungen wird nicht mehr der technisch anspruchsvolle, zeitraubende Kurzwellenfunk, sondern das schnelle, einfache Satellitentelefon genommen.

4. Alle wichtigen, die Fahrt betreffenden Informationen, die der Funker früher zu verschiedenen Zeiten auf verschiedenen Frequenzen abhören und aufschreiben musste, werden heute automatisch an Bord ausgedruckt.

Damit war der Funker überflüssig geworden und wurde wegrationalisiert (woraus sich als

20

fünfte Konsequenz ein Anstieg der Fehlalarme auf über 90% ergab). Lediglich wenn ein Schiff in Not geriet, war es erforderlich, dass die Rettungsleitstellen mit anderen Schiffen (zumeist schriftlich) kommunizierten.

Dafür musste allerdings das gesamte Brückenpersonal auf allen Schiffen der Welt eine Funkausbildung erhalten. Jeder (noch so erfahrene) Kapitän und alle nautischen Offiziere mussten wieder auf eine Seefahrtschule gehen. Sie mussten Computertechnik (und einige, die immer nur küstennah gefahren waren, auch Schifffahrtsenglisch) lernen. Sie hatten sich mit den geänderten Rechtsvorschriften und den neuen Funkeinrichtungen vertraut zu machen. Am Ende mussten alle eine weltweit gleiche amtliche Prüfung zum Erwerb des Allgemeinen Betriebszeugnisses ablegen – was in manchen Fällen den vorzeitigen Ruhestand zur Folge hatte.

Inzwischen ist die Einführung des GMDSS abgeschlossen (zur Hörwache auf Kanal 16 s. Seite 49). Es ist wichtig diese Hintergründe zu kennen, wenn man die Auswirkungen auf die Sportschifffahrt verstehen will.

Alarmierung in Notfällen

In A1-Gebieten (s. Seiten 206, 207) überwachen Rettungsleitstellen oder Küstenwachen ständig die Kanäle 16 und 70. Außerhalb der A1-Gebiete ist ein UKW-Sprechfunkgerät – auch mit DSC-Controller – kein zuverlässiges Mittel zur Notfallalarmierung.

Zweckgebundene Ausrüstung

Durch eine Änderung des SOLAS-Übereinkommens wurde den ausrüstungspflichtigen Schiffen vorgeschrieben, über Funkeinrichtungen zu verfügen, mit denen

1. Schiff-zu-Land-Notalarme mit wenigstens zwei unterschiedlichen Einrichtungen gesendet werden können, die mit verschiedenen funktechnischen Systemen arbeiten. Hierzu dürfen je nach Fahrtgebiet des Schiffes verwendet werden:
   - DSC-Controller für UKW/GW/KW
   - Satellitenseefunkanlagen des Typs Inmarsat-A, -B oder -C (s. Seite 33)
   - Satelliten-Seenotfunkbaken (Epirbs) für Cospas-Sarsat (s. Seite 37)
   - UKW-Seenotfunkbaken (nicht am Markt)

2. von Land weiterübermittelte Notalarme anderer Schiffe empfangen werden können (s. Seite 21); zulässig hierfür sind – in Abhängigkeit vom Fahrtgebiet:
   - DSC-Controller für UKW/GW/KW
   - Navtex-Empfänger (s. Seite 31)
   - EGC-Empfänger (s. Seite 33)
   - KW-Funkfernschreiber (nur Polargebiete)

3. Schiff-zu-Schiff-Notalarme gesendet und empfangen werden können. Hierzu dürfen je nach Fahrtgebiet eingesetzt werden:
   - DSC-Controller für UKW/GW/KW
   - UKW-Seenotfunkbaken

4. der zur Organisation der Suche und Rettung erforderliche Funkverkehr gesendet und empfangen werden kann; zugelassen sind je nach Fahrtgebiet:

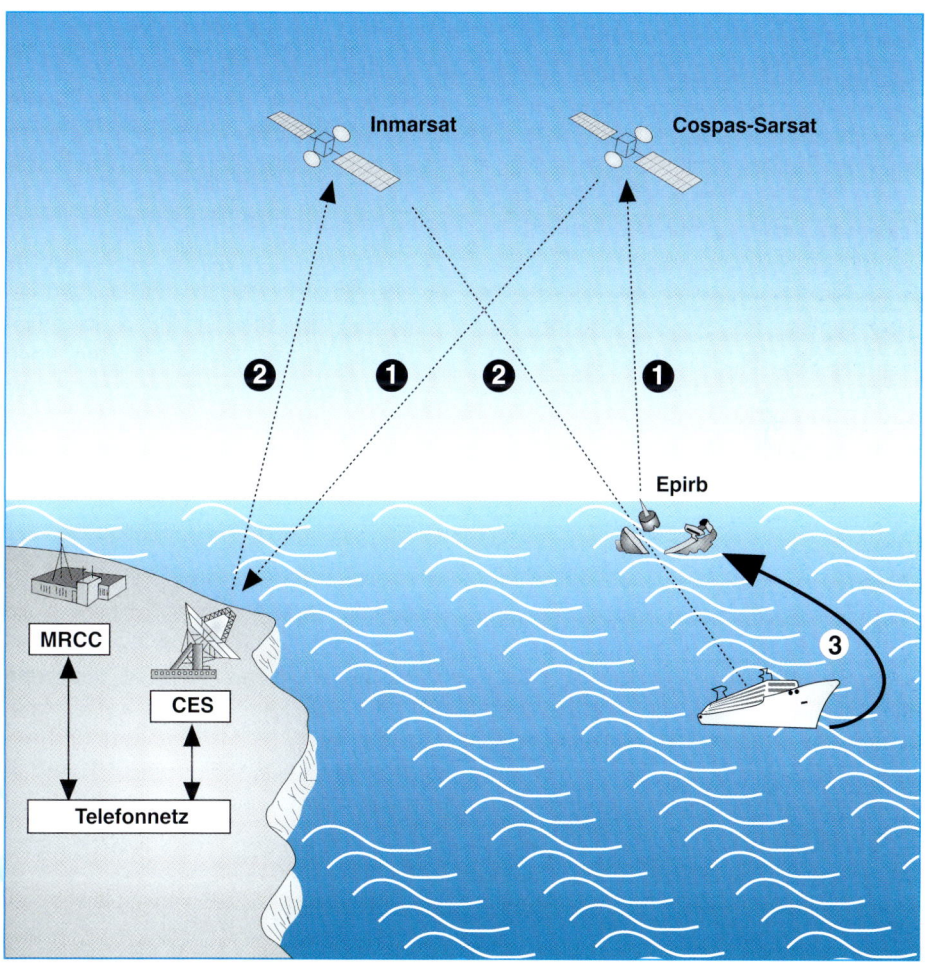

Alarmierungskonzept des GMDSS für die hohe See: Ein Schiff sinkt, die Seenotfunkbake (Cospas-Sarsat-Epirb, s. Seite 36) löst automatisch Alarm aus, wenn sie im Wasser schwimmt. Dieser Alarm wird über einen Cospas-Sarsat-Satelliten an eine Küstenerdfunkstelle (CES, Coast Earth Station) und weiter über das Telefonfestnetz an (zur Sicherheit) drei Rettungsleitstellen (MRCC) übertragen. Dort trifft der Alarm zwischen 30 Minuten und zwei Stunden später ein. Als „Enhanced Group Call" (s. Seite 33) wird der Alarm über einen Inmarsat-Satelliten an alle Schiffe im Seegebiet des Havaristen weitergeleitet. Diese Schiffe müssen sich umgehend bei der Rettungsleitstelle melden und können daraufhin in die Rettungsmaßnahmen einbezogen werden.

22

- UKW-/GW-/KW-Sprechfunkgeräte
- Satellitenseefunkanlagen des Typs Inmarsat-A, -B oder -C

5. der **Funkverkehr vor Ort** zwischen Rettern und Havaristen geführt werden kann; verwendet werden dürfen nur:
   - UKW-Sprechfunkgeräte

6. **Ortungssignale gesendet** werden können (derartige Signale werden von Schiffbrüchigen abgegeben, um insbesondere bei verminderter Sicht leichter gefunden zu werden); zugelassen sind:
   - Radartransponder (SART, s. Seite 40)

7. **Ortungssignale empfangen** werden können; verwendbar sind:
   - X-Band-Radargeräte (3-cm-Band)

8. **Maritime Sicherheitsinformationen empfangen** werden können; einsetzbar sind – in Abhängigkeit vom zu befahrenden Seegebiet:
   - Navtex-Empfänger (s. Seite 31)
   - Satellitenseefunkanlagen des Typs Inmarsat-EGC (s. Seite 33)
   - KW-Funkfernschreiber (s. Seite 30)

9. **Maritime Sicherheitsinformationen gesendet** werden können; zulässig sind je nach Fahrtgebiet des Schiffes:
   - UKW-/GW-/KW-Sprechfunkgeräte,
   - GW-/KW-Funkfernschreiber,
   - Satellitenseefunkanlagen für Inmarsat-A, -B oder -C (s. Seite 31 ff.)

10. **allgemeiner Funkverkehr zwischen Schiff und Land** gesendet und empfangen werden kann; zugelassen sind je nach Seegebiet:
    - UKW-/GW-/KW-Sprechfunkgeräte jeweils mit DSC-Controller
    - Satellitenseefunkanlagen für Inmarsat-A, -B oder -C

11. **Funkverkehr zwischen den Brücken der Schiffe** gesendet und empfangen werden kann; hierfür dürfen verwendet werden:
    - UKW-Sprechfunkgeräte

GMDSS-Seegebiete

Während im alten Seefunksystem die vorgeschriebene Funkausrüstung allein von der Größe des Schiffes abhängig war, wird sie im GMDSS durch das anzusteuernde Fahrtgebiet bestimmt. Die Fahrtgebiete werden nach der an den jeweiligen Küsten vorhandenen Funkversorgung eingeteilt. Vier Seegebiete wurden für das GMDSS festgelegt (s. Seiten 206 und 207):

Seegebiet A1

Ein von der zuständigen Verwaltung festgelegtes Gebiet innerhalb der Sprechfunkreichweite mindestens einer UKW-KüFuSt, die ununterbrochen für DSC-Alarmierungen zur Verfügung steht.

Seegebiet A2

Ein von der zuständigen Verwaltung festgelegtes Gebiet (ohne Seegebiet A1) innerhalb der Sprechfunkreichweite mindestens einer GW-KüFuSt, die ununterbrochen für DSC-Alarmierungen zur Verfügung steht.

Seegebiet A3

Ein Gebiet (ohne Seegebiete A1 und A2) innerhalb der Überdeckung eines geostationären Inmarsat-Satelliten (70°N bis 70°S), der ununterbrochen für Alarmierungen zur Verfügung steht.

Seegebiet A4

Ein Gebiet außerhalb der Seegebiete A1, A2 und A3 (alle Gebiete jenseits von 70° Breite).

23

GMDSS-Mindestausrüstung für SOLAS-Fahrzeuge				
Ausrüstung	A1	A2	A3	A4
UKW-Sprechfunkgerät mit DSC	x	x	x^3	x^3
GW-Sprechfunkgerät mit DSC	x^2	x	x	x
2 Inmarsat-A/-B/-C-Satellitenfunkgeräte			x^2	
2 KW-Sprechfunkgeräte mit DSC und Telex			x^2	x
Navtex-Empfänger	x	x	x	x
Inmarsat-EGC-Empfänger	x^1	x^1	x^3	x^3
1 bis 2 Radartransponder (SART)	x	x	x	x
Epirb	x^2	x	x	x
1 bis 3 UKW-Handsprechfunkgeräte	x	x	x	x
121,5-MHz-Sender und -Empfänger [4]	x	x	x	x

[1] In Gebieten ohne Navtex-Versorgung
[2] wahlweise eines der Geräte
[3] gedoppelt
[4] Das 121,5 MHz-System wird nur noch bis zum 1.2.2009 betrieben

24

Alarmierung im Notfall

Im Notfall sollten Alarme in folgender Reihenfolge abgegeben werden:

A1-Gebiet
1. UKW-DSC (Notalarm)
2. UKW-Sprechfunk (Notmeldung)
3. GW-DSC (Notalarm) [1]
4. Inmarsat (A/B, C) [1]
5. Epirb (Cospas-Sarsat)

A2-Gebiet
1. GW-DSC (Notalarm) [1]
2. Inmarsat (A/B, C) [1]
3. UKW-DSC (Notalarm)
4. UKW-Sprechfunk (Notmeldung)
5. Epirb (Cospas-Sarsat)

A3-Gebiet
1. Inmarsat (A/B, C) und/oder KW-DSC [1]
2. GW-DSC (Notalarm) [1]
3. Epirb (Cospas-Sarsat)

A4-Gebiet
1. KW-DSC [1]
2. GW-DSC (Notalarm) [1]
3. Epirb (Cospas-Sarsat)

Beachte
1. KüFuSt werden auf KW, umliegende Schiffe auf GW und UKW alarmiert.

2. Bei Gewitter können auf GW starke Störungen auftreten (Ausfall aller Funkverbindungen möglich)

---

[1] Allgemeines Funkbetriebszeugnis erforderlich

GMDSS-Funkeinrichtungen

Die GMDSS-Funkeinrichtungen können in vier Gruppen eingeteilt werden:

1. DSC-Controller
2. Warn- und Informationsfunk
3. Inmarsat-Satellitenseefunk
4. Weitere Hilfen für den Notfall

Digitaler Selektivruf, MMSI

Jeder kennt es vom Handy. Es ertönt und ein Anruf oder eine SMS kommt an. Im Funk nennt man das **digitalen Selektivruf**. Er wird auf **Kanal 70** übertragen. Eine SMS ist im Seefunk jedoch kein netter Spaß, sondern tödlicher Ernst, nämlich die Nachricht, dass ein Schiff in Not oder ein Menschenleben bedroht ist und umgehend Hilfe benötigt wird.

Jede FuSt bekommt eine Rufnummer. Sie heißt **MMSI** (Maritime Mobile Service Identity) und ist immer neunstellig (s. auch Seite 13). Bei Schiffen sind die ersten drei Ziffern die **MID** (Maritime Identification Digits, **Seefunkkennzahl**). Das ist die Landesvorwahl, wobei Deutschland im Seefunk nicht +49, sondern 211 hat. (Die DDR hatte 218.) Die MMSI einer deutschen SeeFuSt lautet z. B.:

211 12345 0

letzte Ziffer 0

5-stellige Zahl

Seefunkkennzahl

Die **MMSI von KüFuSt** sind beginnen immer mit zwei Nullen und dann folgt der Landeskenner. (Beispiele s. Seiten 206, 207). **Gruppenrufnummern** beginnen stets mit einer Null. Mit einer Nummer kann eine ganze Gruppe angerufen werden (z. B. alle Fahrzeuge der Küstenwache, einer Reederei o. Ä.).

DSC-Controller

Der DSC-Controller ist in der Sportschifffahrt häufig in das UKW-Sprechfunkgerät integriert (s. Seite 6). Er erweitert das Funkgerät um zwei wichtige Funktionen:

1. Distress-Taste
   Wenn die Distress-Taste fünf Sekunden lang gedrückt gehalten wird, dann wird ein digitaler Notalarm gesendet (siehe Seite 7). Er enthält die Rufnummer (MMSI), die aktuelle Position und die zugehörige Uhrzeit. Beides steuert ein angeschlossener GPS-Navigator automatisch bei.
2. Funkwache
   Der Controller erkennt, welche DSC-Anrufe an die FuSt gerichtet sind und hupt dann laut. Offene Sprachanrufe kann ein DSC-Controller nicht erkennen.

Die DSC-Controller für die Sportschifffahrt gehören zur **Klasse D**. Ausrüstungspflichtige Fahrzeuge müssen DSC-Controller der **Klasse A** an Bord haben. Das sind eigenständige Geräte mit zusätzlichen Funktionen. Sie können einen DSC-Notalarm per DSC:

1. bestätigen; eine DSC-Bestätigung schaltet die Notalarm-Wiederholungsautomatik ab;

Einen digitalen Selektivruf senden

Drei Einstellungen sind erforderlich:
1. An wen geht der Anruf?
   Soll der Anruf **an alle** oder **an eine** FuSt gerichtet sein. Dann muss die Rufnummer eingegeben oder aus dem Telefonbuch ausgewählt werden.
2. Wie wichtig ist der Ruf?
   Distress, wenn Menschenleben bedroht ist
   Urgency, wenn die Sicherheit bedroht ist
   Safety, wenn Warnungen gesendet werden
   Routine in allen anderen Fällen
3. Auf welchem Kanal soll gesprochen werden?
   Kanal 16 bei Distress, Urgency und Safety
   Kanal 13 oder **06** für Verkehr mit Seeschiffen
   Kanal 72 oder **69** für Sportboote
   Nachteile: Menüführung immer auf Englisch und von Gerät zu Gerät sehr unterschiedlich.

daher dürfen Sportboote keine DSC-Notalarm-Bestätigung senden, s. Seite 44)
2. weiterleiten, manche sogar vollautomatisch

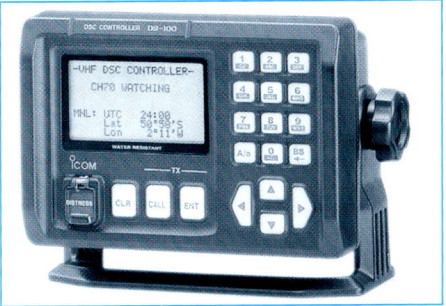

DSC-Controller (Prüfungsgerät, s. Seite 158)

Sailor RT 4822 UKW - Sprechfunk-gerät mit integrier-tem DSC-Klasse-A-Controller (Ver-trieb: ELNA, Rellin-gen)

Sailor RT 4722 Duplex - Gerät (s. Seite 11) mit inte-griertem DSC-Con-troller, ebenfalls Klasse A (Vertrieb: ELNA, Rellingen)

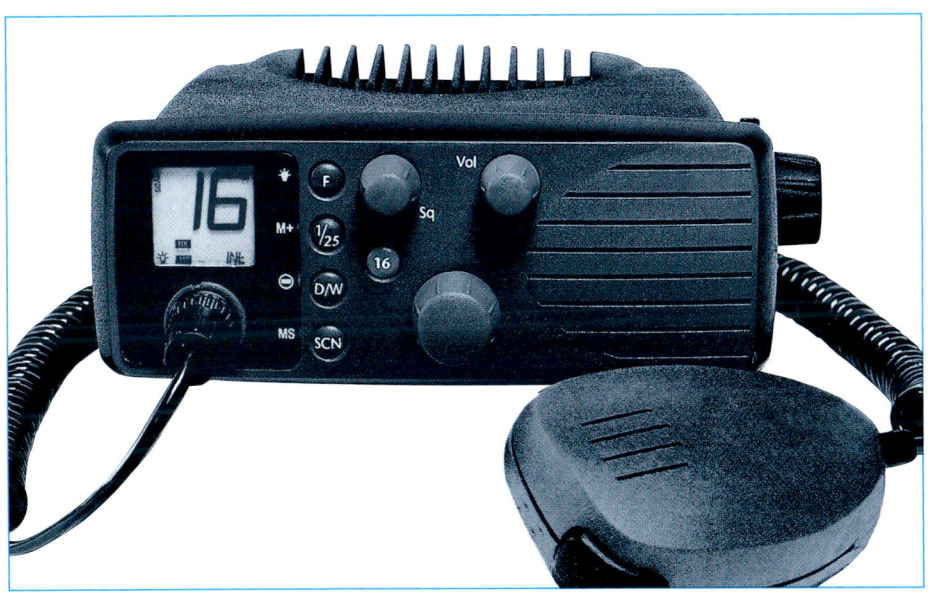

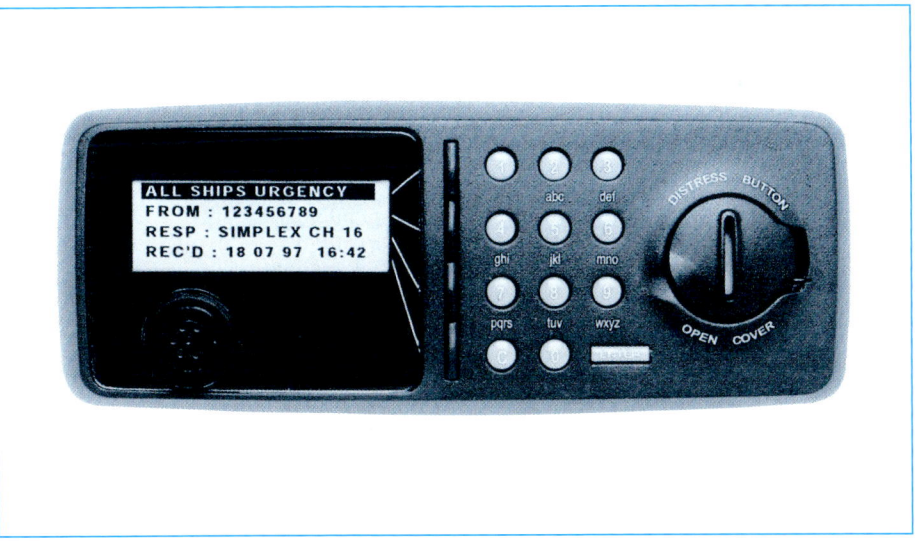

UKW-Sprechfunkgerät VHF 3 (oben) mit separatem DSC-Controller DSC 3, zum wasserdichten Einbau geeignet (Vertrieb: Dantronik, Flensburg)

Shipmate RS 8400
UKW - Sprechfunk-
gerät mit separa-
tem DSC-Controller
dahinter. (Vertrieb:
SIMRAD, Emden)

SIMRAD RD 68.
UKW-Kompaktgerät
(66 mm hoch, 185
mm breit, 168 mm
tief) mit integrier-
tem DSC-Controller.
Es kann flachbün-
dig und wasser-
dicht am Steuer-
stand eingebaut
werden.

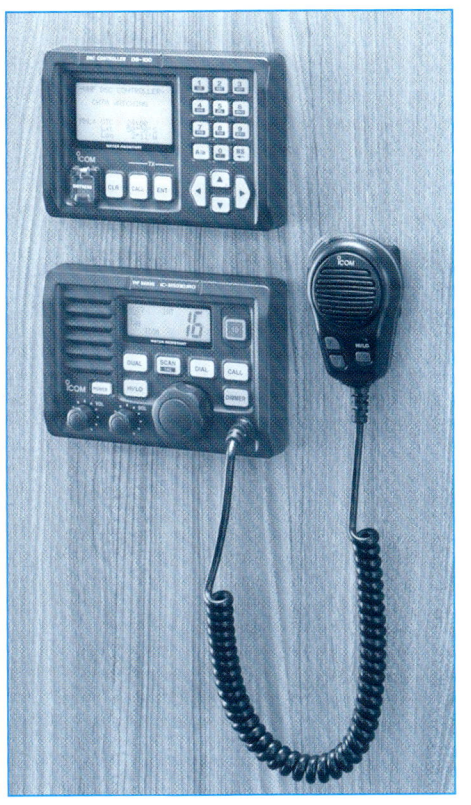

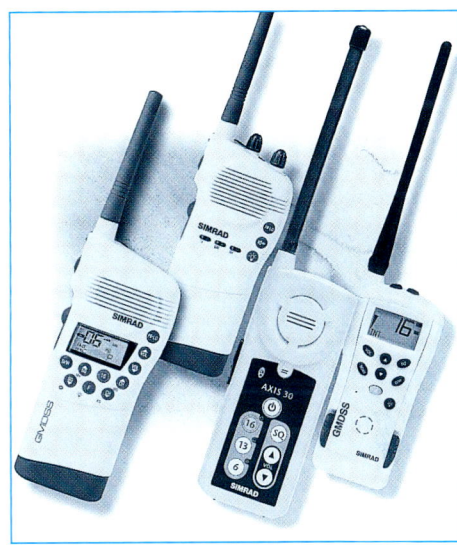

Handsprechfunkgeräte für jeden Zweck
(Vertrieb: SIMRAD, Emden)

Das UKW-Sprechfunkgerät IC-M501 EURO mit separatem DSC-Controller DS-100 wird in der Prüfung eingesetzt (Seite 158). Im großen Display des Controllers können acht Zeilen dargestellt werden. Das macht die Bedienung übersichtlich und schnell erlernbar. Auch die großen Tasten erleichtern die Arbeit. Unten links sitzt die rote Alarmtaste, die im Notfall fünf Sekunden lang gedrückt werden muss, daneben die „Clear-Taste", mit der der letzte Schritt rückgängig gemacht werden kann. Neben Clear die Sendetaste und die Enter-taste, mit der alle Eingaben bestätigt werden müssen. (Vertrieb: ICOM, Düsseldorf)

Warn- und Informationsfunk

Nautische Warnnachrichten, Sturm- und Starkwindwarnungen, Wettervorhersagen sowie alle dringenden, sicherheitsrelevanten Meldungen werden als maritime Sicherheits-Informationen (Maritime Safety Informations, MSI) bezeichnet. Der Umfang dieser Informationen hat seit Einführung des GMDSS erheblich zugenommen, womit sowohl den gestiegenen Informationsbedürfnissen der weltweiten Schifffahrt als auch den Möglichkeiten moderner Kommunikationstechnologie Rechnung getragen wurde. Die maritimen Sicherheitsinformationen können in sieben Kategorien gegliedert werden:

1. Nautische Warnnachrichten[1]
2. Meteorologische Warnnachrichten
3. Eisberichte
4. Informationen zur Suche und Rettung in Seenotfällen
5. Wettervorhersagen
6. Informationen über Lotsendienste
7. Informationen über elektronische Navigationssysteme

Vor Einführung des GMDSS musste der Funker die Aussendungen verschiedener KüFuSt, die jeweils zu verschiedenen Zeiten auf verschiedenen Frequenzen sendeten, empfangen. Im GMDSS werden MSI automatisch an Bord ausgedruckt – egal wo das Schiff sich befindet. Der MSI-Dienst ist ein international koordiniertes Netz von Sendeeinrichtungen, die ihre Informationen von den jeweiligen nationalen

– hydrographischen Diensten
– Wetterdiensten
– Seenotleitstellen (MRCC)
– Eis-Patrouillen

erhalten. Die Verbreitung von MSI erfolgt über drei Systeme:

1. internationaler Navtex-Dienst für A1- bis A3-Gebiete mit Navtex-Versorgung

2. internationaler Safetynet-Dienst für A1- bis A3-Gebiete ohne Navtex-Versorgung

3. KW-Funkfernschreiben für A4-Gebiete (Polarregionen jenseits von 70° Breite)

Alle ausrüstungspflichtigen Schiffe müssen in jedem Fahrtgebiet eine ständige Empfangsbereitschaft für maritime Sicherheitsinformationen sicherstellen. Damit soll nicht nur die Versorgung der Schifffahrt mit nautischen und meteorologischen Warnungen gewährleistet sein, sondern auch ihre jederzeitige Einsetzbarkeit für Such- und Rettungsmaßnahmen (s. Seiten 20, 22).

Maritime Sicherheitsinformationen werden üblicherweise nur in einem Dienst verbreitet. Routinemeldungen werden zu festgelegten Sendezeiten, außerplanmäßige Meldungen (z. B. Sturmwarnungen oder weiterverbreitete Notmeldungen) werden sofort nach ihrem Eintreffen gesendet.

Für die Sportschifffahrt sind nicht alle Meldungen von Interesse, nautische Warnnachrichten, Wettervorhersagen, Sturm- und Starkwindwarnungen hingegen schon.

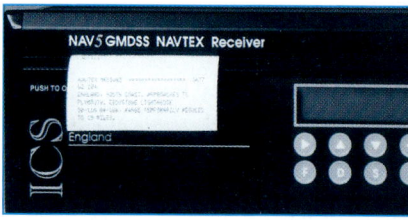

Klassischer Navtex-Empfänger mit Pap streifen (Hagenuk)

---

[1] Für Deutschland senden NDR 4 (702 kHz und 972 kHz) und der Deutschlandfunk (1269 kHz) nautische Warnnachrichten speziell für die Sportschifffahrt. Auch Verkehrszentralen (s. Seite 54) verbreiten über ihre Arbeitskanäle (s. Seite 204) nautische Warnnachrichten, aber nur für ihren eigenen Zuständigkeitsbereich.

Navtex

Ein Navtex-Gerät ist ein Funkfernschreibempfänger, der MSI auf einen Papierstreifen ausdruckt oder auf einem Display anzeigt. Die Navtex-Meldungen werden im Mittelwellenbereich auf 518 kHz (in äquatorialen Gebieten auch auf Kurzwelle 4209 kHz) ausgestrahlt und sind je nach Sender bis zu einer Entfernung zwischen 110 und 640 sm zu empfangen. Sie werden in englischer Sprache verbreitet; einige Länder – auch Deutschland – fügen eine landessprachliche Übersetzung auf 490 kHz an. Die Meldungen werden durch eine vierstellige Gruppe mit folgender Bedeutung eingeleitet:

1. Kennbuchstabe der KüFuSt
2. Kennbuchstabe der Meldung
3. zweistellige Nachrichtennummer

Sendungen bestimmter KüFuSt sowie Nachrichten mit bestimmten Kennbuchstaben können unterdrückt werden, sodass nur die relevanten Meldungen empfangen werden. Eine Yacht in der westlichen Ostsee kann so z. B. alle für die Nordsee bestimmten Meldungen sowie die Eisberichte und Lotseninformationen abwimmeln. Warnnachrichten und Informationen zu Seenotfällen lassen sich aber nicht unterdrücken.

Der **Seewarndienst Emden** (Verkehrszentrale Ems an der Knock) koordiniert alle Meldungen aus dem deutschen Seewarngebiet. Seit 2006 betreibt Deutschland einen eigenen Navtex-Sender in Pinneberg. Bis dahin wurden die Meldungen über die Navtex-Sender IJmuiden und Stockholm verbreitet.

Safetynet

Im Safetynet werden maritime Sicherheitsinformationen über die Inmarsat-Satelliten ausgestrahlt (s. unten). Sie können fast alle Seegebiete erreichen. Nur die Polarregionen müssen über Kurzwelle versorgt werden.

Die Seegebiete der Welt wurden in 16 **Navareas** (Navigational Areas, Schifffahrtsgebiete) eingeteilt. Die Navareas stimmen mit den **Metareas** (Meteorological Areas) überein, so dass die nautischen und die meteorologischen Meldungen immer dasselbe Gebiet betreffen. Jede Navarea wurde einem Land zugeordnet. Das Land ist für seine Area alleine verantwortlich. Dazu muss es alle Meldungen für „seine" Area koordinieren und über Inmarsat-Satelliten verbreiten. Deutschland betreut keine Navarea.

Inmarsat-Satellitenseefunk

Die Satellitentelefone haben den GW- und KW-Funkverkehr praktisch verdrängt. Sie sind viel einfacher zu bedienen als GW- oder KW-Funkanlagen und das Schiff kann von jedem Telefon aus angerufen werden. Zwei Satellitensysteme werden im GMDSS genutzt:

1. Das Inmarsat-System. Es verwendet vier geostationäre (fest über dem Äquator stationierte) Satelliten und kann Telefonate, Faxe und Telexe sowie Daten und Filme übertragen. Zu den Daten zählen auch Alarmsignale, die von Schiffen in Not ausgesendet werden. Das ist natürlich

besonders wichtig. Sollten alle Kanäle des Satelliten belegt sein, wenn ein Notsignal eintrifft, so wird eine bestehende Verbindung unterbrochen und dafür das Notsignal weitergeleitet. Da die Satelliten sehr hoch positioniert sind, ist immer einer erreichbar (siehe unten). Inmarsat-Satelliten empfangen ab dem 1.12. 2006 keine Epirb-Signale mehr.

2. Das Cospas-Sarsat-System arbeitet mit geostationären und mit polumlaufenden Satelliten und deckt die ganze Erde ab. Es kann aber nur Epirb-Signale übermitteln.

Die Inmarsat (International Mobile Satellite Organization, London) wurde 1979 gegründet, um Satelliten für den Seefunk zu nutzen. Die Gründung geht auf eine Initiative der IMO im Jahr 1966 zurück; 55 Staaten beteiligten sich. Ende der Achtzigerjahre, bevor das GMDSS eingeführt wurde, nutzten bereits mehr als 7600 Schiffe und zahlreiche nichtmaritime Kunden die Inmarsat-Dienste. Das GMDSS hat die Inmarsat-Dienste dann offiziell in den Seefunk integriert.

Heute betreibt die Inmarsat ein weltweites Satellitennetz für mobilen Telefonverkehr und Datenübertragung.[1] Inzwischen existieren über 250 000 Inmarsat-Anschlüsse, davon nur 22 000 im maritimen Bereich. Die vier geostationären Satelliten „leuchten" aus knapp 35600 km Höhe den ganzen Globus bis 70° Breite aus. Für den Fall von Betriebs-

störungen sind Ersatzsatelliten bereits im All positioniert. Jeder Satellit versorgt einen der vier Ausleuchtbereiche: Der Satellit AOR-E (Atlantic-Ocean-Region-East) auf 015,5°W bedient den Ostatlantik, AOR-W auf 054°W den Westatlantik, POR auf 178°E den Pazifik und der Satellit IOR auf 064,5°E den Indischen Ozean. Diese Satelliten bilden das Raumsegment.

Das Bodensegment besteht aus Küstenerdfunkstellen (Coast Earth Stations, CES) sowie aus Steuer- und Kontrolleinrichtungen für die Satelliten. Die Küstenerdfunkstellen stehen im Eigentum von Telefongesellschaften. Sie haben große Antennenschüsseln von 12 bis 14 m Durchmesser aufgestellt und auf die Satelliten ausgerichtet. Damit wird die Verbindung in die Telefonnetze hergestellt. In Deutschland bietet nur France Telecom die Inmarsat-Dienste an. Von hier aus können die Satelliten Atlantik-Ost und Indischer Ozean direkt erreicht werden. Bei anderen Satelliten (z. B. POR) wird zunächst ein „Routing" zu einer Küstenerdfunkstelle (z. B.

Satelliten-Telefonie

Ein betriebsbereites INMARSAT-Satellitentelefon kann direkt angewählt werden. Nur bei Inmarsat-A muss bekannt sein, in welchem Ausleuchtbereich sich das anzurufende Telefon derzeit befindet. Der Vorwahl des Ausleuchtbereichs/Satelliten (z. B.: Atlantik-Ost 00871) wird die Rufnummer des Satelliten-Telefons angehängt.

---

[1] Informationen über das nicht-maritime Angebot findet man unter www.inmarsat.com

Santa Paula, USA) geschaltet, die im Ausleuchtbereich des Satelliten liegt. Das dritte Segment bilden die **Schiffserdfunkstellen** (Ship Earth Stations, SES). – Die Inmarsat bietet ihre Leistungen in verschiedenen „Diensten" an.

Inmarsat-A, Inmarsat-B

Inmarsat-A und Inmarsat-B bieten Direktwählverbindungen mit den öffentlichen Telefonnetzen sowie Telexbetrieb und Datenübertragung. Der **HSD-Dienst** (High-Speed-Data) gestattet sogar Sprach- und Videoübertragungen in Studioqualität.

Das größte Teil einer solchen Seefunkanlage ist die Parabolantenne. Die Antennenschüssel hat zwischen 0,85 und 1,2 m Durchmesser und lagert unter einer mächtigen Haube.

Inmarsat-B-Seefunkanlage (HDW-Hagenuk)

Auf vielen großen Schiffen kann man schon von weitem die weiße Antennenhaube sehen; sie ist meistens oben auf das Peildeck montiert. Die Antenne muss ständig auf den Satelliten ausgerichtet sein. Mehrere Elektromotoren steuern deshalb die Schüssel, um sofort alle Schiffsbewegungen auszugleichen. Unter Deck befinden sich die Kontrolleinheit, Sende- und Empfangseinrichtungen und die Endgeräte (Telefon, Fax, PC ...).

Inmarsat-B ist die preisgünstige, digitale Nachfolgeversion von Inmarsat-A. Version B hat 1995 Inmarsat-A abgelöst. Alle neuen Anlagen nutzen Inmarsat-B. Der Inmarsat-A-Dienst wird am 31.12.2007 eingestellt.

Inmarsat-C

Der Inmarsat-C-Dienst wurde nur für Datentransfer eingerichtet. Sprache kann wegen der langsamen Datenrate (600 b/s) nicht übertragen werden. Inmarsat-C eignet sich besonders für die maritimen Sicherheitsinformationen. Sie können natürlich auch per Inmarsat-A und -B empfangen werden, aber das ist teurer. Auch Faxe und E-Mails können mit Inmarsat-C verschickt werden – jedoch sehr langsam. Die Inmarsat-C-Geräte und Antennen sind leicht und platzsparend. Zudem verbrauchen sie nur wenig Strom. Deshalb eignet sich Inmarsat-C auch für kleine Yachten. Einige Blauwassersegler sind mit Inmarsat-C ausgerüstet, um – von fast allen Teilen der Welt – mit der Heimat verbunden zu sein.

Erst mit einem **EGC-Empfänger** (Enhanced Group Call, erweiterter Gruppenruf) wird ein

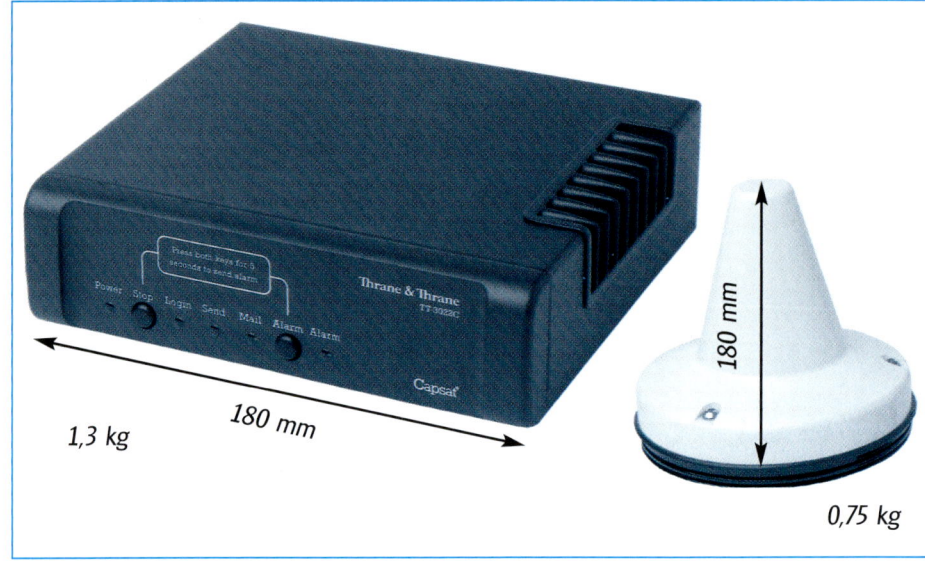

34

Inmarsat-C-Terminal mit Antenne. Zusätzlich wird ein PC benötigt. (HDW-Hagenuk)

Inmarsat-C-Gerät GMDSS-tauglich. Nur mit einem EGC-Empfänger können maritime Sicherheitsinformationen außerhalb der Navtex-Gebieten empfangen werden. Eine EGC-Einrichtung ist normalerweise in jede Inmarsat-Seefunkanlage integriert; sie kann aber auch als Einzelgerät mit eigener Antenne betrieben werden. In jedem Fall muss ein GPS-Navigator angeschlossen sein. Damit kennt der EGC-Empfänger seinen Standort und kann aus den zahlreichen von Satelliten ausgestrahlten Nachrichten diejenigen herausfiltern, die sein Gebiet betreffen. Wenn ein MRCC einen Notalarm aus einem A3-Gebiet erhält, definiert es ein Seegebiet um den Havaristen herum und leitet die Notmeldung als „enhanced group call" an alle Schiffe in diesem Seegebiet weiter (s. Seite 21). Inmar-

sat-Seefunkanlagen haben eine Distress-Taste wie ein DSC-Controller. Im Notfall kann damit über Satellit Alarm ausgelöst werden.

Inmarsat-Mini-M

Inmarsat-Mini-M, die kostengünstige Alternative zu Inmarsat-B, gehört nicht zum GMDSS. Die Geräte und Antennen sind preiswerter, kleiner und leichter. Auf wirklich großen Yachten gehören sie zur Standardausrüstung. Die Gesprächsgebühren betragen etwa 2 €/min (Einwahl in das Festnetz). Das ist erheblich billiger als Inmarsat-B. Inmarsat-Mini-M-Telefone sind deshalb auch auf manchen großen Schiffen vorhanden − zusätzlich zur Inmarsat-B-Anlage.

Gesamtgewicht inkl. Antenne: 3,9 kg

240 mm

Thrane & Thrane

Maritimes Inmarsat-Mini-M-Telefon (Vertrieb: HDW-Hagenuk, Komplettpreis 6.300,- €)

Zwar arbeitet Inmarsat-Mini-M mit denselben Satelliten wie Inmarsat-B, jedoch mit einer so genannten Spot-Beam-Technologie. Damit können zentrale Teile des Südatlantiks, des Indik und des Pazifik nicht erreicht werden. Inmarsat-Mini-M versorgt wohl alle Länder, nicht aber alle Seegebiete der Welt.

Um eine Inmarsat-Mini-M-Anlage zu bedienen, wird weder eine Genehmigung noch ein Funkzeugnis benötigt.

Weitere Hilfsmittel für den Notfall

Epirbs sind Seenotfunkbojen (Emergency Position Indicating Radio Beacons). Epirbs senden ihre Notalarme an Satelliten, die sie – wie alle Notalarme – mit höchster Priorität über Küstenerdfunkstellen und das Telefonnetz weiterleiten – sicherheitshalber immer an drei Rettungsleitstellen[1]. Früher gab es die Auswahl zwischen zwei Epirb-Systemen: Inmarsat und Cospas-Sarsat. Doch Inmarsat stellt am 1.12.2006 den Epirb-Betrieb ein, sodass Inmarsat-Epirs (wegen ihrer Sendefrequenz auch L-Band-Epirbs genannt) dann nicht mehr eingesetzt werden können.

Eine Epirb bleibt – sofern sie nicht wieder ausgeschaltet wird – 48 Stunden lang aktiv, damit die Daten ständig aktualisiert werden

---

[1] An eine amerikanische, an eine australische und an die Deutsche Gesellschaft zur Rettung Schiffbrüchiger.

können. Die Epirbs auf großen Schiffen sind etwa 50 bis 70 cm hoch; für Sportboote werden auch kleinere Epirbs angeboten.

Epirbs werden normalerweise an Deck gefahren, sodass sie aufschwimmen, wenn das Schiff sinkt. Dann sendet die Epirb automatisch Notzeichen. Auf Yachten wird die Epirb zumeist unter Deck aufbewahrt – zusammen mit den pyrotechnischen Seenotsignalen. Dann muss sie im Notfall ins Wasser geworfen oder von Hand eingeschaltet werden.

Große Epirbs können nicht nur alarmieren, sondern auch die Suche und Rettung erleichtern. Denn in große Bojen können Ortungszeichengeber eingebaut werden:

– Radartransponder (SART, s. Seite 40)
– 121,5 MHz-Sender (s. Seiten 23 und 37)

Hinweise:
➡ Wenn das Schiff verlassen wird, soll die Epirb mitgenommen werden. An sie ist eine Leine gewickelt, mit der sie an ein Rettungsboot oder an einen Menschen gebunden werden kann.

Cospas-Sarsat

Cospas-Sarsat ist ein weltweites, satellitengestütztes System zur Suche und Rettung. Es ortet Alarme von Schiffen, Flugzeugen und von Land, bestimmt die Position und leitet sie zur Erde weiter. Cospas-Sarsat wird von Frankreich, Kanada, Russland und den USA betrieben. Es wird in zwei Versionen angeboten: Leosar und Leosar-Geosar.

In der Basisversion (Leosar) arbeitet es mit zwei russischen Cospas- und mindestens zwei amerikanischen Sarsat-Satelliten. Dies sind polumlaufende LEO-Satelliten (Low Earth Orbit, erdnahe Umlaufbahn). Die Satelliten fliegen also alle auf derselben festen Bahn um die Erde, in Nord-Südrichtung von Pol zu Pol, während sich die Erde unter den Satelliten hinwegdreht. Die Satelliten fliegen mit etwa 25000 km/h Geschwindigkeit, die Cospas-Satelliten in 1000 km, die Sarsat-Satelliten in 850 km Höhe. Die Satelliten können daher nur relativ kleine Gebiete überwachen (6000 km Durchmesser). Für eine Erdumrundung benötigen sie rund 100 Minuten.

Daraus folgen drei typische Eigenschaften:
1. Abdeckung der ganzen Erde, auch der Polargebiete (A4)
2. Längere Alarmierungszeiten
3. Ungenauere Positionsangaben

Sobald eine Epirb aktiviert wird, sendet sie ihre Signale in den Himmel. Irgendwann fliegt ein Satellit über die Epirb hinweg, empfängt ihre Signale – Notzeichen und MMSI. Weil sich der Satellit mit hoher Geschwindigkeit der Boje nähert, verändert sich die Frequenz der von der Epirb abgestrahlten Funkwellen – und genauso, wenn er sich wieder von ihr entfernt. Diese Frequenzen und die MMSI werden vom Satelliten gespeichert – und sobald er eine der 44 Empfangseinrichtungen (Local User Terminal, LUT) auf der Erde überfliegt – zur Erde gesendet. Das LUT bestimmt daraus mithilfe des Doppler-Prinzips (das auch in der Verkehrsüberwachung zur Geschwindigkeitsmessung benutzt wird) den

Standort der Epirb und sendet ihn, die zugehörige Uhrzeit und die MMSI an ein Mission Control Center (MCC).

Von hier aus werden die Daten über das Telefonnetz an die drei MRCC's in den USA, in Australien und in Bremen übermittelt. Durchschnittlich 43 Minuten (Schwankung zwischen 30 Minuten und zwei Stunden), nachdem die Epirb aktiviert wurde, erreicht der Alarm die Rettungsleitstellen. Sie leiten den Alarm sofort an die beiden zuständigen Rettungsleitstellen weiter: Das ist zum einen der Flaggenstaat – also das MRCC in dem Staat, unter dessen Flagge das Schiff fährt – und zum anderen an das MRCC, das für die Suche und Rettung in dem Gebiet zuständig ist, in dem die Epirb geortet wurde. Die Zuständigkeit des deutschen MRCC ist auf Seite 208 angegeben.

Die geringe Flughöhe erlaubt, preisgünstige, kleine und leichte Signalgeber zu verwenden:
1. Geringere Sendeleistung der Signalgeber; es wird mit 5 W gesendet, was nur kleine Batterien erfordert.
2. Eine Positionsangabe durch die Epirb ist nicht erforderlich.

Denn aus dieser Höhe kann der Doppler-Effekt noch genutzt werden.

Epirb (406 und 121,5 MHz, Hagenuk)

In der Basisversion arbeitet Cospas-Sarsat auf zwei Frequenzen: 121,5 MHz (die internationale Flugfunknotfrequenz, die aber auch von Schiffen gepeilt werden kann) und 406 MHz.[1]

Eine Epirb, die nur auf 121,5 MHz arbeitet, hat zwei deutliche Nachteile: Sie kann nicht identifiziert (keine MMSI) und der Ort der Epirb kann nur ungenau bestimmt werden (mittlerer Fehler: 17,2 km). Weil sie so preiswert sind, werden die Signalgeber dennoch

---

[1] Manche Baken senden auch auf 243 MHz. Nachteilig ist dabei, dass diese Signale nur von Sarsat-Satelliten empfangen und nicht an alle LUTs weitergeleitet werden können. Die technischen Eigenschaften entsprechen denen der 121,5 MHz-Baken.

38

in vielen Flugzeugen, Yachten und auch bei Expeditionen mitgeführt. Das 121,5-MHz-System wird allerdings am 1. Februar 2009 eingestellt.

Diese Nachteile haben die **406-MHz-Baken** nicht. Sie senden die MMSI und ermitteln mit 96-prozentiger Wahrscheinlichkeit den Ort auf 5 km genau. Einige 406-MHz-Epirbs senden gleichzeitig auch auf 121,5 MHz, um aus der Luft besser gefunden zu werden. Denn Suchflugzeuge und Schiffe können auf 121,5 MHz peilen. Ein Zielflug oder eine Zielfahrt (direkte Ansteuerung) auf eine Seenotfunkbake heißt **Homing**.

Das Cospas-Sarsat-System hat bewiesen, dass es mit seinen erdnahen Satelliten Notsignale aufspüren und orten kann. Es ist überall auf der Welt bei einer großen Anzahl von Such- und Rettungsaktionen erfolgreich eingesetzt worden – seit seinem Beginn im Jahr 1982 wurden 18865 Menschen in 5317 Notfällen gerettet, alleine im Jahr 2004 wurden mithilfe von Cospas-Sarsat 1748 Menschen aus 466 Notlagen geborgen. Weitere Informationen unter www.cospas-sarsat.org.

Cospas-Sarsat/Leosar-Geosar

Die Betreiber haben das System dennoch weiterentwickelt und die LEO-Satelliten durch **GEO-Satelliten** (Geostationary Earth Orbit, geostationäre Erdumlaufbahn) in 36000 km Höhe ergänzt. Hierzu wurden die Wettersatelliten GOES-E, GOES-W, GOES-9, MSG und INSAT-2A sowie einige Ersatzsatelliten mit 406-MHz-Empfängern bestückt.

Durch fünf GEO-Satelliten ist jetzt eine *unmittelbare* Alarmierung möglich – weltweit, jedoch außerhalb der Polargebiete.

Das neue System heißt **Cospas-Sarsat/ Leosar-Geosar**. Weil geostationäre Satelliten nicht den Standort bestimmen können, müssen die Epirbs ihn selbst ermitteln – mithilfe eingebauter GPS-Empfänger. Im Ausleuchtbereich der Geo-Satelliten wird der Alarm, die MMSI und die Position in wenigen Minuten an die MRCC's übermittelt. In A4-Gebieten arbeiten diese Epirbs wie herkömmliche Cospas-Sarsat-Leosar-Epirbs.

➡ Jede Epirb muss registriert werden. Dazu erhält man vom Verkäufer ein Antragsformular, auf dem die Epirb samt Zulassungsnummer eingetragen ist. Der Käufer fügt noch seine persönlichen Daten und die seines Schiffes hinzu. Auf diese Angaben kann die Rettungsleitstelle in einem Notfall zugreifen. Mit dem Formular wird die Betriebsgenehmigung bei der Bundesnetzagentur Hamburg beantragt. Wenig später erhält man die „Frequenzzuteilungsurkunde" (s. Seite 61) mit der MMSI. Diese MMSI muss der Verkäufer vor der Lieferung in die Epirb einprogrammieren. Nur über die MMSI kann ein Havarist identifiziert werden.

Transponder

Der Begriff Transponder stammt aus der **Radartechnik**. Radar wird in der Schifffahrt zur Navigation eingesetzt und um Kollisionen zu vermeiden. Ein Radargerät sendet kurze Impulse und wartet, ob ein Echo zurückkommt. Dieses wird dann am Bildschirm angezeigt. Damit also ein Objekt am Radarschirm erkennbar ist, muss es ausreichende

Größe und gute Reflexionseigenschaften besitzen. Kleine Yachten erzeugen oftmals ein schwaches Echo, das am Radarschirm nicht wahrgenommen oder übersehen wird.

Das Kunstwort „Transponder" setzt sich aus den beiden Begriffen „Transmitter" (Sender) und „Responder" (Antworter) zusammen. Wenn ein Radartransponder Radarstrahlen (eines fremden Fahrzeugs) empfängt, antwortet er auf derselben Frequenz und erzeugt damit auf dem Radarschirm ein gut erkennbares Zeichen. In der Schifffahrt werden drei Transpondertypen für unterschiedliche Zwecke eingesetzt, von denen nur der Dritte zum GMDSS gehört:

1. Radarantwortbaken (Racon)
2. Aktive Radarreflektoren (Zielverstärker)
3. Radartransponder (SART)

Einige Seezeichen sind mit Radarantwortbaken ausgestattet (in Seekarten mit Racon bezeichnet, daher auch Raconbaken genannt). Diese erzeugen auf dem Radarschirm einen auffälligen radialen Balken, gelegentlich auch einen aus Punkten und Balken zusammengesetzten Morsebuchstaben, der dann in der Seekarte angegeben ist. Damit ist eine eindeutige Identifizierung des Seezeichens am Radarschirm möglich, was die Navigation und die Ortsbestimmung erheblich vereinfacht.

Um die Radarsichtigkeit eines kleinen Fahrzeugs oder einer Tonne zu verbessern, werden sie oftmals mit einem Radarreflektor, einer Art Katzenauge für Radarstrahlen bestückt. Auf Booten, die im Gegensatz zu Ton-

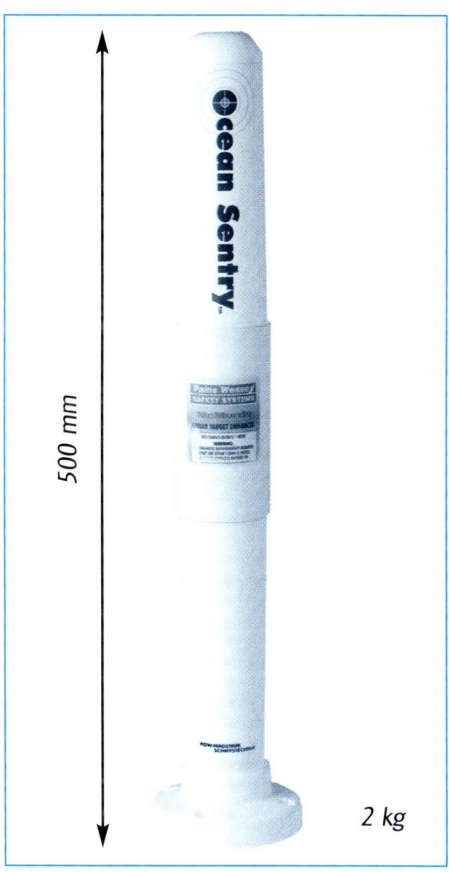

500 mm

2 kg

Aktivradarreflektor Ocean Sentry (Hagenuk)

nen nicht an festen Orten liegen, ist ein Radarreflektor oftmals unzureichend; vor allem bei verminderter Sicht ist ein Kunststoff- oder Holzboot mithilfe von Radar häufig nicht mehr zu orten. Solche Fahrzeuge werden besser mit einem aktiven Radarreflektor ausgestattet. Dies ist ein Transponder, der einer Reflexionsfläche von 80 m^2 entspricht und mit Sicherheit erkannt wird.

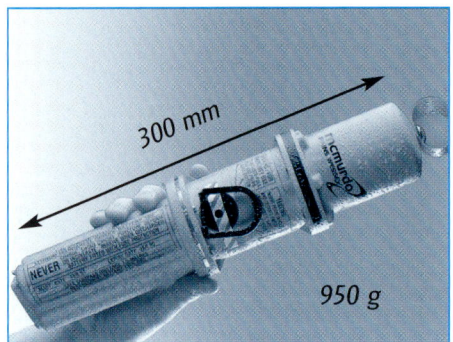

Radartransponder (Vertrieb: ELNA, Hagenuk)

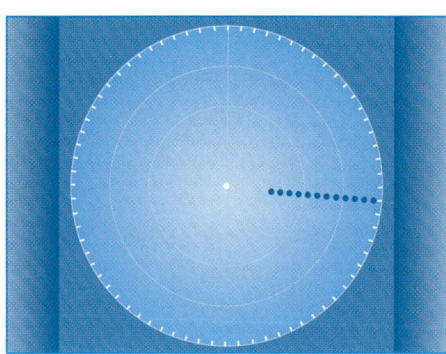

SART in der Radaranzeige (095°)

Radartransponder (SART)

Die Abkürzung SART steht für Search and Rescue Radar Transponder und zeigt an, dass diese Transponder ausschließlich zur Suche und Rettung von Schiffbrüchigen eingesetzt werden dürfen. Radartransponder (SART) sind das wichtigste Hilfsmittel bei der Suche nach Schiffbrüchigen. Radartransponder (SART) können auf dem Schiff oder auf dem Rettungsboot fest installiert sein (Berufsschifffahrt) oder als tragbares Gerät an Bord oder im Rettungsboot eingesetzt werden (Sportschifffahrt). Ein tragbarer Radartransponder (SART) kann manuell oder automatisch beim Eintauchen in Wasser aktiviert werden.

Den IMO-Empfehlungen zufolge soll ein Radartransponder (SART), der 1 m über der Wasseroberfläche montiert ist, aus mindestens 5 sm zu orten sein. Dabei wird eine Antennenhöhe (des suchenden Radargerätes) von 15 m angenommen. Tests haben gezeigt, dass die Ortung eines Radartransponders

(SART) bei 15 m Radarantennenhöhe und glattem Wasser aus folgender Entfernung möglich ist:

1,8 sm wenn der SART flach auf dem Boden des Rettungsbootes liegt
2,0 sm wenn der SART im Wasser schwimmt
2,5 sm wenn der SART aufrecht auf dem Boden des Rettungsbootes steht

Hoher Seegang verschlechtert die Werte erheblich. Sehr viel erfolgversprechender ist die Suche aus der Luft. Bei 1000 ft Flughöhe kann ein moderner Radartransponder (SART) problemlos aus 40 sm geortet werden.

Radartransponder senden im Frequenzbereich 9 GHz und können damit nur von X-Band-Radargeräten (auch als 3-cm-Band bezeichnet) empfangen werden, bei denen die Frequenz der Trägerwellen zwischen 9320 und 9500 MHz liegt. Die auf großen Schiffen zusätzlich vorhandenen S-Band-Radargeräte (10-cm-Band), welche zwar die Küstenlinien

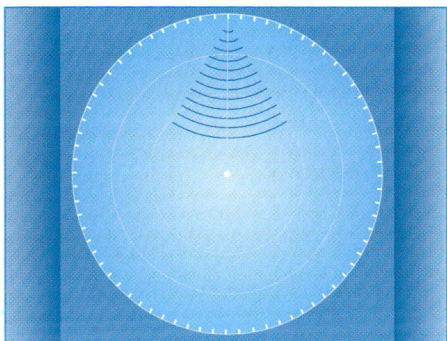
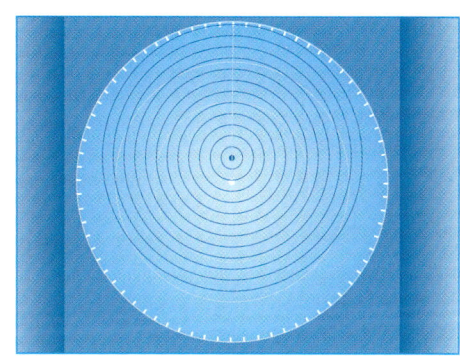

41

SART voraus in weniger als 1 sm Entfernung   *SART unmittelbar voraus*

weniger deutlich abbilden, aber weniger durch Regen und Seegang gestört werden, können keine SART-Signale anzeigen.

Ein aktivierter Radartransponder (SART) erzeugt auf dem Radarschirm eine auffällige Kette von 12 Punkten. Daraus kann sowohl die Richtung zum Radartransponder wie auch dessen Entfernung abgeleitet werden, wobei die systembedingte Verzögerung der SART-Antwort dazu führen kann, dass die tatsächliche Position zwischen 150 und 1000 m näher als die angezeigte Position liegt.

Bei der Suche nach einem SART soll das Radargerät auf einen Entfernungsbereich von 6 bis 12 sm eingestellt sein. Da der Abstand zwischen den Punkten ungefähr 0,6 sm beträgt, könnte bei einem größeren Entfernungsmessbereich das SART-Signal nicht mehr als Folge von Einzelpunkten erkennbar sein.

Bei Annäherung auf weniger als 1 sm an den Transponder werden anstelle der 12 Einzel-

punkte zunächst konzentrische Kreisbögen und schließlich ganze Kreise dargestellt.

Der Radartransponder zeigt optisch und akustisch an, wenn er von einem Radar erfasst wird.

Handsprechfunkgeräte

UKW-Handsprechfunkgeräte (s. Seite 29) sind für den Einsatz in Rettungsinseln, Rettungsbooten und Überlebensfahrzeugen vorgesehen. Sie müssen wasserdicht sein und über Kanal 16 sowie mindestens einen weiteren Kanal verfügen. Empfohlen ist die Ausrüstung mit den Kanälen 06, 13, 15, 16 und 17.

Es dürfen nur zugelassene, angemeldete Geräte eingesetzt werden. Handsprechfunkgeräte haben 1 Watt Nennleistung und dürfen auch anstelle einer stationären UKW-Funkanlage verwendet werden, sind jedoch stets an ein Schiff gebunden. Für den Notfall sind originalverpackte Reservebatterien wertvoll.

Schritt 3: Not-, Dringlichkeits-, Sicherheitsverkehr

42

Das Sprechfunk-Notzeichen besteht – wie bereits auf Seite 12 dargestellt – aus dem Wort Mayday. Es zeigt an, dass ein Fahrzeug (z. B. ein Schiff, Flugzeug oder ein sonstiges Fahrzeug) oder eine Person in Not ist und sofortige Hilfe benötigt.

Wie schon erwähnt müssen alle FuSt, die ein Notzeichen empfangen, sofort jeden anderen Verkehr auf dem betreffenden Kanal abbrechen.

Ein Schiff kann über UKW auf zwei Arten um Hilfe rufen:

1. GMDSS
   Drücken der Distress-Taste; dies löst einen digitalen Notalarm aus

2. NON-GMDSS
   Senden einer gesprochenen Notmeldung, i. Allg. auf Kanal 16.

Nur der Schiffsführer darf eine gefährliche Lage zum Notfall erklären (s. Seite 8). Notalarme oder Notmeldungen dürfen nur auf Anweisung des Schiffsführers gesendet werden. Natürlich liegt auch dann ein Notfall vor, wenn der Skipper über Bord fällt und die Crew nicht in der Lage ist, den Skipper unverzüglich zu bergen (s. Seite 8).

Rettungsleitstellen MRCC

In den Küstengewässern der meisten Länder erfolgt eine ständige Überwachung von Kanal 16 durch die Coastguard oder durch Maritime Rettungsleitstellen (MRCC, Maritime Rescue Co-ordination Center). Diese Gebiete heißen A1-Seegebiete (s. Seiten 206, 207). In Deutschland ist das MRCC die zentrale Leitstelle der Deutschen Gesellschaft zur Rettung Schiffbrüchiger DGzRS in Bremen. Von Bremen aus werden über fernbediente KüFuSt alle deutschen Küstengewässer überwacht. Das MRCC ist auf den Kanälen 16 und 70 jederzeit erreichbar.[1] Es wird mit Bremen Rescue gerufen. In den dänischen Gewässern kann man sich zu jeder Zeit an Lyngby Radio wenden. In Großbritannien wird Kanal 16 durch die Küstenwache (z. B.: Dover Coastguard) überwacht, in Frankreich durch die Centres Régionaux Opérationnels de Surveillance et de Sauvetage (z. B. CROSS Gris-Nez).

Es gehört zur funktechnischen Vorbereitung einer Reise, sich vor Reiseantritt darüber zu

---

[1] Die Seenotleitung kann auch telefonisch alarmiert werden, im deutschen Mobilfunknetz per Kurzwahl 124124 und aus dem Ausland unter +49 421 536870.

informieren, welche landseitige Funkversorgung vorhanden ist und wie – bei Not oder Dringlichkeit – eine Funkverbindung zum MRCC hergestellt werden kann.

Abgabe eines DSC-Notalarms

Die Abgabe eines DSC-Notalarms durch Drücken der Distress-Taste ist bereits auf Seite 8 beschrieben worden. Ein so erzeugter DSC-Notalarm enthält keine Angaben zur Notfallart (undesignated).

Es ist möglich, im Notalarm die Notfallart kurz zu beschreiben, wobei aus einem Menü eine der folgenden zehn Möglichkeiten ausgewählt werden kann:

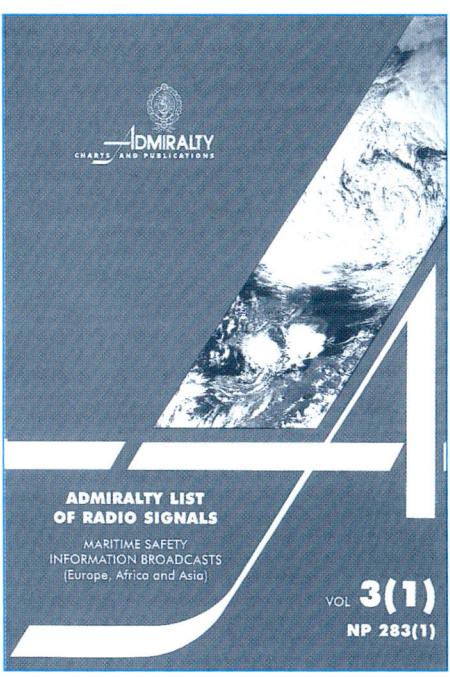

> Ohne Angabe (Undesignated)
> Feuer Explosion (Fire Explosion)
> Kollision (Collision)
> Strandung (Grounding)
> Kentern (Capsizing)
> Sinken (Sinking)
> Manövrierunfähig vertrieben (Adrift)
> Schiff wird verlassen (Abandoning Ship)
> Piratenüberfall (Piracy Attack)
> Mann über Bord (Man overboard)

Admiralty List of Radio Signals. Band 3 beschreibt die Möglichkeiten zum Empfang von Wetterberichten, Band 5 (GMDSS) die Rettungsleitstellen (MRCC).

Die erforderliche Gerätebedienung ist jedoch nicht ganz einfach und dauert etwas Zeit, so dass man im Notfall einfach die Distress-Taste drücken sollte.

Sobald ein Notalarm gesendet ist, startet der DSC-Controller eine interne Stoppuhr, die nach etwa drei Minuten den DSC-Notalarm automatisch noch einmal aussendet.

(Währenddessen piepen manche DSC-Controller.) Die Wiederholungsautomatik kann der Havarist abschalten (Gerät kurz ausschalten oder Taste z. B. „CLR" drücken). Sie wird aber auch durch eine DSC-Bestätigung des Notalarms (ACKN) beendet. Daher dürfen (in Küstennähe) nur KüFuSt einen DSC-Notalarm bestätigen. Fernab von den Küsten muss eine SeeFuSt, die einen Notalarm per DSC bestätigt, die Seenotleitung übernehmen und den Notalarm (ggf. über Satellit) an eine KüFuSt weiterleiten.

Wenn der DSC-Notalarm von einer KüFuSt empfangen wurde, bestätigt sie den Empfang umgehend per DSC. Eine solche Empfangsbestätigung enthält noch einmal den kompletten Notalarm und geht nicht nur an den Havaristen, sondern an alle FuSt. Die wissen nun, dass das zuständige MRCC die Leitung des Notfalls übernimmt.

Eine Notmeldung wird nur abgegeben, wenn kein DSC-Controller vorhanden ist oder Boote ohne DSC-Controller angesprochen werden sollen. Ein Beispiel ist auf Seite 10 abgedruckt. Doch wer kann bei Lebensgefahr einen Notanruf und eine Notmeldung senden! Deshalb sollte ein Muster vorbereitet werden, das im Notfall nur noch vorgelesen wird.

Abgabe einer Notmeldung

Im Gegensatz zu einem digital gesendeten Notalarm versteht man unter einer Notmeldung eine (üblicherweise auf Kanal 16) gesprochene Alarmierung (NON-GMDSS). Der Aufbau einer Notmeldung ist international einheitlich festgelegt, ihr ist ein Notanruf voranzustellen. Der Notanruf besteht aus

– dem dreimal zu sprechenden Notzeichen
– den Worten „Hier ist"
– dem dreimal gesprochenen Schiffsnamen und dem einmal buchstabierten Rufzeichen.[1]

Die Notmeldung soll sechs Bestandteile umfassen, die nach Möglichkeit in der angegebenen Reihenfolge zu sprechen sind:

– Notzeichen (Mayday)
– Schiffsname und/oder Rufzeichen
– Standortangabe (falls möglich einmal wiederholen, dabei Zahlen in Ziffern sprechen)
– die Art des Notfalls, die Anzahl der Personen an Bord und die erbetene Hilfe
– jede Art von Informationen, die die Hilfeleistung erleichtern können
– das Wort „Over"

Bestätigung des Notalarms

Wie bereits oben ausgeführt wird ein DSC-Notalarm in A1-Gebieten grundsätzlich durch eine Küstenfunkstelle per DSC bestätigt. Schiffe bestätigen hier einen DSC-Notalarm nur im Sprechfunk auf Kanal 16 und auch nur, wenn sie helfen können. Diese Schiffe sollen mit ihrer Bestätigung kurz warten, bis die KüFuSt den Empfang bestätigt und der Havarist den Notverkehr eröffnet hat:

Mayday
Rufzeichen des Havaristen (oder andere Kennzeichnung) dreimal gesprochen
Hier ist
Eigenes Rufzeichen (oder andere Kennzeichnung) dreimal gesprochen[1]
Erhalten Mayday

Beispiel:

Mayday
DA3344 DA3344 DA3344
Hier ist

---

[1] Bei Funkgeräten mit DSC-Controller soll je ein Mal die MMSI, der Schiffsname und das Rufzeichen gesendet werden.

DB8833   DB8833   DB8833
Erhalten Mayday

Mayday
DA3344   DA3344   DA3344
This is
DB8833   DB8833   DB8833
Received Mayday

Das Rufzeichen des Havaristen ist dem DSC-Notalarm nicht zu entnehmen. Es wird erst mit der Eröffnung des Notverkehrs durch den Havaristen bekannt. Solange Name und Rufzeichen unbekannt sind, muss der Havarist wohl oder übel mit seiner MMSI angesprochen werden:

Mayday
211512680   211512680   211512680
Hier ist
DB8833   DB8833   DB8833
Erhalten Mayday

In den seltenen Fällen von Verständigungsschwierigkeiten kann gesendet werden:

– statt „An alle Funkstellen"
   CQ (CHARLIE QUEBEC)

– statt „Hier ist"
   DE (DELTA ECHO)

– statt „Erhalten Mayday"
   ROMEO ROMEO ROMEO MAYDAY

Eine Bestätigung muss grundsätzlich von allen FuSt gesendet werden, die den Notalarm empfangen haben. Wenn jedoch bereits eine KüFuSt eine DSC-Bestätigung abgegeben hat und eine SeeFuSt weit entfernt vom Notfallort liegt und ihre Hilfe offensichtlich nicht benötigt wird, so kann die Bestätigung entfallen. In einer Pause des Notverkehrs kann man das MRCC fragen, ob die eigene Hilfe nötig ist. Grundsätzlich muss jedes auf See befindliche Schiff, dem gemeldet wird, dass sich Menschen in Seenot befinden, diesen mit größtmöglicher Geschwindigkeit zu Hilfe eilen und ihnen oder dem zuständigen Rettungsdienst hiervon Kenntnis geben. Leistet es keine Hilfe, so muss es in seinem Logbuch begründen, warum nicht (Verordnung über die Sicherung der Seefahrt).

Die Bestätigung einer (gesprochenen) Notmeldung erfolgt genauso.

Eröffnung des Notverkehrs

Falls möglich eröffnet der Havarist den Notverkehr. Er nennt weitere Einzelheiten zum Notfall, sagt, welche Hilfe erbeten wird und er macht Angaben, die die Hilfe und Rettung erleichtern können. Insbesondere soll hier mitgeteilt werden, wie viele Personen in Not sind. Ein Beispiel für eine solche Meldung ist auf Seite 8 abgedruckt. Deshalb muss nach dem Empfang eines DSC-Notalarms umgehend Kanal 16 abgehört werden (Schreibzeug bereitlegen). Dabei erfährt man auch das Rufzeichen des Havaristen. Mit dem Rufzeichen soll der Havarist fortan angerufen werden.

Die Eröffnung des Notverkehrs entfällt nach Abgabe einer Notmeldung, da diese bereits alle erforderlichen Angaben enthält.

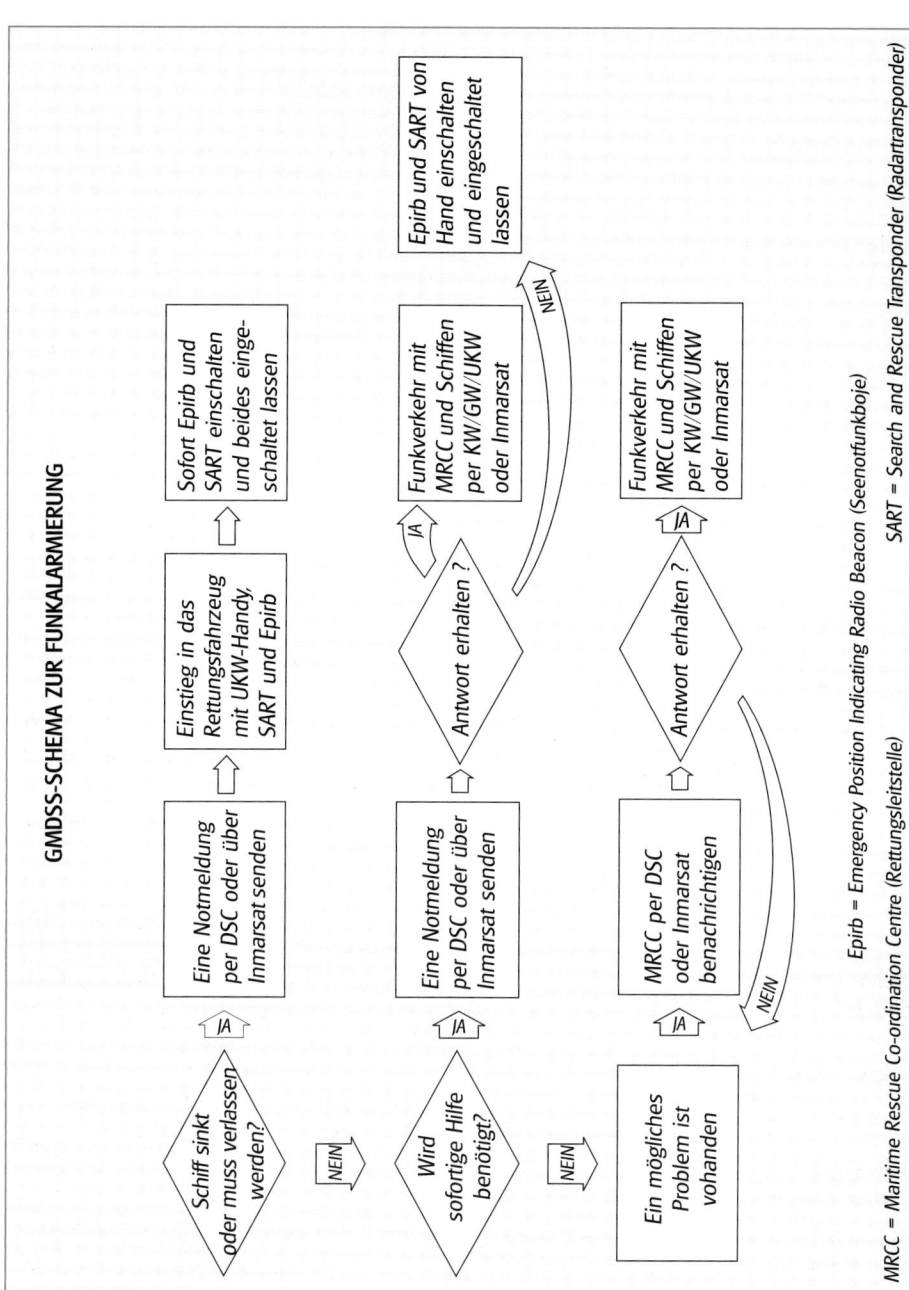

GMDSS-SCHEMA ZUR FUNKALARMIERUNG

Epirb = Emergency Position Indicating Radio Beacon (Seenotfunkboje)   SART = Search and Rescue Transponder (Radartransponder)

MRCC = Maritime Rescue Co-ordination Centre (Rettungsleitstelle)

Bestimmungen zum Notverkehr

Wenn ein Schiff einen DSC-Notalarm oder eine Notmeldung (NON-GMDSS) gesendet hat, ist Kanal 16 ausschließlich für den Notverkehr reserviert. Funkstellen, die nicht am Notverkehr teilnehmen, ist das Senden auf einer Frequenz, auf der Notverkehr stattfindet, untersagt.

Im Notverkehr wird vor jedem Anruf das Notzeichen Mayday einmal gesprochen, sodass auch FuSt, die sich erst später zugeschaltet haben, vom Notverkehr Kenntnis erhalten.

Der Notverkehr umfasst alle Meldungen im Zusammenhang mit der Hilfe, Suche und Rettung. In der Nähe der Unfallstelle wird er als **Verkehr vor Ort** bezeichnet und auf Kanal 16 abgewickelt (für den Verkehr mit Luftfahrzeugen Kanal 06). Damit soll Schiffbrüchigen, die in einem Rettungsboot lediglich mit einem Handsprechfunkgerät ausgerüstet sind, die Möglichkeit gegeben werden, am Verkehr vor Ort teilzunehmen.

Der Notverkehr wird vom **On-Scene-Co-ordinator** geleitet. Er wird vom MRCC ernannt und koordiniert die Rettungsmaßnahmen vor Ort. Das Schiff in Not, der On-Scene-Co-odinator und die Rettungsleitstelle (MRCC) dürfen FuSt, die den Notverkehr stören, Funkstille auferlegen.

Die Anweisung kann entweder an alle Funkstellen oder an eine bestimmte FuSt gerichtet werden. In beiden Fällen wird das Zeichen **Silence Mayday** (französisch ausgesprochen wie ßilaanß mädeh) verwendet:

Mayday
An alle Funkstellen
Silence Mayday

Mayday
Labermax (Schiffsname)
Silence Mayday

SeeFuSt, die von einem Notverkehr Kenntnis haben, müssen diesen verfolgen und in das Funktagebuch eintragen (sofern geführt), selbst wenn sie am Notverkehr nicht teilnehmen. Schiffe, die dem Havaristen nicht helfen können, dürfen die Beobachtung des Notverkehrs erst einstellen, wenn sie die Gewissheit haben, dass Hilfe sichergestellt ist.

Mayday Relay

Ein Schiff, das sich nicht selbst in Not befindet, muss in einem der beiden folgenden Fälle einen Notalarm (GMDSS) oder eine Notmeldung (NON-GMDSS) weiterübermitteln (quasi als Relaisstation):

1. Das Schiff in Not ist nicht selbst in der Lage, den Notalarm auszusenden.
2. Der Schiffsführer des nicht in Not befindlichen Schiffes geht davon aus, dass fremde Hilfe zusätzlich nötig ist.

Der Notalarm muss – sofern möglich per DSC – an eine Küstenfunkstelle, am besten an das zuständige MRCC weitergeleitet werden.

Der Empfang eines weiterübermittelten Notalarms ist genauso zu bestätigen wie der

48

Empfang eines Notalarms – von KüFuSt per DSC, von SeeFuSt im Sprechfunk (mit „Erhalten Mayday" s. oben).

Wenn die KüFuSt den Empfang der Mayday-Relay-Meldung bestätigt hat, eröffnet die FuSt, welche den Notalarm weiterübermittelt hat, den Notverkehr mit einer Situationsbeschreibung. Das Verfahren ist mit dem nach einem Notalarm (s. Seite 45) identisch.

Mit den in der Sportschifffahrt üblichen DSC-Controllern (Klasse D) kann kein Mayday Relay gesendet werden. Hier muss die Weiterleitung per Sprechfunk (NON-GMDSS) erfolgen. Dabei sind der Notalarm oder die Notmeldung wörtlich wiederzugeben. Weiter ist anzugeben, wie und wann die Notmeldung empfangen wurde. Um Verwechselungen zu vermeiden, muss am Ende noch einmal der eigene Name gesagt werden:

Mayday Relay
Mayday Relay
Mayday Relay
Hier ist
211 222 440   Pinta/DA7692
Meine Position ist
55°25′N 006°15′E 1530 UTC
Ich beobachte eine kieloben treibende
Segelyacht mit rotem Rumpf
in 315°, etwa 0,5 sm entfernt.
Hier ist Pinta/DA7692
Over

Silence fini

Wenn der Notverkehr beendet ist, muss die Rettungsleitstelle jeden benutzten Kanal wieder für normalen Betrieb freigeben – mit dem Zeichen **Silence fini**. Auch dies ist französisch auszusprechen.

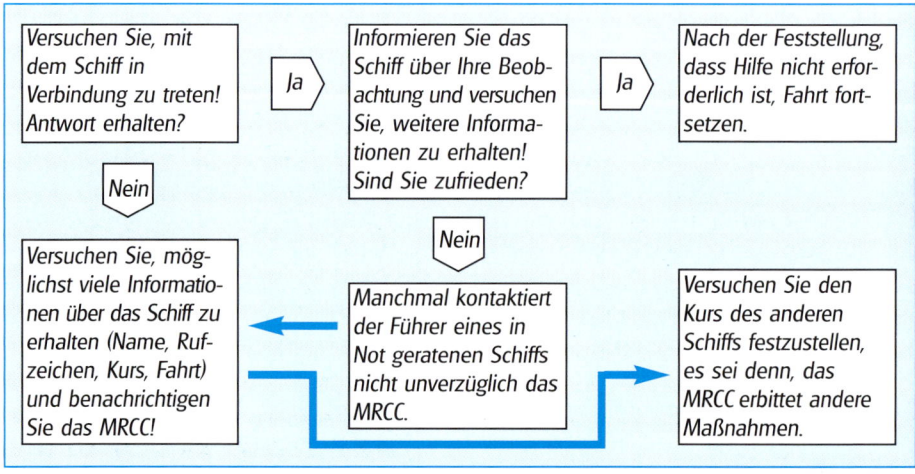

GMDSS-Verhaltensschema für Schiffsführer, die ein Schiff beobachten, das sich anscheinend in Gefahr befindet.

Mayday
An alle Funkstellen
An alle Funkstellen
An alle Funkstellen
Hier ist
Bremen Rescue Bremen Rescue
Bremen Rescue
2045 UTC   Aktuelle Uhrzeit
Rubin/DlGW   FuSt in Not
Silence fini   Beendigung des
                             Notverkehrs

Hörwache auf Kanal 16

Da die meisten Sportboote am 1.2.1999 noch nicht mit GMDSS-Komponenten ausgerüstet waren, hatte die IMO ihre Mitgliedstaaten aufgefordert, die Schiffe zu bitten, bis zum 1.2.2005 weiterhin Kanal 16 abzuhören, *sofern ihnen dies möglich ist*. Diese Einschränkung wurde gemacht, da die Schiffe seitdem ohne Funker fahren (s. Seite 19). Nach ausführlicher Diskussion über die Hörwache auf Kanal 16 kam der IMO-Unterausschuss COMSAR 8 im Jahr 2004 zu dem Schluss, dass eine derartige Hörwache auf Kanal 16 für SOLAS-Schiffe (s. Seite 23) auf See auch in absehbarer Zeit – über den 1.2.2005 hinaus – erforderlich ist. So soll sichergestellt werden, dass ein Kanal

1. für die Notmeldungen, insbesondere der Nicht-SOLAS-Fahrzeuge (Sportboote) und
2. bei schwierigen Bedingungen für Anrufe

zur Verfügung steht. Zur IMO-Entschließung A954(23) siehe Seite 11.

Widerruf eines Fehlalarms

Ca. 90% aller DSC-Notalarme sind Fehlalarme. Gleichwohl läuft bei jedem DSC-Notalarm eine Rettungsaktion an. Ein versehentlich ausgelöster DSC-Notalarm muss daher umgehend widerrufen werden. Gemäß Mitteilungen für Seefunkstellen und Schiffsfunkstellen (RegTP) ist der Widerruf so zu senden:

An alle Funkstellen
An alle Funkstellen
An alle Funkstellen
Hier ist
211106420   Uhu/DA2351
Position 54°10'N 007°53'E
Ich widerrufe meinen Notalarm vom
27. Juli 1925 UTC
Kapitän
27. Juli 1930 UTC   aktuelle Uhrzeit
Over

All Stations
All Stations
All Stations
This is
211106420   Uhu/DA2351
Position 54°10'N 007°53'E
Cancel my distress alert of
1925 UTC, July, 27th
Master
1930 UTC, July, 27th
Over

Ist bereits eine Rettungsaktion angelaufen, so muss der Eigner/Schiffsführer für die entstandenen Kosten einstehen. Das Schiff, das den Fehlalarm verursacht hat, ist über die MMSI schnell zu identifizieren.

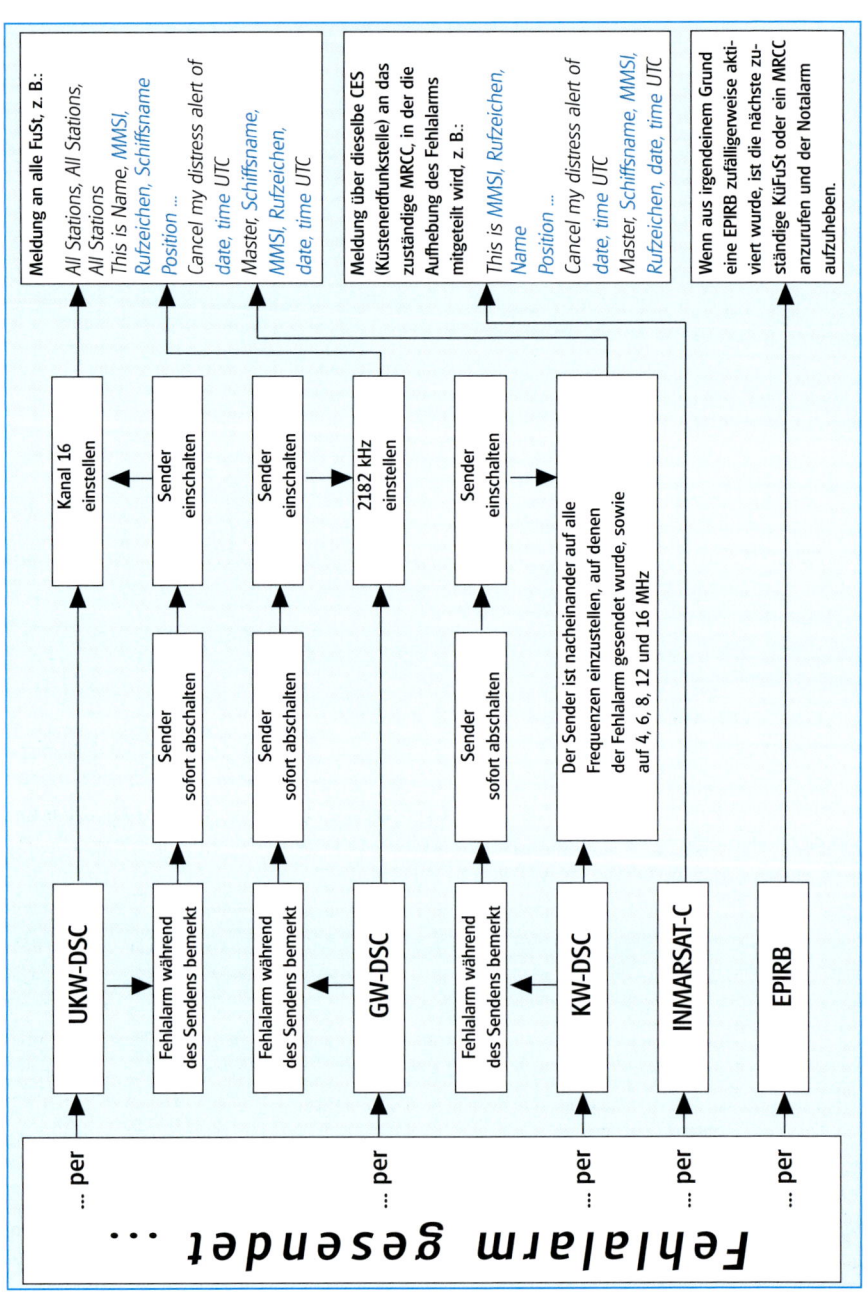

Fehlalarm gesendet ...

... per UKW-DSC

Fehlalarm während des Sendens bemerkt → Sender sofort abschalten → Kanal 16 einstellen → Sender einschalten →

Meldung an alle FuSt, z. B.:

All Stations, All Stations, All Stations
This is Name, MMSI, Rufzeichen, Schiffsname
Position ...
Cancel my distress alert of date, time UTC
Master, Schiffsname, MMSI, Rufzeichen, date, time UTC

... per GW-DSC

Fehlalarm während des Sendens bemerkt → Sender sofort abschalten → Sender einschalten → 2182 kHz einstellen →

... per KW-DSC

Fehlalarm während des Sendens bemerkt → Sender sofort abschalten → Der Sender ist nacheinander auf alle Frequenzen einzustellen, auf denen der Fehlalarm gesendet wurde, sowie auf 4, 6, 8, 12 und 16 MHz → Sender einschalten →

... per INMARSAT-C

Meldung über dieselbe CES (Küstenerdfunkstelle) an das zuständige MRCC, in der die Aufhebung des Fehlalarms mitgeteilt wird, z. B.:

This is MMSI, Rufzeichen, Name
Position ...
Cancel my distress alert of date, time UTC
Master, Schiffsname, MMSI, Rufzeichen, date, time UTC

... per EPIRB

Wenn aus irgendeinem Grund eine EPIRB zufälligerweise aktiviert wurde, ist die nächste zuständige KüFuSt oder ein MRCC anzurufen und der Notalarm aufzuheben.

IMO-Anweisung zum Aufheben von Fehlalarmen

Dringlichkeitsverkehr Pan Pan

Das Dringlichkeitszeichen besteht aus der Gruppe der Wörter Pan Pan. Es wird wie das französische *panne* ausgesprochen und zeigt an, dass eine sehr dringende Meldung ausgesendet wird, die die Sicherheit einer Person oder eines Fahrzeugs betrifft. Das Dringlichkeitszeichen muss vor dem Anruf dreimal gesprochen werden.

Die Verbreitung einer Dringlichkeitsmeldung muss im GMDSS in zwei Schritten erfolgen:

1. Senden eines DSC-Dringlichkeitsanrufs
2. Aussenden der Dringlichkeitsmeldung im Sprechfunk

Der DSC-Dringlichkeitsanruf erfolgt durch

− Eingabe der Priorität Dringlichkeit
− Eingabe des Ruftyps (Ruf an alle FuSt oder Selektivruf an eine FuSt)
− Eingabe des Kanals (i. Allg. Kanal 16)

Eine Dringlichkeitsmeldung wird auf Kanal 16 gesendet, es sei denn, dass dort Notverkehr stattfindet.

Der Empfang eines DSC-Dringlichkeitsanrufs wird vom Controller optisch und akustisch angezeigt. Beim Abnehmen des Hörers wird das Funkgerät auf den vom Anrufer festgelegten Arbeitskanal eingestellt (auch beim Anrufer). Hier hört man nun die Dringlichkeitsmeldung:

Pan Pan Pan Pan Pan Pan
An alle Funkstellen

An alle Funkstellen
An alle Funkstellen
Hier ist
211222330 Rubin/DIGW
Position 54°40′N 010°50′E
Maschinenausfall
Manövrierunfähig vertrieben
Dringend Schlepphilfe benötigt
Over

Pan Pan Pan Pan Pan Pan
All stations
All stations
All stations
This is
211222330 Rubin/DIGW
Position 54°40′N 010°50′E
Engine broken down
Disabled and adrift
Tug assistence urgently required
Over

Ein an alle FuSt gerichteter DSC-Dringlichkeitsanruf darf nicht per DSC bestätigt werden. Schiffe, die ihre Hilfeleistung anbieten wollen, nehmen per Sprechfunk den Funkverkehr auf.

Wenn durch eine *An alle Funkstellen* gerichtete Dringlichkeitsmeldung bestimmte Maßnahmen (z. B. Ausguck bei Mann-über-Bord) ergriffen werden sollen, so muss die Dringlichkeitsmeldung widerrufen werden, sobald diese Maßnahmen nicht mehr erforderlich sind. Dies erfolgt auf dem Kanal der ersten Aussendung.

Ein Fahrzeug, das technische Probleme hat, die möglicherweise zu einem Notfall führen

51

52

können, soll frühzeitig die Küstenwache oder das MRCC informieren (s. Seite 46). Hierzu ist zunächst ein DSC-Dringlichkeitsanruf an das MRCC zu senden und sodann auf Kanal 16 die Dringlichkeitsmeldung abzugeben. Ein Beispiel findet der Leser auf Seite 69.

Sicherheitsverkehr Sécurité

Das Sicherheitszeichen **Sécurité** wird ebenfalls französisch ausgesprochen und zeigt an, dass eine wichtige nautische Warnung oder eine wichtige Wetterwarnung folgt. Sicherheitsmeldungen werden von KüFuSt, selten auch einmal von Schiffen gesendet.

Der Sicherheitsverkehr läuft nach demselben Schema ab wie der Dringlichkeitsverkehr. Die Verbreitung einer Sicherheitsmeldung im GMDSS <u>soll</u> ebenfalls in zwei Schritten erfolgen:

1. Senden eines DSC-Sicherheitsanrufs
2. Aussenden der Meldung im Sprechfunk

Hinweis:
➡ Viele KüFuSt kündigen Sicherheitsmeldungen, die schon als MSI (s. Seite 29) verbreitet wurden, allerdings nicht per DSC an, sondern nur im Sprechfunk auf Kanal 16. Da jeder Empfang eines DSC-Anrufes die volle Aufmerksamkeit des Wachführers verlangt, wollen sie mit diesem Verfahren den Bordbetrieb auf Schiffen (welche die Meldung ja bereits per Navtex erhalten) nicht unnötig stören. Sicherheitsmeldungen, die sie z. B. von Schiffen mit der Bitte um Verbreitung erhalten, werden – wie oben beschrieben – stets per DSC angekündigt und auf einem Arbeitskanal gesendet.

Sehr kurze, an alle FuSt gerichtete Sicherheitsmeldungen dürfen auf Kanal 16 gesendet werden (aber Not- und Dringlichkeitsverkehr haben Vorrang). Schiffe sollen Funkverkehr, der die Sicherheit betrifft, auf Kanal 13 führen, um Kanal 16 freizuhalten. Hierzu ein Beispiel:

Kanal 13:

Sécurité Sécurité Sécurité
An alle Funkstellen An alle Funkstellen
An alle Funkstellen
Hier ist
211 523 740 Roon/DE8446
Position 54°40′ N 010°50′ E
Kleines Segelfahrzeug ohne Radar in dichtem Nebel auf Position 54°40′N 010°50′E
Kurs 270°, Geschwindigkeit 5 kn
Die Schifffahrt wird um besondere Aufmerksamkeit gebeten
Over.

Unter der Voraussetzung, dass der Notverkehr nicht gestört wird, dürfen in außergewöhnlichen Fällen auch Dringlichkeits- und Sicherheitsmeldungen während einer Pause im Notverkehr kurz auf Kanal 16 angekündigt werden, z. B.:

Pan Pan
Hier ist DFKA   (Rufzeichen)
Ich sende auf Kanal 06   (Pan Pan auf 06)

bzw.

Sécurité
Hier ist DG7733   (Rufzeichen)
Ich sende auf Kanal 13   (Sécurité auf 13)

Schritt 4: Ergänzungen zum UKW-Seefunk

Rechtliche Grundlagen

Die funkrechtlichen Vorschriften sind weitgehend international vereinheitlicht; nationale Verordnungen beruhen zumeist auf entsprechenden internationalen Abkommen.

Als GMDSS (Global Maritime Distress and Safety System = weltweites Seenot- und Sicherheitsfunksystem für die Schifffahrt) werden Ausrüstungs- und Verfahrensvorschriften zum internationalen Seefunk bezeichnet, die sowohl in internationalen Verträgen als auch in nationalen Bestimmungen enthalten sind.

Das SOLAS-Übereinkommen von 1974/1988 (SOLAS = Safety of Life at Sea = Sicherheit des Lebens auf See) regelt die Ausrüstungspflicht von Seeschiffen – auch die Funkausrüstung. Der SOLAS-Vertrag wird auch als Schiffssicherheitsvertrag bezeichnet; die nationalen Durchführungs- und Ergänzungsbestimmungen sind in der Schiffssicherheitsverordnung enthalten. Das vorgeschriebene Genehmigungsverfahren für Funkgeräte („Frequenzzuteilung") wird von der Bundesnetzagentur für Elektrizität, Gas, Telekommunikation, Post und Eisenbahnen durchgeführt; es beruht auf dem Telekommunikationsgesetz.

Während die Ausrüstungsvorschriften innerhalb der IMO (International Maritime Organization, London, der für die Seeschifffahrt zuständigen UN-Unterorganisation) entwickelt wurden, fallen die Verfahrensvorschriften in den Zuständigkeitsbereich der ITU (International Telecommunication Union, Genf). Die Vorschriften zu den GMDSS-Verfahren sind im Wesentlichen in den Radio Regulations (RR) der ITU enthalten, deren deutsche Fassung die Vollzugsordnung für den Funkdienst (VO Funk) ist.

Die Erteilung von Seefunkzeugnissen (s. Schritt 10) sowie die erforderlichen Prüfungen sind in den Durchführungsrichtlinien Funkbetriebszeugnisse geregelt.

Küstenfunkstellen

Küstenfunkstellen sind an dem Wort Radio hinter dem Ortsnamen zu erkennen. Alle deutschen KüFuSt arbeiten auf UKW.

Die wenigen deutschen Küstenfunkstellen für den öffentlichen Verkehr, über die Telefongespräche geführt werden können, sind private Einrichtungen. Ihre Arbeitskanäle und

Reichweiten teilen die Anbieter mit. KüFuSt für den öffentlichen Verkehr werden mit „Ortsname Radio" gerufen, z. B. „Oostende Radio".

Viel wichtiger sind die über 80 deutschen Küstenfunkstellen für den nicht-öffentlichen Verkehr, die den Schiffsverkehr unterstützen und unentgeltlich arbeiten. Die KüFuSt für den nicht-öffentlichen Verkehr werden ohne das Wort Radio angerufen. Dies sind:

1. Verkehrszentralen – Traffic Radio
   gerufen z. B. mit Ems Traffic
2. Häfen – Port Radio
   gerufen z. B. mit Strande Port
3. Radarberatung – Radar Radio
   gerufen z. B. mit Cuxhaven Radar I
4. Lotsen – Pilot Radio
   gerufen z. B. mit Stralsund Pilot
5. Schleusen – Lock Radio
   gerufen z. B. mit Eider Lock
6. Brücken – Bridge Radio
   gerufen z. B. mit Hunte Bridge
7. Bremen Rescue Radio (s. Seite 42)
   gerufen mit Bremen Rescue

Alle KüFuSt sollen nach Möglichkeit auf ihren Arbeitskanälen (s. Seite 204) angerufen werden. Sie sind z. B. im Jachtfunkdienst bzw. im Nautischen Funkdienst sowie in den jeweiligen nationalen Veröffentlichungen, z. T. auch in Seekarten aufgeführt.

Der Funkverkehr wird stets von der KüFuSt gesteuert – dies zeigt sich bereits beim Anruf (s. Seite 14). Ihren Anweisungen (z. B. auf einen anderen Kanal zu wechseln oder hörbereit zu bleiben) ist Folge zu leisten.

Verkehrszentralen

Viele Länder haben in den stark befahrenen Gebieten ihrer Küstengewässer maritime Verkehrssicherungssysteme (Vessel Traffic Services VTS) eingerichtet, um die Leichtigkeit und die Sicherheit des Schiffsverkehrs zu gewährleisten und die Meeresumwelt zu schützen. Dazu wurden Verkehrszentralen eingerichtet, die mit hoch auflösenden Radaranlagen alle Schiffsbewegungen, auch die von Sportbooten überwachen. Aufgaben der Verkehrssicherung werden aber auch von Häfen, Schleusen und Brücken wahrgenommen.

Die Maßnahmen reichen dabei von der bloßen Aufnahme der Schiffs- und Ladungsdaten über die Versorgung mit nautischen Informationen einschließlich Meldungen über die Schiffsbewegungen (Lagemeldungen) bis zu einer vollständigen Verkehrsregelung (Schiffslenkungsfunkdienst).

Die Sportschifffahrt ist i. Allg. von der Meldepflicht ausgenommen, wenn man von wenigen Superyachten absieht. In einigen See-

Funktechnische Reisevorbereitung

Zur funktechnischen Reisevorbereitung gehört es auch, sich über die Verkehrssicherungssysteme und Verkehrszentralen im zu befahrenden Seegebiet zu informieren, d. h. über ihre Arbeitskanäle, die Zeiten der von ihnen verbreiteten Lagemeldungen und nautischen Informationen sowie über eine eventuell erforderliche Hörbereitschaft.

gebieten besteht aber auch für Sportboote die Pflicht zur Hörbereitschaft auf den Arbeitskanälen der Verkehrszentralen (in Deutschland gemäß § 3 Abs. 1, SeeSchStrO grundsätzlich für alle mit UKW ausgerüsteten Fahrzeuge).

Für Yachten wird nur in seltenen Fällen Anlass bestehen, auf dem Arbeitskanal einer Verkehrszentrale zu senden. Ein solcher Fall könnte gegeben sein, wenn ein Sportboot bei verminderter Sicht einen stark befahrenen Schifffahrtsweg (Fahrwasser, Verkehrstrennungsgebiet) queren muss.

Auf den Kanälen des Revier- und Hafenfunks (s. Seite 204) dürfen nur Nachrichten übermittelt werden, die sich auf den Schutz von Personen, die Fahrt oder auf die Sicherheit von Schiffen beziehen.

Häfen

In Deutschland werden Häfen stets mit *Ortsname Port* gerufen. Im Ausland ruft man auch *Ortsname Port Control* oder *Name Marina*.

Funktechnische Reisevorbereitung

Zur funktechnischen Reisevorbereitung gehört es auch, sich über die Funkausrüstung und Arbeitskanäle der Häfen zu informieren. In manchen Marinas ist es empfehlenswert, per UKW-Sprechfunk rechtzeitig einen Liegeplatz zu reservieren.

Während in Deutschland Sportboothäfen (Marinas) nur in Ausnahmefällen mit UKW-Sprechfunkgeräten ausgestattet sind, ist dies in manchen anderen Ländern (England, Frankreich) die Regel. Als Beispiel soll das Anlaufen von Dover[1] erläutert werden.

Das Seegebiet vor Dover wird von einer Verkehrszentrale – Dover Coastguard – überwacht. Angesichts des intensiven Fährverkehrs durch Fährschiffe und Hochgeschwindigkeitskatamarane ist es ratsam (aber nicht zwingend vorgeschrieben), den Arbeitskanal von Dover Coastguard – Kanal 69 – abzuhören.

Etwa 100 m vor der Hafeneinfahrt muss zunächst eine Einfahrerlaubnis erbeten werden (die Einfahrt in den Hafen wird durch Lichtsignale geregelt, die ständig auf rot stehen und nur auf Anfrage auf grün geschaltet werden):

Auf Kanal 74:

Dover Port Control
This is
Algebra Algebra
Over

Dover Port Control
Hier ist
Algebra Algebra
Over

55

---

[1] Die notwendigen Informationen entnimmt man z. B. dem jährlich erscheinenden Macmillan Reeds Nautical Almanach.

Algebra
This is
Dover Port Control
Good Morning Sir

Algebra
Hier ist
Dover Port Control
Guten Morgen

56

Good Morning Sir
This is the sailing yacht
100 m off the western entrance.
I require a berth

Guten Morgen
Hier ist die Segelyacht
100 m vor der westlichen Hafeneinfahrt.
Ich benötige einen Liegeplatz

Permission to enter will be given in
a few moments. A habour patrol boat
will wait for your near the western
entrance to escort you to the marina.
Over

Die Einfahrerlaubnis wird in Kürze erteilt.
Ein Hafen-Patrouillenboot wird Sie
an der Westeinfahrt erwarten
um Sie zur Marina zu geleiten.
Over

Thank you Sir
I will wait for the permission
Danke
Ich warte auf die Freigabe

Nach der Freigabe (drei grüne Lichter) darf
in den Hafen eingelaufen werden, wo die

Hafenpatrouille bereits wartet, um den Gast
zur Marina zu geleiten. Vor der Einfahrt in die
Marina muss erneut Funkkontakt aufgenommen werden (auf Kanal 80):

Dover Marina
This is
Algebra   Algebra
Over

Dover Marina
Hier ist
Algebra   Algebra
Over

Algebra
This is
Dover Marina
Over

Algebra
Hier ist
Dover Marina
Over

Good Morning Sir
I require a berth
for a sailing boat length 31 ft.
Over

Guten Morgen
Ich benötige einen Liegeplatz
für ein Segelboot von 31 Fuß Länge
Over

Your berth is number 76 on pontoon E.
The lock will open at 1030 local time
Please berth your boat until that at the

pontoon opposite the lock[1.]
Over

Ihr Liegeplatz ist Nummer 76 am Ponton E.
Die Schleuse wird um 1030 Ortszeit geöff-
net. Bitte legen Sie Ihr Boot so lange an den
Schwimmponton gegenüber der Schleuse[1].
Over

O.K. Number 76, Pontoon E.
Thank you

O.K. Nummer 76, Ponton E
Danke

---

[1] Ein- und Ausfahrt in die Marina sind nur tidenabhängig möglich.

Radarberatung

Vor vielen stark befahrenen Küsten bieten die Verkehrszentralen bei verminderter Sicht eine Radarberatung an (s. Abbildung unten). Zur Radarberatung gehört auch, kleine Fahrzeuge ohne (leistungsfähiges) Radar über mögliche Kollisionsgefahren und Annäherungen an andere Schiffe zu informieren. Die Sendebereiche (siehe unten) und Arbeitskanäle sind auch in Seekarten angegeben.

Sportboote sollten eine Radarberatung erbitten, wenn sie sich bei verminderter Sicht in einem Fahrwasser befinden. Die Radarberatung ist kostenlos.

57

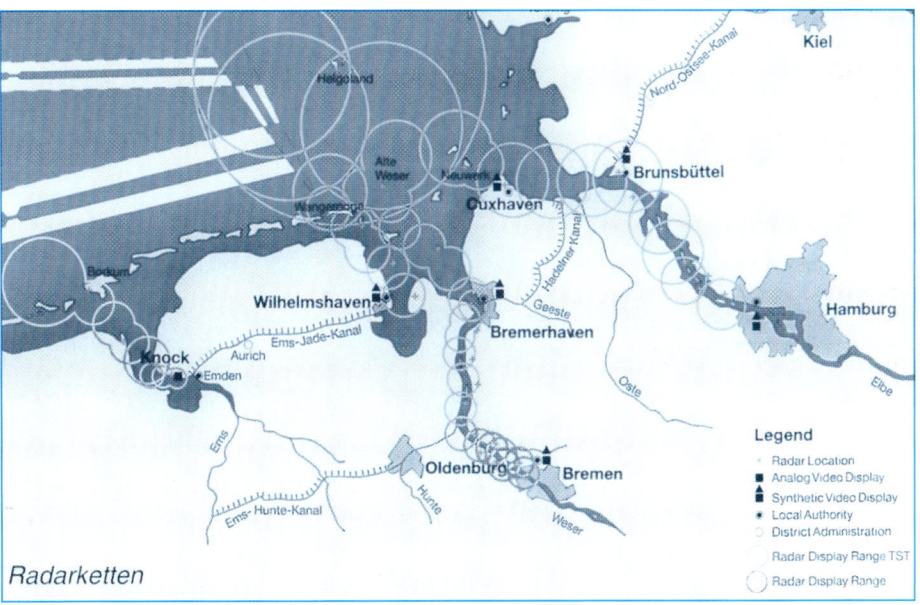

Radarketten an der deutschen Nordseeküste

AIS

Das **Automatic Identification System** (AIS) wurde von der IMO entwickelt, damit Schiffe automatisch identifiziert werden können. Durch eine Neufassung von Kapitel 5 des SOLAS-Abkommens haben sich alle Vertrags-staaten verpflichtet, die Schiffe ab BRZ[1] 300 mit AIS-Geräten auszurüsten. Dabei gelten folgende Termine:

58

seit 1.7. 2002 alle Neubauten
seit 1.7. 2003 alle Passagierschiffe
seit 1.7. 2004 alle Tanker
seit 1.7. 2004 Schiffe über BRZ[1] 50000
seit 1.1.2005 Schiffe über BRZ 300
bis 1.7. 2008 Schiffe auf nationaler Fahrt,
                   die vor dem 1. Juli 2002
                   gebaut wurden

Ein **AIS-Gerät (Klasse A)**, wie es SOLAS-Fahr-zeuge einsetzen müssen, besteht aus vier Komponenten:

1. **Steuergerät**. Es steuert und verarbei-tet alle AIS-Daten.
2. **GPS-Navigator**. Er erzeugt die dyna-mischen Daten.
3. **Sende-Empfangseinheit**. Damit er-folgt der Datenaustausch.
4. **Bildschirm**. Hier werden die Daten dargestellt.

Gesendet wird auf den UKW-Kanälen **AIS 1** und **AIS 2** (siehe Seite 205). AIS 1 und AIS 2 sind international einheitliche Frequenzen, die speziell für das AIS eingerichtet wurden. Auf diesen beiden Kanälen werden die so genannten **Datentelegramme** (siehe rechts,

blauer Rahmen) verschickt. Das geschieht vollautomatisch nach dem SOTDMA-Verfahren («Self Organising Time Divison Multiple Access»).

Die Datentelegramme sind so kompakt, dass auf jedem AIS-Kanal mehr als 2000 Daten-telegramme pro Minute übertragen werden können. Die statischen und die reisespezifi-schen Informationen (siehe blauer Rahmen) werden alle sechs Minuten neu ausge-strahlt, die dynamischen Informationen wer-den je nach Geschwindigkeit und der aktu-ellen Manöversituation aktualisiert. Dabei sind folgende Intervalle vorgesehen:

– Ankerlieger	3 min
– Schiff 0 bis 14 kn	10 sec / 3,3 sec[2]
– Schiff 14 bis 23 kn	6 sec / 2 sec[2]
– Schiff > 23 kn	2 sec / 2 sec[2]
– Sportboot	30 sec

Die von AIS gelieferten Daten können auf einem eigenen Bildschirm angezeigt oder in die bordeigenen Navigationssysteme wie Radar und elektronische Seekarte integriert werden. Abhängig von der Antennenhöhe hat ein AIS-Bordgerät eine Reichweite von 20 bis 30 Seemeilen.

Die AIS-Daten werden nicht nur von Schiffen genutzt, sondern auch von den **Verkehrs-zentralen**. In Deutschland wurden alle Ver-kehrszentralen mit AIS ausgestattet. Sie kön-nen damit ihre Aufgaben der maritimen

---

[1] Bruttoraumzahl
[2] falls schnell manövrierend

AIS-Daten

Nach den internationalen Festlegungen werden vier **Datentelegramme** von AIS übertragen:

1. Statische Informationen
   - IMO-Nummer (wenn vorhanden)
   - Rufzeichen und Name des Schiffes
   - Länge und Breite des Schiffes
   - Art des Schiffes

2. Dynamische Informationen
   - Position mit zugehöriger Uhrzeit
   - Aktueller Kurs über Grund
   - Aktuelle Fahrt über Grund
   - Gesteuerter Kurs (Kielrichtung/Heading)
   - Status (z. B. manövrierbehindert)
   - Wendegeschwindigkeit

3. Reisespezifische Informationen
   - Derzeitiger Tiefgang
   - Ladungskategorie
   - Zielhafen und ETA (Ankunftszeit)
   - Routenplan (optional)

4. Kurze Sicherheitsmeldungen

Das Verfahren des Datenaustausches ist weltweit standardisiert. Auch Fahrzeuge, die mit AIS-Geräten verschiedener Hersteller ausgerüstet sind, können ihre Daten austauschen. Radargeräte mit AIS-Schnittstelle können AIS-Daten auch auf dem Radarschirm darstellen. Die vollständigen AIS-Daten werden auf ECDIS-Bildschirmen (Electronic Chart Display Information System) angezeigt. Dabei werden spezielle Symbole verwendet, die den Nautiker auf einen Blick über die Art des fremden Schiffes, dessen Position und gegenwärtigen Kurs informieren.

Verkehrssicherung noch besser erfüllen. So können die Verkehrszentralen kurze Nachrichten – Sicherheitsmeldungen, Navigationswarnungen, Verkehrsregelungen – per AIS an alle Schiffe oder an ein bestimmtes Schiff senden. Möglich wäre dann auch, Positionen von Fahrzeugen ohne AIS-Gerät auszustrahlen, die in den AIS-Geräten der übrigen Schifffahrt abgebildet würden. Das setzt natürlich voraus, dass die betreffenden Fahrzeuge vom Radarsystem der Verkehrszentrale erfasst werden. Sogar einige **Leuchttürme und Fahrwassertonnen** werden mit AIS ausgerüstet.

Für **Sportboote** besteht keine Ausrüstungspflicht. Sie können aber freiwillig mit **AIS-Geräten (Klasse B)** ausgerüstet werden. Dies erhöht deren Sicherheit erheblich, weil Sportboote mit AIS von großen Schiffen besser erkannt werden. Zudem können sie selbst beobachten, welche Schiffe in ihrer Nähe fahren – auf welcher Position, mit welchem Kurs und mit welcher Geschwindigkeit. Natürlich sind auch die statischen und die reisespezifischen Informationen interessant.

59

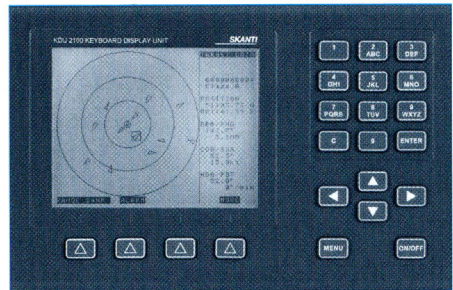

AIS-Gerät Klasse A (Skanti/Hagenuk)

DGzRS-Rettungskreuzer

In allen Fällen von Not oder Dringlichkeit wird grundsätzlich das MRCC alarmiert. Manchmal jedoch soll ein Rettungskreuzer direkt angerufen werden. Zwei Beispiele: Eine Segelyacht mit Motorschaden liegt abends bei Flaute einige Seemeilen vor der Küste. Andere Yachten, die Schlepphilfe anbieten könnten, sind nicht in der Nähe. Natürlich könnte die Yacht auf See warten, bis Wind kommt, aber sie möchte die Nacht lieber im Hafen verbringen. – Eine andere Yacht möchte bei Starkwind ein Seegatt passieren, weiß aber nicht, ob sie den Verhältnissen gewachsen ist. In solchen Fällen kann man – unter der Voraussetzung, dass kein Notverkehr herrscht – den nächsten Rettungskreuzer um Schlepphilfe oder Geleitschutz bitten. Die Namen der Kreuzer, ihre Stationen und Bereitschaft findet man auf Seite 208 ff.

Zeit- und Datumsangaben

Sofern nichts anderes angegeben ist, erfolgen Zeitangaben im Seefunk in UTC (koordinierte Weltzeit). Um mitteleuropäische Sommerzeit (MESZ) zu erhalten, müssen zwei Stunden hinzugezählt werden, z. B.:

0640 UTC = 0840 MESZ

Oft werden Zeitangaben auch in gesetzlicher Zeit (GZ, Local Time LT) gemacht. In Deutschland ist das im Winter die mitteleuropäische Zeit (MEZ) und im Sommer die mitteleuropäische Sommerzeit (MESZ).

Wetterberichte

Vor den Küsten vieler Länder – auch vor den deutschen – können über UKW-Sprechfunk Wetterberichte empfangen werden. Diese werden i. Allg. von den Verkehrszentralen auf Englisch und in der Regel auch in der Landessprache ausgestrahlt. Die Sendezeiten und Kanäle entnimmt man den nationalen Veröffentlichungen, z. B. dem Jachtfunkdienst.

Viele Wassersportler ziehen allerdings die im Rundfunk gesendeten Seewetterberichte vor. Als vorbildlich seien hier die Sendungen des DLR auf 177 kHz, des DLF auf 1269 kHz und von NDR 4 (702, 972 kHz) genannt. Zum einen ist die Empfangsqualität erheblich besser als über UKW-Sprechfunk. Durch die Ausstrahlung über leistungsstarke Sender ist zudem der Empfang nicht nur in Küstennähe, sondern in weiten Teilen der Nord- und Ostsee möglich. Schließlich werden hier auch die amtlichen Seewarnnachrichten veröffentlicht. Auch in anderen Ländern werden Seewetterberichte durch starke Rundfunksender verbreitet.

Die Aussendung von Wetterberichten über UKW und Radiosender ist jedoch kein Bestandteil des GMDSS. Im GMDSS werden Wetterberichte ausschließlich als MSI per Navtex, Inmarsat oder KW-Telex verbreitet.

Eine vollständige (nicht nur die des GMDSS) Darstellung aller Seewettersender enthält die Admiralty List of Radio Signals, Vol. 3, die in zwei Bänden alle Seegebiete der Welt abdeckt und daher für Yachten auf weiten Reisen nahezu unentbehrlich ist.

Funktechnische Reisevorbereitung

Funktechnischen Reisevorbereitung heißt auch zu wissen, wo und wann Wetterberichte gesendet werden. Eine umfassende Informationsquelle über alle Empfangsmöglichkeiten weltweit ist die Admiralty List of Radio Signals, Vol. 3.

Die Wettervorhersagen in Seewetterberichten erfolgen jeweils für bestimmte Seegebiete. Vor der Aufnahme eines Seewetterberichtes muss man die Namen und Grenzen der jeweiligen Vorhersagegebiete kennen. Dies gilt insbesondere für ausländische Wetterberichte. Die Namen der in deutschen Seewetterberichten angesprochenen Vorhersagegebiete stehen auf Seite 203. Die in ausländischen Wetterberichten verwendeten Namen findet man ebenfalls in der Admiralty List of Radio Signals, Vol. 3.

Funkärztlicher Beratungsdienst

Viele Länder bieten ärztliche Beratung über UKW-Sprechfunk an. Der Medico-Dienst wird in Deutschland vom Stadtkrankenhaus Cuxhaven erteilt. Er ist über Bremen-Rescue, telefonisch +49 4721 78 0 und per E-Mail medico@tmas-germany.de erreichbar.

Funkgenehmigung

Funkgeräte unterliegen einer Zulassungspflicht. Es dürfen nur zugelassene Geräte (am Zulassungszeichen erkennbar) verwendet werden. Der Betrieb eines Funkgerätes oder einer Epirb ist genehmigungspflichtig. Zuständig ist die Bundesnetzagentur für Elektrizität, Gas, Telekommunikation, Post und Eisenbahnen – die Außenstelle Hamburg für Seefunk und die Außenstelle Mülheim/Ruhr für Binnenfunk. Die Genehmigung ist vom Schiffseigner zu stellen und erfolgt in Form einer „Frequenzzuteilungsurkunde". Sie ist an den Eigner und das Schiff gebunden und muss – wie auch das Funkzeugnis – an Bord mitgeführt werden. Handsprechfunkgeräte und Epirbs können auch dann genehmigt werden, wenn die Yacht keine fest eingebaute Funkanlage besitzt. Rechtsgrundlage ist das Telekommunikationsgesetz (Seite 53).

Funkliteratur

Der Nautische Funkdienst des BSH gehört zur Pflichtausrüstung deutscher (ausrüstungspflichtiger) Schiffe. Für den Wassersport gibt es eine Kurzfassung, den Jachtfunkdienst. Er wird in zwei Bänden – für die Nord- und Ostsee sowie für das Mittelmeer – jährlich neu herausgegeben. Die Mitteilungen für SeeFuSt (MfS) werden von der Bundesnetzagentur veröffentlicht; sie erscheinen bei Bedarf und enthalten Änderungen und Neuerungen im Funkdienst. Jachtfunkdienst und MfS sind auf Sportbooten mit Funkgerät mitzuführen. Unverzichtbar für Reisen in europäischen Gewässern (mit Ausnahme der Ostsee, des Kattegats und des Mittelmeers) ist der Reeds Oki Nautical Almanac. Hierin sind – allerdings auf Englisch – nahezu alle Informationen über Seefunk und Navigation enthalten. Auch die Bände 3 (Wetter) und 5 (GMDSS) der Admiralty List of Radio Signals überragen die deutschen Angebote deutlich.

Schritt 5: Seefunk mit DSC-Controller

Hinweis:
➡ Ein DSC-Controller dient nur dazu, andere FuSt anzurufen (aufmerksam zu machen) und die Funkgeräte auf den richtigen Kanal einzustellen. Nach dem DSC-Anruf muss die eigentliche Meldung im Sprechfunk gesprochen werden. Einzige Ausnahme: DSC-Notalarm – hier werden Anruf *und* Meldung (bestehend aus MMSI, Position, Zeit und ggf. Notfallart) übermittelt.

Die Bedienung des Skanti-DSC-Controllers erfolgt über die vier runden Tasten in der obersten Reihe (s. Seite 6):

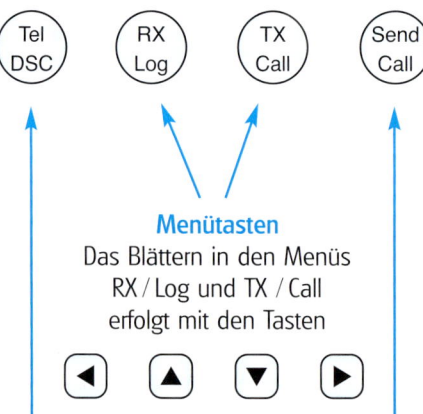

Menütasten
Das Blättern in den Menüs
RX / Log und TX / Call
erfolgt mit den Tasten

◀ ▲ ▼ ▶

Wahltaste
dient zum Umschalten zwischen den Grundeinstellungen im DSC- und Sprechfunkbetrieb

Sendetaste
dient zum Senden eines zuvor erstellten DSC-Anrufes

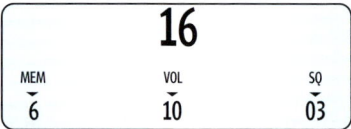

dsc

N: 55° 26

Grundeinstellung DSC-Betrieb: Die untere Zeile gibt abwechselnd die im Controller eingespeicherte geographische Breite, Länge, die zugehörige Zeit in UTC sowie den Hinweis auf die Empfangsbereitschaft auf Kanal 70 an.

16

MEM	VOL	SQ
6	10	03

Grundeinstellung Sprechfunkbetrieb: Das Gerät ist auf Kanal 16 eingestellt. MEM zeigt die aktive Abtasttabelle an (aus den in dieser Tabelle gespeicherten Kanälen wird im DSC-Betrieb der erste freie Kanal ausgewählt). VOL gibt die Lautstärke des Lautsprechers, SQ den Pegel der Rauschsperre an.

Mit der Taste **RX / Log** kann wahlweise der letzte empfangene DSC-Anruf, der letzte empfangene DSC-Notalarm und das DSC-Log, welches bis zu 25 eingegangene DSC-Anrufe speichert, angezeigt werden.

Mit der Taste TX / Call wird ein DSC-Anruf erzeugt (der anschließend mit Send / Call gesendet werden kann). Das Menü ist stark verzweigt und etwas unübersichtlich.

Wer noch nicht mit allen Funktionen vertraut ist, kann sich auf das Untermenü „Extended" beschränken. Dazu drückt man zunächst die Taste TX / Call, blättert dann zum Unterpunkt „DSC Extended" und stellt den gewünschten DSC-Anruf zusammen.

Bestandteile eines DSC-Anrufs

Wie beim offenen Sprachanruf sind auch beim DSC-Anruf drei Dinge festzulegen:

1. Anruftyp
2. Kategorie
3. Arbeitskanal

Beim Anruftyp ist zu wählen zwischen
   Anruf an eine FuSt (Individual station)
   Anruf an alle FuSt (All Stations).

Bei der Kategorie ist zu wählen zwischen
   Routineverkehr (Routine)
   Sicherheitsverkehr (Safety)
   Dringlichkeitsverkehr (Urgency)
   Notverkehr (Distress)

Der Arbeitskanal ist nur bei Anrufen an alle Funkstellen und bei Anrufen an SeeFuSt, nicht jedoch bei Anrufen an KüFuSt festzulegen (hier wird der Arbeitskanal bekanntlich von der KüFuSt mit der Bestätigung vorgegeben). Als Arbeitskanal wählt man im

Routineverkehr z. B.: 72, 69, 06
Sicherheitsverkehr z. B.: 13, 16
Dringlichkeitsverkehr z. B.: 06, 16
Notverkehr: 16

Hinweise:
➡ Für Personen mit wenig DSC-Erfahrung kann es am einfachsten sein, zunächst nur mit dem Untermenü „Extended" zu arbeiten, in dem die drei Komponenten Anruftyp, Kategorie und Arbeitskanal der Reihe nach abgefragt werden.
➡ Empfohlen wird weiterhin, einen DSC-Notalarm ausschließlich durch Drücken der DISTRESS-Taste zu senden. Dann lässt sich zwar keine Notfallart eingeben – dies ist nur über das Untermenü „DSC-Distress" möglich – es geht aber viel schneller und ist sicherer.

63

Typische Aufgabenstellungen

Die Funktionsweise des DSC-Controllers (s. Seite 6) im Zusammenspiel mit dem Funkgerät wird an einigen typischen Aufgabenstellungen erläutert:

– Routinegespräch mit einem Schiff

– Routinegespräch mit einer KüFuSt

– Eine Yacht in dichtem Nebel verbreitet eine Sicherheitsmeldung an alle Schiffe

– Eine Yacht erleidet Wassereinbruch, den sie ohne fremde Hilfe bekämpfen will. Vorsichtshalber soll die zuständige Rettungsleitstelle (MRCC) informiert werden

– Bei der Rettung einer gekenterten Jolle wird zusätzliche Hilfe benötigt

Routineanruf an ein Schiff

Lea/DA2672 MMSI 211555440 will ein Routinegespräch mit Deneb/FGKL MMSI 244642530 führen.

Auf der Deneb ertönt ein Signal und der DSC-Controller zeigt an, dass ein DSC-Ruf empfangen (RECEIVED) wurde, der an eine Funkstelle (INDV CALL) ging; der Ruf stammt von 211555440; Arbeitskanal 06 (VHF CH 06):

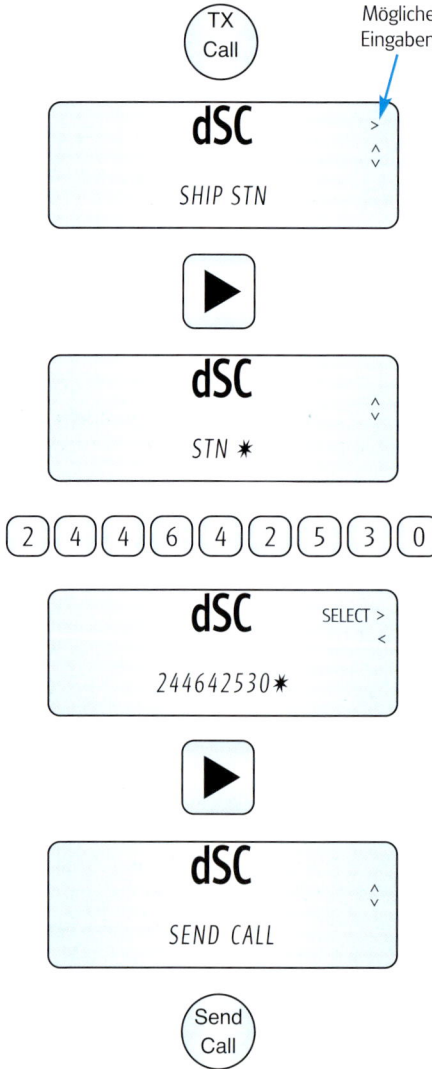

Die gerufene FuSt Deneb hat ihren DSC-Controller auf automatische Bestätigung (eingehender DSC-Rufe) eingestellt. Um die Bestätigung zu senden, braucht nur der Hörer abgenommen zu werden.

Dabei zeigt das Display auf der Deneb kurz an, dass ein Ruf gesendet wird (TX-CALL), dass die Sendung erfolgreich war (TX-OK), dass nämlich eine Empfangsbestätigung gesendet wurde (ACK SEND) und dass die Verbindung nun hergestellt wird (CONNECTS):

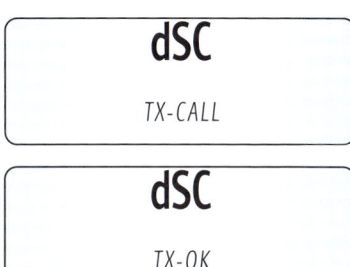

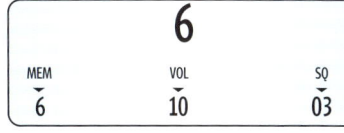

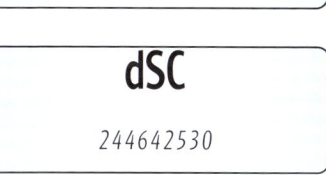

Automatisch wird beim Abheben des Hörers der gewählte Kanal 06 eingestellt und das Gespräch kann geführt werden.

65

Deneb
This is
211555440 Lea/DA2672
the sailing boat half a mile off your port side.
Can you locate my boat on your radar?
Over

Deneb
Hier ist
211555440 Lea/DA2672
das Segelboot eine halbe Meile von Ihrer Backbordseite entfernt. Können Sie mein Boot auf Ihrem Radar ausmachen?
Over

Auch auf der Lea muss nun nur noch der Hörer abgenommen werden. Dabei zeigt das Display nacheinander folgende Anzeigen (ohne Bedienereingriff):

Hinweis:
➡ Im Menü „Ship Stn" muss kein Arbeitskanal eingestellt werden. Der Controller stellt automatisch den ersten freien Schiff-Schiff-Kanal ein (indem er die „Abtasttabelle 6 scannt"). Das ist bei Funkverkehr, der die Fahrt oder die Sicherheit betrifft in Ordnung. Zum Plaudern sollte jedoch ein anderer Kanal, z. B. 69, gewählt werden, was im Menü „Extended" (s. Seite 69) einfach möglich ist.

Routineanruf an eine KüFuSt

Uffa/DFOX MMSI 211789210 erbittet von Brixham Coastguard (MMSI 002320013) die Wiederholung des letzten Wetterberichtes:

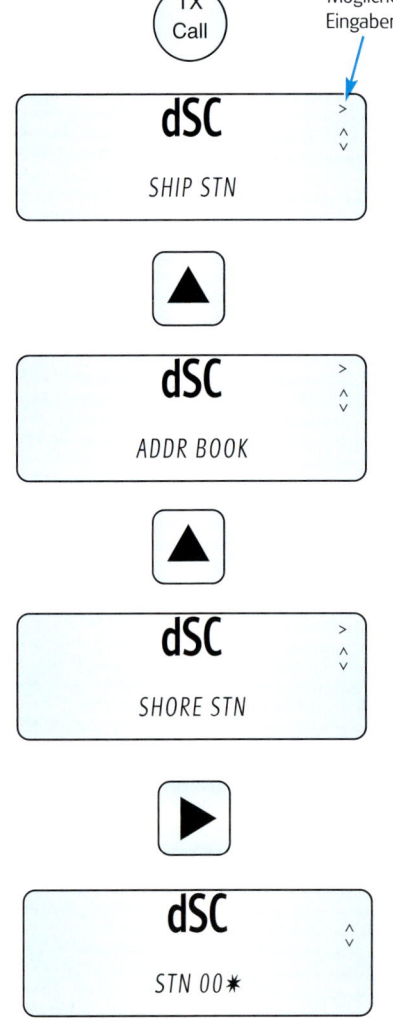

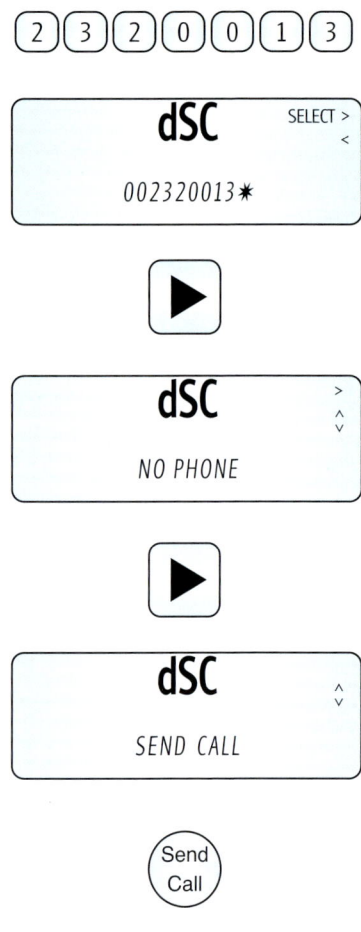

Merke:

➡ Beim Anruf an eine KüFuSt wird kein Arbeitskanal vorgegeben. Dieser wird vielmehr von der KüFuSt mit ihrer Bestätigung festgelegt.

Ein akustisches Signal zeigt den Empfang der Bestätigung von Brixham Coastguard an. Wie beim Routineanruf an ein Schiff dargestellt, zeigt das Display alle Informationen zu dem eingegangenen DSC-Ruf an.

66

Nun kann der Hörer abgenommen und gesprochen werden (der vorgegebene Arbeitskanal wird automatisch eingestellt):

Brixham Coastguard
This is
211789210 Uffa/DFOX
Good Afternoon
I could not receive the last weather forecast for Portland. Could you be so kind as to repeat it for me?
Over

Brixham Coastguard
Hier ist 211789210 Uffa/DFOX
Guten Tag
Ich konnte die letzte Wettervorhersage für (das Seegebiet) Portland nicht empfangen. Könnten Sie so freundlich sein, diese für mich zu wiederholen?
Over

Brixham Coastguard antwortet:

We have traffic.
Standby on this channel please.

Wir haben Funkverkehr.
Warten Sie bitte auf diesem Kanal!

Hinweis:
➡ Beim Anruf an eine KüFuSt für den öffentlichen Verkehr, welche ein Telefongespräch vermitteln soll, ist in der vorletzten Anzeige „No Phone" der Pfeil nach unten oder oben zu drücken. Über die daraufhin erscheinende Anzeige „Add Phone" kann die gewünschte Rufnummer eingegeben werden. In einigen wenigen Ländern ist damit eine automatische Einwahl in das Festnetz möglich.

Sicherheitsmeldung an alle Schiffe

Die Yacht Extreme/DF6446 MMSI 211321120 ist in dichten Nebel geraten, verfügt aber nicht über ein Radargerät. Sie möchte die umliegende Schifffahrt warnen.

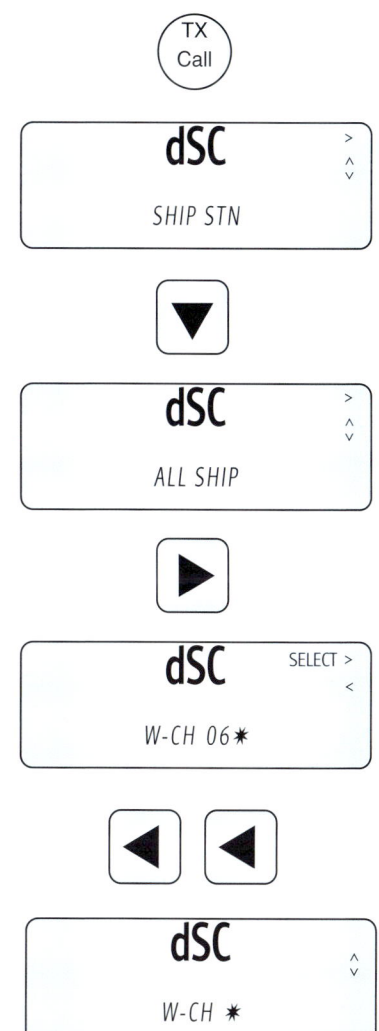

67

stellt. Auch auf der sendenden FuSt Extreme erfolgt die Kanalsteuerung automatisch. Hier wird nun folgende Meldung gesendet:

Sécurité Sécurité Sécurité
All Stations All Stations All Stations
This is
211321120 Extreme/DF6446
Sailing boat without radar
in position 53°48'N 007°15'E
Course 075° Speed 5 knots
Shipping is requested to navigate carefully

Sécurité Sécurité Sécurité
An alle Funkstellen
An alle Funkstellen
An alle Funkstellen
Hier ist
211321120 Extreme/DF6446
Segelboot ohne Radar
auf Position 53°48'N 007°15'E
Kurs 075° Fahrt 5 Knoten
Die Schifffahrt wird um vorsichtige Fahrweise gebeten.

Hinweis:
➡ Der Skanti-DSC-Controller gestattet keine Routine-meldungen an alle FuSt. All-Stations-DSC-Rufe können nur die Kategorie Not (Distress), Dringlichkeit (Urgency) oder Sicherheit (Safety) haben.

Auf allen umliegenden FuSt, die mit DSC ausgerüstet sind, ertönt nun ein Alarmsignal. Durch Quittieren oder Abnehmen des Hörers wird automatisch der Arbeitskanal 13 einge-

Wassereinbruch!

Eine Yacht läuft bei gutem Wetter 25 sm nördlich von Helgoland, als entdeckt wird, dass bereits etwa dreißig Zentimeter hoch Wasser im Schiff steht. Es hat eindeutig keine Kollision gegeben, das Wasser muss durch einen Rumpfdurchbruch einströmen. Vielleicht ist ein Schlauch (Abflussrohr, WC, Kühlwasser, Fäkalientank, Cockpitentwässerung o. Ä.) geplatzt. Sofort werden die Pumpen in Betrieb genommen, die Leckstelle gesucht, die Rettungsinsel klar gemacht. Die Crew hat sich auf diesen Fall vorbereitet, sie weiß, wer wo nach der Leckstelle suchen muss (Sicherheitsrolle) und verfügt über ausreichendes Material zur Lecksicherung. Der Schiffsführer geht daher davon aus, dass der Wassereinbruch erfolgreich bekämpft werden kann und kein Notfall eintritt, aber auszuschließen ist dies nicht. Deshalb soll rechtzeitig, bevor ggf. durch steigendes Wasser die Funkanlage ausfällt, eine Dringlichkeitsmeldung abgegeben werden.

Schiffsname: Dino
Rufzeichen: DD5664
MMSI: 211283560
Position laut GPS: 53°58'N 007°55'E

Hinweis:
➡ In einem derartigen Fall ist zuerst ein DSC-Dringlichkeitsanruf an das zuständige MRCC zu senden (s. Seiten 46, 51) – hier MRCC Bremen MMSI 002111240. Nach der DSC-Bestätigung durch das MRCC ist in einer Dringlichkeitsmeldung an Bremen Rescue auf Kanal 16 der Sachverhalt näher zu beschreiben (s. Schritt 3).

Mögliche Eingaben

69

70

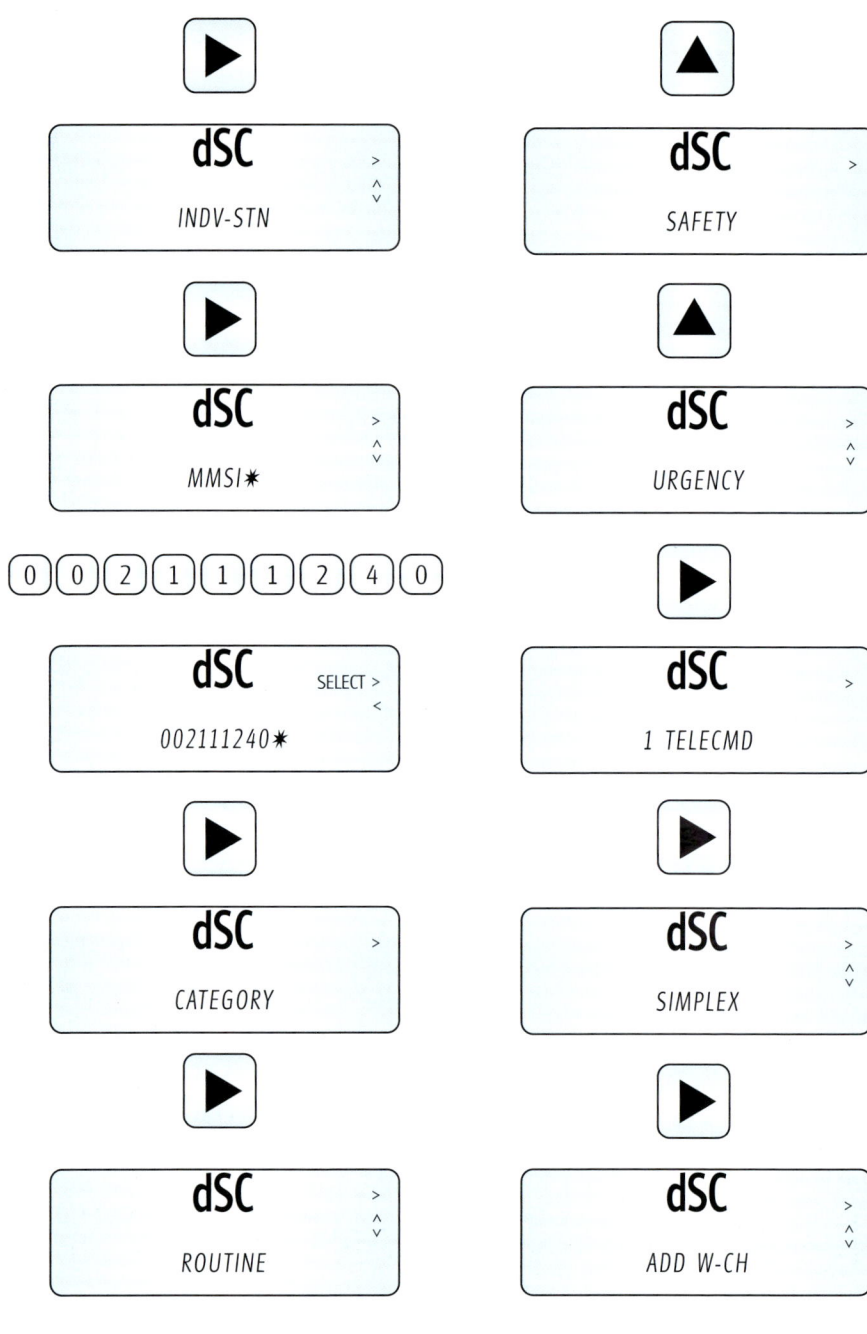

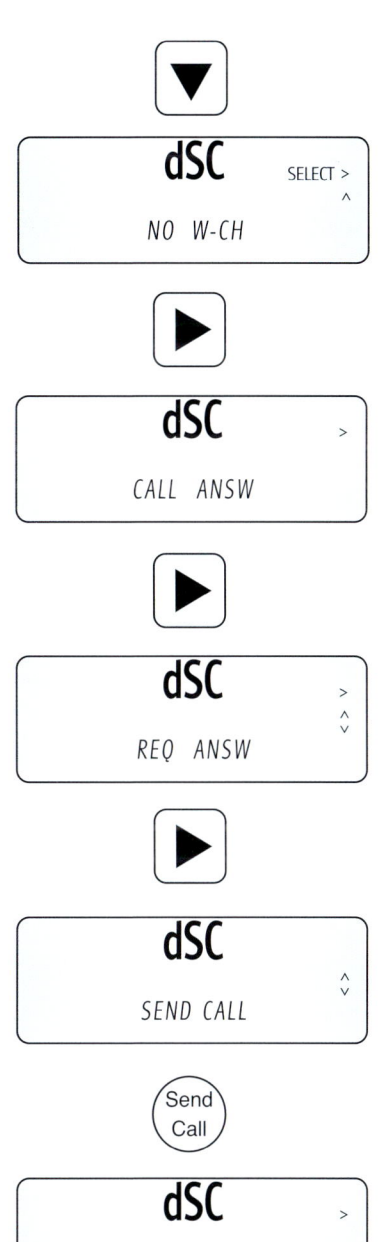

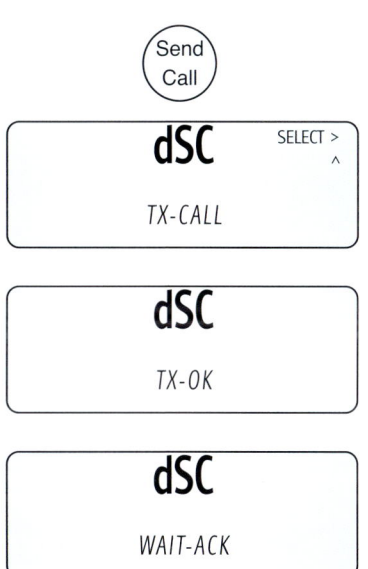

Der DSC-Controller wartet nun auf die Bestätigung (waiting for acknowledgement). Bei deren Empfang ertönt ein Signal und die folgende Anzeige erscheint:

Die untere Zeile zeigt abwechselnd die Worte „Received" „Urgency" und die MMSI der bestätigenden FuSt, also „002111240".

Das Alarmsignal verstummt, sobald der Hörer abgenommen wird.

Hörer abnehmen – damit wird automatisch der von Bremen Rescue vorgegebene Kanal eingestellt – Sendetaste auf der Hörer-Innenseite drücken und sprechen:

71

Pan Pan Pan Pan Pan Pan
Bremen Rescue
Bremen Rescue
Bremen Rescue
Hier ist
211283560 Dino/DD5664
Position 53°58'N 007°55'E
Wassereinbruch
Wir versuchen, das Leck zu stopfen
Derzeit noch keine fremde Hilfe erforderlich
Ich melde mich gleich wieder auf Kanal 16
Standby
Over

72

Pan Pan Pan Pan Pan Pan
Bremen Rescue
Bremen Rescue
Bremen Rescue
This is
211283560 Dino/DD5664
Position 53°58'N 007°55'E
Flooding
We try to fother the leak
No help requested in the moment
I come back in a few moments on channel 16
Standby
Over

In dieser Meldung wird die eigene MMSI genannt, damit Bremen Rescue weiß, dass der DSC-Ruf und die gesprochene Meldung vom selben Sender stammen (s. Seite 9). Es werden aber auch das eigene Rufzeichen und der Schiffsname angegeben. Mit dem Namen oder dem Rufzeichen – und nicht mit der MMSI – wird Bremen Rescue ggf. im nachfolgenden Funkverkehr den Havaristen anrufen.

Vermisster Jollensegler

Eine Yacht eilt einer in Küstennähe gekenterten Jolle zu Hilfe. Eine Person, die ohne ausreichende Kälteschutzkleidung in kaltem Wasser schwimmt, kann geborgen werden. Eine zweite Person – mit einer gelben Jacke und einer roten Rettungsweste bekleidet – wird vermisst. Über Funk wird umgehend zusätzliche Hilfe erbeten. Da nicht die Yacht in Not ist, sondern die Jolle, muss für diese eine Notmeldung abgegeben werden (Mayday Relay, s. Seite 47).

Die in der Sportschifffahrt üblichen DSC-Controller der Klasse D gestatten nicht, Mayday Relay per DSC zu senden (s. Seite 25). Allerdings kann über das Untermenü „Extended" ein DSC-Ruf an alle FuSt der Kategorie Distress (= Seenot) gesendet und der per Sprechfunk zu verbreitenden Mayday-Relay-Meldung vorangestellt werden.

Name der Yacht: Saphir
Rufzeichen: DC5983
MMSI: 211964820
Position um 1445 GZ[1]: 53°42'N 007°06'E

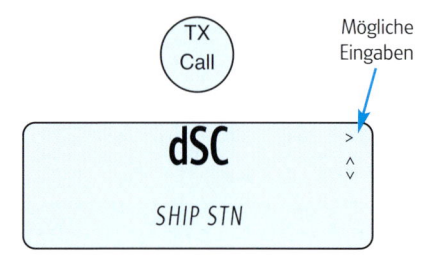

1 GZ = Gesetzliche Zeit

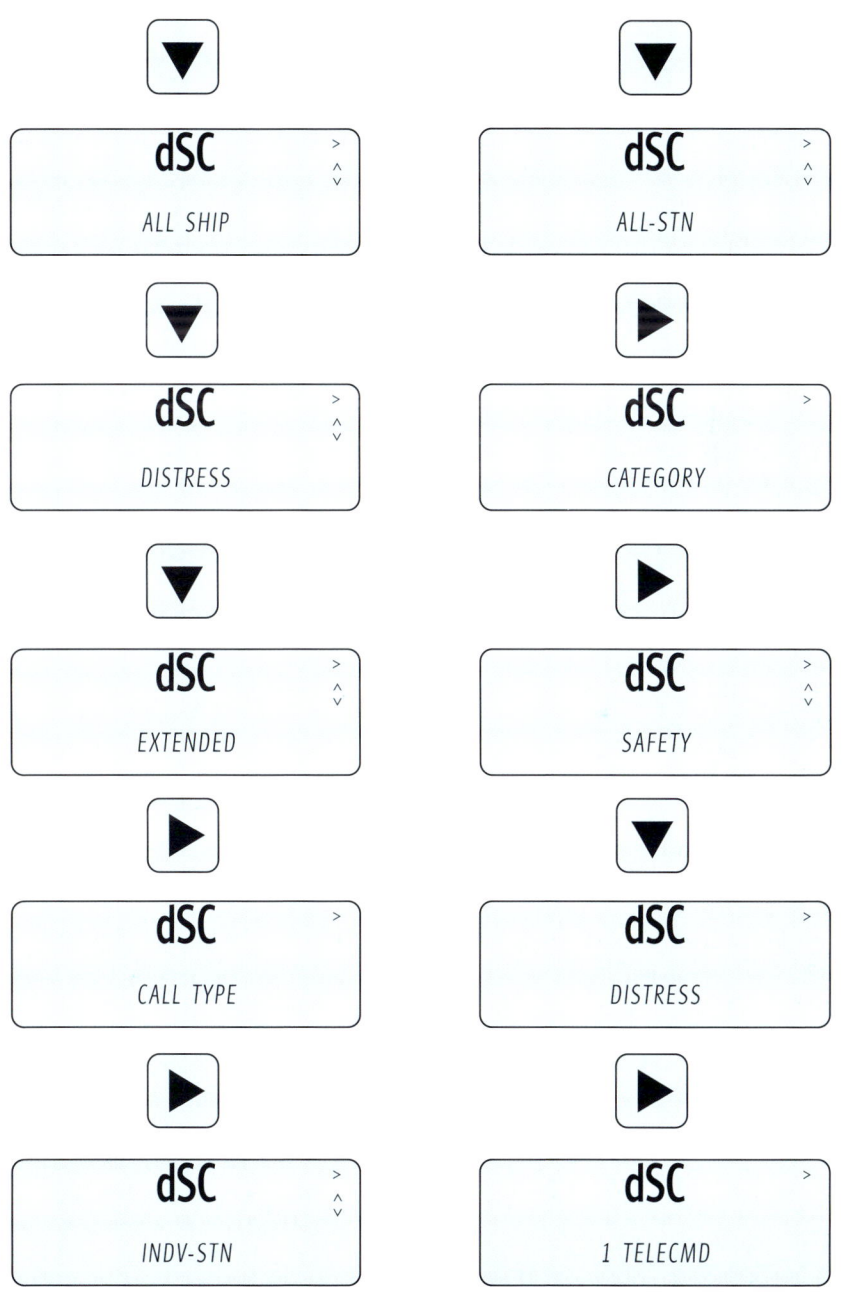

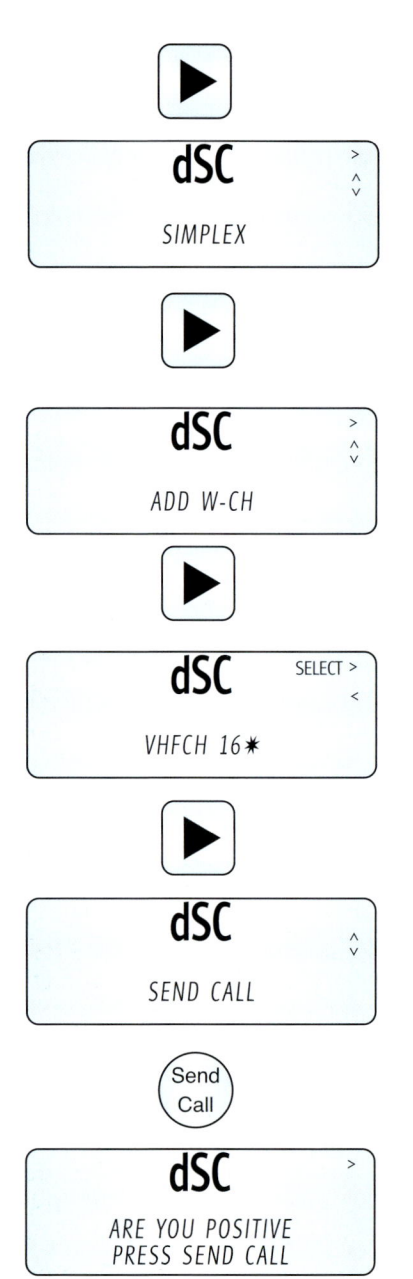

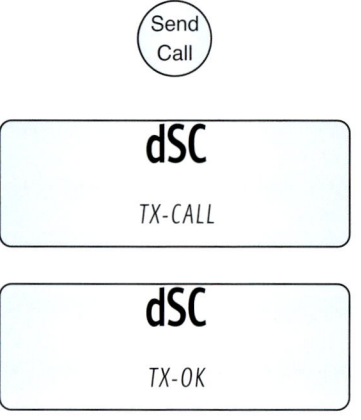

74

Auf allen FuSt im Sendebereich der Saphir, die mit UKW-DSC ausgestattet sind, weist ein Alarmsignal auf den empfangenen DSC-Alarm hin. Wird dieser quittiert oder der Hörer abgenommen, so schaltet das angeschlossene Funkgerät automatisch auf Kanal 16 um. Auch auf der Saphir stellt das Funkgerät eigenständig Kanal 16 ein. Nun wird gesendet:

Mayday Relay Mayday Relay Mayday Relay
Hier ist
211964820 Saphir/DC5983
Vermisster Segler
Um 1445 GZ
auf Position 53°42'N 007°06'E
wird ein Segler von einer
gekenterten Jolle vermisst.
Der vermisste Segler trägt
eine gelbe Jacke und
eine rote Rettungsweste.
Alle Fahrzeuge in der Nähe werden um Hilfe
bei der Suche und Rettung gebeten.
Hier ist 211964820 DC5983 Saphir
Over

Bewertung

Sieht man vom Drücken der Distress-Taste ab, so ist ein DSC-Controller erheblich schwieriger zu bedienen als ein Funkgerät. Alle DSC-Controller müssen gemäß den Vorgaben der IMO (International Maritime Organization) über eine englische Bedienerführung verfügen. Einzelne Vorgaben zum Menü gibt es jedoch nicht.

Deshalb funktionieren die verschiedenen DSC-Controller völlig unterschiedlich. Wer einen Controller bedienen kann, steht dem nächsten hilflos gegenüber. Hiervon sind alle Seeleute – in der Berufs- wie in der Sportschifffahrt – betroffen, die häufig ihre Schiffe wechseln. Die Betriebsanleitungen sind zumeist ungenügend. Wenn der DSC-Controller in das Sprechfunkgerät integriert ist, kann man oft nicht einmal das Funkgerät nutzen. Wer an dem Gerät herumspielt, riskiert, versehentlich einen DSC-Ruf zu senden – deshalb gibt es viele Fehlalarme.

Der DSC-Controller hat den Funkverkehr grundlegend verändert. Ohne DSC-Controller musste Kanal 16 ständig abgehört werden – heute wacht der DSC-Controller. Die Mannschaft hört nur noch auf das Funkgerät, wenn der DSC-Controller „geklingelt" hat.

Ausnahmen gibt es nur in stark befahrenen Gebieten. Hier hält die Handelsschifffahrt Funkwache für den Verkehr von Brücke zu Brücke und für Verkehr mit Verkehrszentralen. Funkverkehr von Brücke zu Brücke wird vollständig auf Kanal 13 und den nachgeordneten Kanälen für den Schiff-Schiff-Verkehr

(siehe Seite 205) abgewickelt – und zwar einschließlich der Anrufe. Auf Kanal 16 soll nur noch angerufen werden, wenn kein Arbeitskanal zur Verfügung steht. Das gilt ebenso für Gespräche mit den Verkehrszentralen, Häfen, Brücken und Schleusen.

Auch die Sportschifffahrt muss in den Sendegebieten vieler Verkehrszentralen Funkwache gehen. Außerhalb davon muss sie Kanal 16 nur dann hören, wenn kein Navtex-Gerät an Bord ist und Starkwind- oder Sturmwarnungen per Sprechfunk empfangen werden sollen (siehe Seiten 14, 52).

In A1-Gebieten überwachen Rettungsleitstellen oder Küstenwachen weiterhin Kanal 16, sodass hier eine Alarmierung per Sprechfunk (ohne DSC) möglich ist. Ohne DSC-Controller können aber andere Schiffe, die nahe beim Havaristen liegen und sehr schnell zur Stelle wären, möglicherweise nicht mehr erreicht werden.

Außerhalb von A1-Gebieten ist ein UKW-Sprechfunkgerät kein ausreichendes Mittel zur Alarmierung. Die Schifffahrt hört – wie gesagt – dort in der Regel nicht mehr Kanal 16 ab (siehe Seite 49). Selbst auf DSC-Notalarme, die per UKW gesendet werden, reagieren nicht alle Schiffe, weil es sich ja meistens um doch Fehlalarme handelt.

Grundsätzlich gilt: Auch ein Sportboot muss im Fall von Not oder Dringlichkeit ein MRCC direkt erreichen können. Außerhalb der A1-Gebiete wird dazu ein GW-/KW-Funkgerät benötigt, doch dafür braucht der Schiffsführer das Allgemeine Funkbetriebszeugnis LRC.

Schritt 6: Binnenschifffahrtsfunk

Der Binnenschifffahrtsfunk wurde lange Rheinfunk genannt. Die „Zentralkommission für die Rheinschifffahrt", die von den Rheinanliegerstaaten (bereits am 5.3.1816 zur Ausführung der Bestimmungen der Schlussakte des Wiener Kongresses) gegründet wurde, hatte einheitliche Regelungen für den Funkverkehr auf dem Rhein verabschiedet, die fortan als Rheinfunk bezeichnet wurden. Mit der 1996 in Kraft getretenen „Regionalen Vereinbarung über den Binnenschifffahrtsfunk" wurden die für den Rhein getroffenen Bestimmungen auf die übrigen Binnenschifffahrtsstraßen übertragen und der Name in Binnenschifffahrtsfunk abgeändert.

Zur Teilnahme am Binnenschifffahrtsfunk wird das UKW-Sprechfunkzeugnis für den Binnenschifffahrtsfunk benötigt. Mit dem UKW-Funkbetriebszeugnis ist dies nicht zulässig.

Der Binnenschifffahrtsfunk wird grundsätzlich nach den Regeln des Seefunks abgewickelt, wobei lediglich einzelne Bestimmungen des GMDSS (z. B.: Ausrüstungspflicht, DSC-Controller, MRCC) entfallen.

In Notfällen soll die zuständige Revierzentrale benachrichtigt werden. Deren Arbeitskanal ist durch blaue Schilder am Ufer angegeben. Wegen der geringen Entfernung gibt es kaum Schwierigkeiten bei der Alarmierung. Deshalb ist Kanal 16 als Not- und Anrufkanal im Binnenschifffahrtsfunk nicht vorhanden. Anrufe erfolgen im Binnenschifffahrtsfunk immer auf einem Arbeitskanal.

Verkehrskreise, Sprechwege

Der gesamte Binnenschifffahrtsfunk ist in fünf Verkehrskreise (Zuordnung von Kanälen für bestimmte Aufgaben) gegliedert:

Verkehrskreis 1: Schiff-Schiff
Verkehrskreis 2: Nautischer Informationsfunk (NIF) Funkverkehr zwischen Schiffen und Behörden, denen der technische Betrieb auf Wasserstraßen obliegt; in Deutschland heißen sie Revierzentralen, in Belgien und Holland Verkehrsposten
Verkehrskreis 3: Schiff-Hafenbehörde
Verkehrskreis 4: Funkverkehr an Bord (Schlepp- und Schubverbände, gesperrt für Kleinfahrzeuge)
Verkehrskreis 5: Öffentlicher Nachrichtenaustausch (in Deutschland nicht mehr möglich)

Den Verkehrskreisen 1, 3 und 4 sind folgende Kanäle zugeordnet:

Verkehrskreis 1: Kanäle 10, 13, 77, 06, 08, 72
Verkehrskreis 3: Kanäle 11, 12, 14, 71, 74
Verkehrskreis 4: Kanäle 15, 17

Der Verkehrskreis 4 ist für Kleinfahrzeuge gesperrt. In den Verkehrskreisen 1, 3 und 4 sind nur Nachrichten zugelassen, die sich auf die Fahrt oder die Sicherheit von Schiffen oder in dringenden Fällen auf den Schutz von Personen beziehen. Lediglich auf Kanal 77 ist der – wie es amtlich heißt – „Austausch von Nachrichten sozialer Art" erlaubt.

Mit Ausnahme der Verkehrskreise 2 und 5 darf im Binnenschifffahrtsfunk nur mit reduzierter Sendeleistung (zwischen 0,5 und 1 Watt) gefunkt werden. In Belgien und in den Niederlanden ist auch im Verkehrskreis 2 reduzierte Sendeleistung vorgeschrieben.

Einen Kanal 16 gibt es bekanntlich im deutschen Binnenschifffahrtsfunk nicht. Angerufen wird auf dem ersten freien Arbeitskanal. In den Niederlanden dagegen wird Kanal 16 für Not- und Sicherheitsverkehr benutzt. Dort wie auch in Belgien gibt es auf einigen Strecken Blockkanäle. Auf Blockkanälen können die Schiffe ihre Manöver absprechen und auf demselben Kanal informieren die Verkehrsposten über die Lage auf den Wasserstraßen. Solche Verkehrsposten werden gewöhnlich mit (Ortsname) Sector gerufen, z. B. Millingen Sector.

Die Kanäle der Revierzentralen sind nicht nur durch blaue Schilder an den Binnenschifffahrtsstraßen angegeben (Aufschrift UKW und Kanalnummer). Das „Handbuch Binnenschifffahrtsfunk" und das Merkblatt „Verkehrssicherungssysteme auf Binnenschifffahrtsstraßen" enthalten alle Kanäle des Verkehrskreises 2 NIF (siehe Seiten 81, 210).

Ausrüstungspflicht

Seit dem 1.1.95 müssen alle Schiffe, die die deutschen Binnenschifffahrtsstraßen befahren, mit UKW-Sprechfunkgeräten ausgerüstet sein. Fähren und schwimmende Geräte (Hörbereitschaft im Verkehrskreis 4) müssen über mindestens ein UKW-Sprechfunkgerät verfügen. Die übrigen Fahrzeuge müssen mindestens zwei UKW-Sprechfunkanlagen – empfohlen sind drei – haben und gleichzeitig in den Verkehrskreisen 1 und 2 empfangsbereit sein. Eine Zweikanalüberwachung ist im Binnenschifffahrtsfunk nicht zulässig.

Kleinfahrzeuge (bis 20 m Länge) sind in Deutschland von der Ausrüstungspflicht ausgenommen. Bei unsichtigem Wetter dürfen Sportfahrzeuge jedoch nur fahren, wenn sie mit einer Sprechfunkanlage für den Verkehrskreis Schiff-Schiff ausgerüstet sind und auf Kanal 10 oder dem von der zuständigen Behörde zugewiesenen anderen Kanal auf Empfang geschaltet sind. Sie müssen den anderen Fahrzeugen die für die Sicherheit der Schifffahrt notwendigen Nachrichten geben. Auch in Holland müssen Kleinfahrzeuge bei unsichtigem Wetter mit UKW-Sprechfunk ausgerüstet sein – jedoch nur auf Rhein, Waal, Lek, Amsterdam-Rijnkanal, IJsselmeer, den Routen Antwerpen-Amsterdam und Amsterdam-Antwerpen sowie grundsätzlich bei allen Radarfahrten.

Die Teilnahme am Binnenschifffahrtsfunk ist nur mit UKW-Sprechfunkgeräten gestattet, die mit dem Automatischen Sender-Identifizierungssystem **ATIS** ausgerüstet sind. So können die Aufsichtsbehörden jederzeit erkennen, welche Schiffe gerade funken. Das ATIS-Signal wird automatisch nach dem Loslassen der Sendetaste ausgestrahlt. (Deshalb drücken viele Binnenschiffer vor einer Schleuse nur einmal die Sendetaste. Der Schleusenmeister erkennt das Schiff am ATIS-Code und ruft zurück, sobald er Zeit hat.) Ein eingebauter **ATIS-Killer** macht ATIS für normale Funkgeräte unhörbar.

Funkgeräte für die Binnenschifffahrt müssen darüber hinaus in den Verkehrskreisen 1, 3 und 4 automatisch die Sendeleistung reduzieren. Seefunkgeräte sind nicht zugelassen.

Genehmigungspflicht

Der Betrieb einer Schiffsfunkstelle ist genehmigungspflichtig. Die Genehmigung (**Frequenzzuteilung**) erfolgt durch die Bundesnetzagentur, Außenstelle Mülheim/Ruhr. Damit ist auch eine Teilnahme am Seefunk möglich. Die Frequenzzuteilungsurkunde enthält das Rufzeichen, sie ist stets an Bord mitzuführen. **Rufzeichen** für Schiffsfunkstellen bestehen aus zwei Buchstaben und vier angehängten Ziffern aus den Reihen DA4000 bis DA5999, DC1000 bis DC9999 und DM2000 bis DM3999.

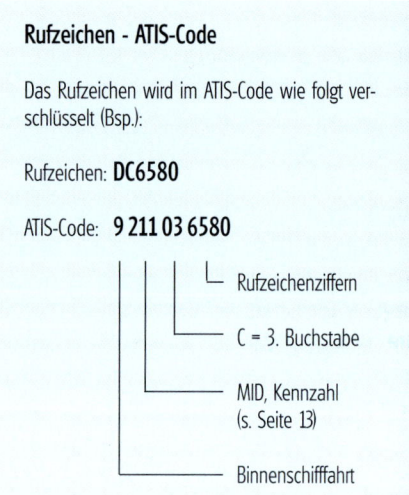

Rufzeichen - ATIS-Code

Das Rufzeichen wird im ATIS-Code wie folgt verschlüsselt (Bsp.):

Rufzeichen: **DC6580**

ATIS-Code: **9 211 03 6580**

Rufzeichenziffern

C = 3. Buchstabe

MID, Kennzahl (s. Seite 13)

Binnenschifffahrt

Funkbenutzungspflicht

Für Kleinfahrzeuge gibt es keine Ausrüstungs-, aber eine Funkbenutzungspflicht: Sofern sie mit einem UKW-Sprechfunkgerät ausgerüstet sind, müssen sie während der Fahrt ständig auf **Kanal 10** empfangsbereit sein. Kanal 10 kann kurzfristig, etwa zum Empfang von Nachrichten auf anderen Verkehrskreisen, verlassen werden (nicht nötig auf Blockkanälen). Kleinfahrzeuge mit einem zweiten UKW-Sprechfunkgerät müssen auch ständig im Verkehrskreis 2 NIF empfangsbereit sein.

Zur Funkbenutzungspflicht gehört auch, dass sich jedes mit UKW-Sprechfunk ausgerüstete Fahrzeug vor der Einfahrt in unübersichtliche Strecken, Fahrwasserengen oder Brückenöffnungen auf Kanal 10 melden muss. Anders als ein LKW, der in eine stark befah-

78

rene Straße einfahren will, kann ein langes Binnenschiff nicht aufstoppen und eine Verkehrslücke abwarten.

Abwicklung des Funkverkehrs

Für die Abwicklung des Funkverkehrs gelten Regeln, die in der Zentralkommission für die Rheinschifffahrt und der Donaukommission ausgehandelt wurden und in internationalen Vereinbarungen festgelegt sind.

Vor jeder Aussendung ist sicherzustellen, dass kein anderes Funkgespräch gestört wird. Dies gilt jedoch nicht für Notverkehr, der unbedingten Vorrang hat. Die Rangfolge des Verkehrs ist wie im Seefunk geregelt:

1. Notverkehr (Mayday)
2. Dringlichkeitsaussendung (Pan Pan)
3. Sicherheitsaussendung (Sécurité)
4. Übriger Funkverkehr (Routine)

Notverkehr

Notanrufe, Notmeldungen und Notverkehr werden grundsätzlich mit dem Notzeichen Mayday eingeleitet. Ein Notfall liegt vor, wenn eine unmittelbare Gefährdung von Mensch oder Schiff gegeben ist. Dies gilt auch für die Gefahrenabwehr an Land. Notfälle sollen den zuständigen Behörden (Revierzentralen, Verkehrsposten) gemeldet werden. Sie organisieren Hilfe und Rettung. Schiffe in Not können natürlich auch andere Schiffe oder Hafenbehörden um Hilfe bitten – und zwar auf einem Kanal des jeweiligen Verkehrskreises. Für die Abwicklung des Notverkehrs gelten die Vorschriften des Seefunks (NON-GMDSS).

Die Bestätigung des Empfangs einer Notmeldung erfolgt im Verkehrskreis 2 NIF durch die ortsfeste Funkstelle. Im Verkehrskreis 3 Schiff-Hafenbehörde soll zunächst die Bestätigung der Hafenbehörde abgewartet werden. Liegt eine Bestätigung nicht innerhalb einer Minute vor, muss eine Schiffsfunkstelle das Notgespräch übernehmen. Im Verkehrskreis 1 Schiff-Schiff muss das Notgespräch von einer in der Nähe befindlichen Schiffsfunkstelle bestätigt werden.

Die Weiterleitung einer Notmeldung durch eine nicht selbst in Not befindliche Funkstelle wird mit Mayday Relay angekündigt. Mayday Relay muss dreimal gesprochen werden (siehe Seiten 82, 197).

Während des Notverkehrs müssen die nicht beteiligten Funkstellen Funkstille halten. Der Havarist fordert einen Störer ggf. mit Silence Mayday zur Funkstille auf. Andere (nicht am Notverkehr beteiligte) Funkstellen müssten Silence Détresse sagen (siehe Seite 197).

In den Pausen während des Notverkehrs kann die leitende Funkstelle vorübergehend andere Gespräche zulassen oder auf andere Kanäle verweisen. Ein eingeschränkter Funkverkehr wird mit dem Wort Prudence gestattet (siehe Seite 82). Das Ende des Notverkehrs wird mit den Wörtern Silence fini mitgeteilt (siehe Seite 82).

Dringlichkeit

Dringlichkeitsmeldungen werden mit dem Dringlichkeitszeichen **Pan Pan** (dreimal gesprochen) eingeleitet. Es kündigt eine Nachricht an, welche die Sicherheit der Besatzung oder des Schiffes betrifft. Dringlichkeit liegt z. B. vor bei:

- Krankheiten oder Unfällen ohne Lebensgefahr
- Schäden ohne unmittelbare Gefahr, etwa Festfahren ohne Austritt von Ladung

Dringlichkeitsverkehr soll vorzugsweise im Verkehrskreis Nautische Information abgewickelt werden. Es gelten die Vorschriften des Seefunks (NON-GMDSS).

Sicherheitsaussendungen

Sicherheitsmeldungen werden mit dem Sicherheitszeichen **Sécurité** eingeleitet. Es wird auch dreimal gesprochen und kündigt an, dass eine wichtige nautische Warnnachricht oder eine wichtige Wetterwarnung ausgesendet wird. Auch hier gelten die Vorschriften aus dem Seefunk.

Anrufe, Routineverkehr

Im Schiff-Schiff-Verkehr erfolgt der Anruf auf Kanal 10 oder auf Kanal 13, falls Kanal 10 besetzt ist. Dabei wird die Schiffsart genannt, z. B.:

Tankmotorschiff Madagaskar (höchstens 3 x)
Hier ist
Schubverband Cheops (höchstens 3 x)

Als Anrufe können auch Gruppen von Schiffen, z. B. „Talfahrt" oder „Bergfahrt" verwendet werden:

Talfahrt im Raum Bonn
Hier ist
Gütermotorschiff Bossel

Da die ortsfesten Funkstellen den ATIS-Code, der mit jedem Drücken der Sendetaste ausgestrahlt wird, lesen können, wird hier auf dem Kanal der ortsfesten FuSt nur einmal die Sendetaste gedrückt – gesprochen wird dabei nicht. Die gerufene FuSt erkennt auf einem Bildschirm, dass sie gerufen wird und meldet sich daraufhin so bald wie möglich.

Im Sprechfunk mit ortsfesten FuSt ist zuerst der Ortsname und dann der Dienst zu nennen, z. B.: Minden Schleuse, Karlsruhe Hafen, Magdeburg Revierzentrale.

Zu Beginn des Funkverkehrs wird der Ort des Fahrzeugs sowie seine Fahrtrichtung angegeben. Damit kann vermieden werden, dass ein Schiff, welches den Sendebereich bereits verlassen hat, vergeblich gerufen wird.

Nautischer Informationsfunk

Der Verkehrskreis Nautischer Informationsfunk (NIF) dient der Verbindung mit Behörden, denen der technische Betrieb auf den Wasserstraßen obliegt. Diese heißen in

Deutschland **Revierzentralen**, ihnen unterstehen die Schleusen. In Holland und Belgien nennt man sie **Verkehrsposten**. Sie geben regelmäßig Lage- und Wasserstandsmeldungen sowie bei aktuellem Anlass Einzelmeldungen über bedeutende Ereignisse (z. B. Havarien, Unfälle, Schleusensperrungen) ab. Die Bekanntmachungen werden mit dem Ruftonsignal (HÜA–HÜA) eingeleitet. Den Arbeitskanal der jeweiligen Revierzentrale entnimmt man dem Handbuch Binnenschifffahrtsfunk, dem Merkblatt „Verkehrssicherungssysteme auf Binnenschifffahrtsstraßen" (s. unten) oder den blauen Schildern an den Binnenschifffahrtsstraßen (Aufschrift UKW und Kanalnummer).

Anweisungen einer ortsfesten Funkstelle ist Folge zu leisten. Mit solchen Anweisungen kann verlangt werden:

- Ruhe für eine festgesetzte Zeit zu halten
- die Sendeleistung zu vermindern
- auf einem Kanal zu bleiben
- den Empfang einer Nachricht zu bestätigen

Literatur

Am Binnenschifffahrtsfunk teilnehmende Schiffe müssen das **Handbuch Binnenschifffahrtsfunk** an Bord haben, das vom Binnenschifffahrtsverlag Duisburg als Ringbuch herausgegeben und jährlich durch einen Nachtrag ergänzt wird. Es besteht aus einem allgemeinen Teil und verschiedenen regionalen Teilen.

Empfehlenswert ist auch das Merkblatt **Verkehrssicherungssysteme auf Binnenschifffahrtsstraßen**, das bei der folgenden Anschrift bezogen werden kann:

Wasser- und Schifffahrtsdirektion Südwest
Brucknerstr. 2
55127 Mainz
Tel. (0 61 31) 97 90

Aktuelle Informationen findet man im **elektronischen Wasserstraßen-Informationssystem des Bundes** unter www.elwis.de.

Beispiele

Mayday   Mayday   Mayday
Hier ist
Gütermotorschiff Bossel   (3 x)
Mayday
Gütermotorschiff Bossel
Mainkilometer 254 zu Tal
Kollision mit Tankmotorschiff
Ladung läuft aus
Feuer- und Explosionsgefahr
Bitte kommen

Mayday
Gütermotorschiff Bossel   (höchstens 3 x)
Hier ist
Würzburg Schleuse   (höchstens 3 x)
Erhalten Mayday

Mayday Relay   Mayday Relay
Mayday Relay
Hier ist
Würzburg Schleuse   (höchstens 3 x)
Schiffskollision bei Mainkilometer 254

81

Tankschiff verliert Ladung
Feuer- und Explosionsgefahr
Schifffahrt von Mainkilometer 246 bis Main-
kilometer 256 bis auf weiteres gesperrt
Ende

Mayday
An alle Schiffsfunkstellen (3 x)
Hier ist
Würzburg Schleuse (höchstens 3 x)
12 Uhr 15
Gütermotorschiff Bossel
Prudence (oder später) *Silence fini*

Pan Pan Pan Pan Pan Pan
Duisburg Revierzentrale (höchstens 3 x)
Hier ist
Tankmotorschiff Madagaskar (höchstens 3 x)
Talfahrend bei Kilometer 679
Erbitte ärztliche Hilfe
Matrose verletzt, vermutlich Beinbruch
Bitte kommen

Pan Pan Pan Pan Pan Pan
Tankmotorschiff Madagaskar (höchstens 3 x)
Hier ist
Duisburg Revierzentrale (höchstens 3 x)
Verständige Rettungswagen
Teile Ihnen mit, wo der Rettungswagen
eintrifft
Bitte bleiben Sie auf Empfang

Sécurité Sécurité Sécurité
An alle Schiffsfunkstellen (höchstens 3 x)
Hier ist
Oberwesel Revierzentrale (höchstens 3 x)
Von Rheinkilometer 385 bis 405
Nebel Dichte 2, Sicht 50 Meter
Ende

Sécurité Sécurité Sécurité
An alle Schiffsfunkstellen (höchstens 3 x)
Hier ist
Zeltingen Schleuse (höchstens 3 x)
Wegen einer Wassersportveranstaltung ist
die Mosel oberhalb der Schleuse auf eine
Länge von 3 km gesperrt.
Die Sperrung endet heute um 17.00 Uhr.
Ende

Talfahrt im Raum Bonn (höchstens 3 x)
Hier ist
Tankmotorschiff Feuerstein (höchstens 3 x)
Zu Berg bei Kilometer 695
Ich passiere Steuerbord an Steuerbord
Bitte kommen

Tankmotorschiff Feuerstein (höchstens 3 x)
Hier ist
Schubverband Cheops (höchstens 3 x)
Leer zu Tal fahrend bei Kilometer 693
Ich passiere Steuerbord an Steuerbord
Ende

An alle Schiffsfunkstellen (höchstens 3 x)
Hier ist
Gütermotorschiff Jumbo (höchstens 3 x)
Talfahrend auf der Mosel
1 km vor der Mündung
Ich möchte zu Berg in den Rhein einlaufen
Ist Berg- oder Talfahrt in der Nähe?
Bitte kommen

Gütermotorschiff Jumbo (höchstens 3 x)
Hier ist
Gütermotorschiff Express (höchstens 3 x)
Auf dem Rhein bei km 600 bergfahrend
Ich passiere die Mündung in 5 Minuten
Bitte kommen

82

Schritt 7: Fragenkataloge, Prüfungsfragebogen

Fragenkatalog Mobiler Seefunkdienst für das UKW-Funkbetriebszeugnis

Der Fragenkatalog enthält die amtlichen Prüfungsfragen. In der Prüfung müssen die Antworten selbst formuliert werden (kein multiple choice). Die amtlichen Antwortmöglichkeiten wurden für die Prüfer erstellt. Sie enthalten oftmals mehrere zulässige Antworten. Hieraus hat der Verfasser die einfachste Möglichkeit ausgewählt. Die Prüfungsfragebogen, von denen einer dem Bewerber in der Prüfung vorgelegt wird, sind auf den Seiten 101 ff. abgedruckt.

I. Begriffsbestimmungen und Abkürzungen

1. Was ist unter dem Begriff mobiler Seefunkdienst zu verstehen? ● ●
   1. Mobiler Funkdienst zwischen SeeFuSt und
   2. zwischen SeeFuSt und KüFuSt.

2. Was ist eine Küstenfunkstelle? ●
   Eine ortsfeste FuSt des mobilen Seefunkdienstes.

3. Was ist eine Seefunkstelle? ●
   Eine mobile FuSt des mobilen Seefunkdienstes an Bord eines nicht dauernd verankerten Schiffes.

4. Was bedeutet die Abkürzung IMO? ●
   International Maritime Organization (Internationale Seeschifffahrts-Organisation).

5. Was bedeutet die Abkürzung SOLAS? ●
   International Convention for the Safety of Life at Sea (Internationales Abkommen zum Schutz des menschlichen Lebens auf See).

6. Was bedeutet die Abkürzung ITU bzw. UIT? ●
   International Telecommunication Union bzw. Union Internationale des Télécommunications (Internationale Fernmeldeunion).

7. Was bedeutet die englische Abkürzung RR? ●
   Radio Regulations (deutsch: VO Funk).

8. Was bedeutet die Abkürzung BNetzA / RegTP? ●
   Bundesnetzagentur / Regulierungsbehörde für Telekommunikation und Post.

9. Was bedeutet die Abkürzung BSH? ●
   Bundesamt für Seeschifffahrt und Hydrographie.

10. Was bedeutet öffentlicher Funkverkehr? ● ●
    Funkverkehr, welcher der Allgemeinheit zum Austausch von Nachrichten zur Verfügung steht.

11. Was ist im mobilen Seefunkdienst unter Funkverkehr an Bord zu verstehen? ● ● ●
    1. Interner Funkverkehr an Bord eines Schiffes
    2. Funkverkehr zwischen Schiff und Überlebens- oder geschleppten Fahrzeugen
    3. Funkverkehr beim Festmachen des Schiffes oder beim Umgang mit Leinen und Ankern.

83

Die Punkte hinter jeder Frage geben die erreichbare Punktzahl an.

12. Was bedeutet die Abkürzung DSC? ●
    Digital Selective Calling (Digitaler Selektivruf).

13. Was ist ein digitaler Selektivruf? ●●
    Er löst bei der gerufenen Funkstelle aus:
    1. ein optisches Zeichen und
    2. ein akustisches Zeichen.

14. Was bedeutet die Abkürzung Navtex? ●
    Navigational Warnings by Telex
    (Navigationswarnungen per Telex).

15. Was bedeutet Navarea? ●
    Eines der sechzehn Gebiete, in welche die IMO
    die Meere zwecks Verbreitung nautischer und
    meteorologischer Warnnachrichten aufgeteilt hat.

16. Was bedeutet die Abkürzung MSI? ●
    Maritime Safety Information
    (Nachricht für die Sicherheit der Seeschifffahrt).

17. Was bedeutet die Abkürzung WX? ●
    Weather Report (Wetterbericht).

18. Was bedeutet die Ankündigung Medical Transport? ●
    Die nachfolgende Meldung betrifft einen Sanitäts-
    transport entsprechend der Genfer Konvention.

19. Was bedeutet die Abkürzung ATIS? ●
    Automatic Transmitter Identification System
    (Automatisches Senderidentifizierungssystem).

20. Was bedeutet die Abkürzung MMSI? ●
    Maritime Mobile Service Identity
    (Rufnummer im Seefunkdienst).

21. Was bedeutet die Abkürzung MID? ●
    Maritime Identification Digits (Seefunkkennzahl).

22. Was bezeichnet im Sprechfunkdienst die Kennung
    Carina Control? ●
    Die Hauptfunkstelle beim Funkverkehr an Bord
    des Schiffes Carina.

23. Was sagt die Kennung Elisa Alfa aus? ●
    Die erste Nebenfunkstelle beim Funkverkehr an
    Bord des Schiffes Elisa.

24. Was sagt die Kennung Germania Bravo aus? ●
    Die zweite Nebenfunkstelle beim Funkverkehr an
    Bord des Schiffes Germania.

25. Was bedeutet die Abkürzung GOC? ●
    General Operator's Certificate
    (Allgemeines Betriebszeugnis für Funker).

26. Was bedeutet die Abkürzung ROC? ●
    Restricted Operator's Certificate
    (Beschränkt gültiges Betriebszeugnis für Funker).

27. Was bedeutet die Abkürzung LRC? ●
    Long Range Certificate
    (Allgemeines Funkbetriebszeugnis).

28. Was bedeutet die Abkürzung SRC? ●
    Short Range Certificate
    (Beschränkt gültiges Funkbetriebszeugnis).

29. Was bedeutet Duplex? ●
    Gegensprechen auf zwei Frequenzen.

30. Was bedeutet Simplex? ●
    Wechselsprechen auf einer Frequenz.

31. Was bedeutet Semi-Duplex? ●
    Wechselsprechen auf zwei Frequenzen.

32. Was bedeuten die UKW-Kanal-Bezeichnungen AIS 1 und AIS 2? ●

Die Funkkanäle für das automatische Identifizie-rungssystem (AIS) der Schifffahrt.

33. Was bedeutet die Abkürzung Interco? ●

International Code of Signals
(Internationales Signalbuch).

34. Was bedeutet die Abkürzung Ackn? ●

Acknowledgement (Bestätigung einer Information).

35. Was bedeutet die Abkürzung ETA? ●

Estimated Time of Arrival
(Voraussichtliche Ankunftszeit).

36. Was bedeutet die Abkürzung ETD? ●

Estimated Time of Departure
(Voraussichtliche Abfahrtszeit).

37. Was bedeutet die Abkürzung LUT? ●

Local User Terminal
(Erdfunkstelle im Cospas-Sarsat-System).

38. Was bedeutet die Abkürzung SAR? ●

Search and Rescue (Suche und Rettung).

39. Was bedeutet die Abkürzung RCC? ●

Rescue Co-ordination Centre (Rettungsleitstelle).

40. Was bedeutet die Abkürzung MRCC? ●

Maritime Rescue Co-ordination Centre
(Seenotleitstelle).

41. Was bedeutet die Abkürzung GMDSS? ●

Global Maritime Distress and Safety System
(Weltweites Seenot- und Sicherheitsfunksystem).

42. Was ist unter der Bezeichnung Sea Area im GMDSS zu verstehen? ●

Seegebiet.

43. Was bedeutet On-Scene-Communication? ●

Im Seenotfall der Funkverkehr vor Ort.

44. Was bedeutet die Abkürzung SART? ●

Search and Rescue Radar Transponder
(Radartransponder für Suche und Rettung).

45. Was bedeutet die Abkürzung Epirb? ●

Emergency Position Indicating Radio Beacon
(Seenotfunkbake, welche die Notposition angibt).

46. Was bedeutet die Abkürzung GPS? ●

Global Positioning System (Weltweites satelliten-gestütztes Navigationssystem).

47. Was bedeutet die Abkürzung AC? ●

Alternating Current (Wechselstrom).

48. Was bedeutet die Abkürzung DC? ●

Direct Current (Gleichstrom).

49. Was bedeutet die Abkürzung MfS? ●

Mitteilungen für SeeFuSt und Schiffsfunkstellen.

50. Was bedeutet die Abkürzung LT? ●

Local Time (Ortszeit).

II Grundkenntnisse

51. Wie ist die Rangfolge der Aussendungen im Seefunk geregelt? ● ●

1. Not
2. Dringlichkeit
3. Sicherheit
4. Routine.

52. Nach welcher Zeit richten sich die Aussendungen im Seefunkdienst? ●
UTC (koordinierte Weltzeit).

53. Welche Voraussetzungen sind für die Teilnahme am öffentlichen Funkverkehr zu erfüllen? ●●
1. Frequenzzuteilung
2. Vertrag mit einer Abrechnungsgesellschaft.

54. Welche Möglichkeit besteht um festzustellen, ob bei einer Küstenfunkstelle Nachrichten für das Schiff vorliegen, ohne dort anzurufen? ●
Sammelanrufe abhören.

55. Welches technische Verfahren ermöglicht eine Verkehrsaufnahme in Richtung Schiff –> Küstenfunkstelle und Schiff –> Schiff? ●
DSC (digitaler Selektivruf).

56. Welchem Nachrichtenverkehr ist der Nachrichtenaustausch zwischen Küstenfunkstellen des Revier- und Hafenfunkdienstes und Seefunkstellen zuzuordnen? ●
Dem nicht-öffentlichen Nachrichtenverkehr.

57. Wozu dient der Revier- und Hafenfunkdienst? ●●●
Nur für Nachrichten betreffend die
1. Schiffsführung
2. Fahrt
3. Sicherheit
in Häfen und im Revier.

58. Welcher Funkdienst gehört neben dem Hafen- und Revierfunkdienst ebenfalls zum Sicherheitsfunkdienst des mobilen Seefunkdienstes? ●
Schiffslenkungsfunkdienst.

59. Welche UKW-Kanäle sind international ausschließlich für den Schiff-Schiff-Verkehr vorgesehen? ●●
Kanäle 06, 08, 72 und 77.

60. Für welchen Funkverkehr dürfen die Kanäle 75 und 76 benutzt werden? ●
Nur die Navigation betreffend.

61. Welche Bedeutung hat die Abkürzung Interco im Sprech-Seefunkdienst? ●
Es folgen Code-Gruppen aus dem internationalen Signalbuch.

62. Welches internationale Übereinkommen regelt die Ausrüstungspflicht mit Seefunkanlagen auf Seeschiffen? ●
SOLAS-Übereinkommen.

63. Welche nationale Verordnung legt die Sicherheitsanforderungen für die Ausrüstung von Schiffen unter deutscher Flagge u. a. mit UKW-Seefunkanlagen fest? ●
SchSV (Schiffsicherheitsverordnung).

64. Welche Schiffe müssen mit einer UKW-Sprechfunkanlage ausgerüstet sein? ●
Alle funkausrüstungspflichtigen Schiffe.

65. Welche Sendeleistungen lassen sich bei einem UKW-Sender schalten? ●
1 Watt und 25 Watt.

66. In welcher Vorschrift ist die internationale Rufzeichenreihenfolge festgelegt? ●
VO Funk (Vollzugsordnung für den Funkdienst).

86

67. Wie wird eine mit DSC-Einrichtungen ausgerüstete Seefunkstelle gekennzeichnet? ●●●
    1. Schiffsname
    2. Rufzeichen
    3. MMSI.

68. Welche Behörde erteilt in Deutschland sechsstellige Rufzeichen für Seefunkstellen? ●
    Bundesnetzagentur, Außenstelle Hamburg.

69. Welche Behörden in Deutschland sind berechtigt, die Funktionsfähigkeit von Seefunkstellen zu überprüfen? ●●
    1. Bundesnetzagentur
    2. BSH.

70. Welche Behörde teilt einer in das Seeschiffsregister eintragungsfähigen Yacht das vierstellige Unterscheidungssignal zu? ●
    Das zuständige Amtsgericht.

71. Welche Art von Funkstelle verbirgt sich hinter dem Rufzeichen DDTW? ●●
    Deutsche Seefunkstelle an Bord eines Schiffes, das in ein Seeschiffsregister eingetragen ist.

72. Was bedeutet die Kennung / das Rufzeichen DDSE47? ●
    FuSt auf einem Überlebensfahrzeug oder einer Rettungsinsel.

73. Wie werden die einzelnen Funkstellen für den Funkverkehr an Bord gekennzeichnet? ●●
    1. Hauptfunkstelle: Name des Schiffes, dem das Wort Control folgt
    2. Nebenfunkstelle: Name des Schiffes, dem ein Buchstabe folgt (Alfa, Bravo, Charlie usw).

74. Woraus besteht die Seefunkstellen-Rufnummer (MMSI)? ●●
    1. Aus neun Ziffern
    2. Die ersten drei sind die Seefunkkennzahl (MID).

75. Welche Urkunde enthält die eigene Seefunkstellen-Rufnummer (MMSI)? ●
    Frequenzzuteilungsurkunde.

76. Wie setzt sich die Rufnummer des mobilen Seefunkdienstes (MMSI) für bestimmte Gruppen von Seefunkstellen zusammen? ●●●
    1. Aus neun Ziffern
    2. Die erste Ziffer ist immer Null
    3. Die nächsten drei sind die Seefunkkennzahl (MID).

77. Wodurch wird die Nationalität bei der Seefunkstellen-Rufnummer (MMSI) gekennzeichnet? ●
    Seefunkkennzahl (MID).

78. Welche Vorkommnisse im Funkdienst sollen dokumentiert werden? ●●
    1. Not-, Dringlichkeits- und Sicherheitsverkehr
    2. Wichtige Vorkommnisse.

79. Welches Gesetz regelt das Abhörverbot und das Fernmeldegeheimnis bei Seefunkstellen? ●
    TKG (Telekommunikationsgesetz).

80. Wer ist beim Betrieb einer Seefunkstelle auf einem Sportboot zur Wahrung des Fernmeldegeheimnisses verpflichtet? ●●●
    Alle (Personen), die
    1. eine Seefunkstelle beaufsichtigen
    2. eine Seefunkstelle bedienen
    3. Kenntnis über den Nachrichtenaustausch erlangt haben.

81. Welche Nachrichten dürfen uneingeschränkt aufgenommen und verbreitet werden? ●
Aussendungen an alle Funkstellen.

82. Woraus besteht eine Küstenfunkstellen-Rufnummer (MMSI)? ● ● ●
1. Aus neun Ziffern
2. Die ersten beiden sind Nullen
3. Die nächsten drei die Seefunkkennzahl (MID).

83. Was bedeutet die Ziffernfolge 002113100? ●
MMSI einer KüFuSt.

84. Wer bestimmt bei einer Verbindung zwischen See- und Küstenfunkstelle den für die weitere Verkehrsabwicklung zu benutzenden Arbeitskanal? ●
KüFuSt.

85. Wie wird eine Küstenfunkstelle des Revier- und Hafenfunkdienstes gekennzeichnet? ● ●
1. Ortsname
2. Art des Dienstes und das Wort Radio.

86. Welche Küstenfunkstelle wird durch den Rufnamen Warnemünde Traffic gekennzeichnet? ●
Der Hafen-, Revier- und Schiffslenkungsfunkdienst Warnemünde.

87. Welche Voraussetzungen sind für den Betrieb einer Seefunkstelle grundsätzlich zu erfüllen? ● ● ●
1. Frequenzzuteilung
2. Zugelassenes Funkgerät
3. Ausreichendes Funkzeugnis des Bedieners.

88. Wo ist geregelt, dass für das Betreiben einer Seefunkstelle eine Frequenzzuteilung erforderlich ist? ●
Frequenzzuteilungsverordnung.

89. Gegen welches Gesetz verstößt der Betrieb einer Seefunkstelle ohne Frequenzzuteilung? ●
TKG (Telekommunikationsgesetz).

90. Welche Behörde stellt in Deutschland die Urkunde über die Frequenzzuteilung zum Betreiben einer Seefunkstelle aus und wo hat sie ihren Sitz? ●
Bundesnetzagentur, Hamburg.

91. Wo ist die Frequenzzuteilungsurkunde mitzuführen? ●
An Bord.

92. Welche Urkunde für die Seefunkstelle muss auf einem Sportfahrzeug mitgeführt werden? ●
Frequenzzuteilungsurkunde.

93. Was und zu welchem Zweck muss ein Schiffseigner bei Namensänderung seines Schiffes in Bezug auf seine Funkanlage veranlassen? ● ●
Namensänderung der Bundesnetzagentur schriftlich mitteilen, damit die Frequenzzuteilungsurkunde geändert wird.

94. Was ist zu beachten, wenn die UKW-Sprechfunkanlage an Bord eines Schiffes ausgebaut und durch ein anderes Fabrikat ersetzt werden soll? ● ●
1. Die neue Anlage muss für den Seefunk zugelassen sein.
2. Die Umrüstung ist der Bundesnetzagentur schriftlich mitzuteilen.

95. Was ist zu veranlassen, wenn eine Seefunkstelle am Binnenschifffahrtsfunk teilnehmen soll? ● ●
1. Die Seefunkstelle muss mit einer Sprechfunkanlage für den Binnenschifffahrtsfunk ausgerüstet werden.
2. Die ATIS-Kennung muss bei der Bundesnetzagentur Hamburg beantragt werden.

88

96. Welche Vorschrift regelt die Funkausrüstungspflicht für Schiffe unter deutscher Flagge? •
SchSV (Schiffssicherheitsverordnung).

97. Wer stellt in Deutschland Funksicherheitszeugnisse für deutsche funkausrüstungspflichtige Seeschiffe aus? •
SeeBG (See-Berufsgenossenschaft).

98. In welchem Fall benötigt eine Yacht ein Funksicherheitszeugnis? •
Bei gewerblicher Nutzung.

99. Welche Behörde ist in Deutschland für die Zulassung von Seefunkgeräten zuständig? •
BSH (Bundesamt für Seeschifffahrt und Hydrographie).

100. Woran ist zu erkennen, ob ein Funkgerät zugelassen ist? •
Am Zulassungszeichen.

101. Was ist hinsichtlich der Funkausrüstung zu unternehmen, damit eine Seefunkstelle am Binnenschifffahrtsfunk teilnehmen kann? •
Die Seefunkstelle muss mit einer zugelassenen Funkanlage für den Binnenschifffahrtsfunk ausgerüstet sein.

102. Welche Urkunde und welcher Befähigungsnachweis müssen bei der Überprüfung einer Seefunkstelle auf einem Sportfahrzeug dem Prüfbeamten auf Verlangen vorgelegt werden? ••
1. Frequenzzuteilungsurkunde
2. Seefunkzeugnis.

103. Welches Funkzeugnis muss der Bediener einer Seefunkstelle auf einem Sportfahrzeug mindestens besitzen, um am weltweiten Seenot- und Sicherheitsfunksystem (GMDSS) teilnehmen zu dürfen? •
Das beschränkt gültige Funkbetriebszeugnis (SRC, Short Range Certificate).

104. Welchen Funkdienst darf der Inhaber eines beschränkt gültigen Funkbetriebszeugnisses (SRC) ausüben? •
Mobilen Seefunkdienst auf UKW.

105. Welches Funkzeugnis muss der Bediener einer Kurzwellen-/ Grenzwellen-DSC-Funkanlage mindestens besitzen? ••
1. Allgemeines Funkbetriebszeugnis (LRC) oder
2. Allgemein gültiges Betriebszeugnis für Funker oder ein noch höheres Zeugnis.

106. In welchem internationalen Regelwerk sind die Frequenzbereiche für die einzelnen Funkdienste festgelegt? •
VO Funk (Vollzugsordnung für den Funkdienst).

107. Welcher Unterschied besteht in der Reichweite bei analoger und digitaler Übertragung im UKW-Bereich? •
Digitale Übertragung kann etwa die doppelte Reichweite im Vergleich zur analogen erzielen.

108. Ist das Senden auf UKW in ausländischen Häfen gestattet? •
Das hängt von den Vorschriften des Landes ab.

109. Welches Betriebsverfahren gilt im Funkverkehr zwischen Seefunkstellen und Luftfunkstellen? •
Das des Seefunkdienstes.

110. Welcher Frequenzbereich außer UKW kann im mobilen Seefunkdienst für den Funkverkehr an Bord benutzt werden? •

Ultrahohe Frequenzen (UHF).

111. Welche UKW-Kanäle werden vorzugsweise auf Sportbooten für den Funkverkehr untereinander in den deutschen Hoheitsgewässern benutzt? ••
1. Kanal 69
2. Kanal 72.

112. Welche Kanäle dienen dem Funkverkehr an Bord? ••
1. Kanal 15
2. Kanal 17.

113. Welche Sendeleistung ist auf den Kanälen 15 und 17 im Funkverkehr an Bord zulässig? •

0,1 bis 1 Watt.

114. Welche UKW-Kanäle dürfen mit welcher Sendeleistung auch für den Funkverkehr an Bord benutzt werden? ••
1. Kanäle 15 und 17
2. 0,1 bis 1 Watt.

115. Für welche Verkehrsabwicklungen können UKW-Handsprechfunkgeräte vorzugsweise verwendet werden? •••
1. Funkverkehr an Bord
2. Funkverkehr Schiff-Schiff
3. Funkverkehr Schiff-Überlebensfahrzeug.

116. Was ist bei Testsendungen im Sprechseefunkdienst zu beachten? •••
1. Aussendungen max. 10 Sekunden lang
2. Kennzeichnung mit dem Wort Test
3. Angabe des Namens der SeeFuSt.

117. Handelt es sich bei den UKW-Kanälen für den Schiff-Schiff-Verkehr um Simplex- oder um Duplex-Kanäle? •

Simplex.

118. Wozu darf der UKW-Kanal 70 ausschließlich benutzt werden? •

DSC.

119. Welchen Zwecken dient der UKW-Kanal 16 (156,8 MHz) im Seefunkdienst? •••
1. Notkanal
2. Sicherheitskanal
3. Anrufkanal.

120. Welche Empfehlung besteht für ein funkausrüstungspflichtiges Schiff bezüglich seiner Empfangsbereitschaft auf UKW? •

Hörbereitschaft auf Kanal 16.

121. Auf welchem UKW-Kanal sollte ein Sportfahrzeug in der Regel empfangsbereit sein, wenn es sich auf offener See befindet und nur mit einer UKW-Funkanlage ausgerüstet ist? •

Kanal 16.

122. Welcher Kanal im UKW-Seefunkbereich ist vorzugsweise für den internationalen Schiff-Schiff-Verkehr und für koordinierte Such- und Rettungseinsätze vorgesehen? •

Kanal 06.

123. Welche Bezeichnungen tragen die Seegebiete, in denen für Schiffe eine bestimmte Funkausrüstung international vorgeschrieben ist? ••

A1, A2, A3, A4.

124. Wie wird ein Seegebiet bezeichnet, das innerhalb der Sprechfunkreichweite einer Grenzwellen-Küstenfunkstelle liegt, die ununterbrochen für DSC-Alarmierungen zur Verfügung steht? •
A2.

125. Eine Yacht befindet sich in einem Seegebiet, das von der Reichweite einer UKW-Küstenfunkstelle abgedeckt wird, die ununterbrochen für DSC-Alarmierungen zur Verfügung steht. In welchem Seegebiet befindet sich das Fahrzeug? •
A1.

126. Welche Orbitalbahn verwendet das Cospas-Sarsat-System? •
Polumlaufend.

127. Welches sind die satellitengestützten Alarmierungssysteme im weltweiten Seenot- und Sicherheitsfunksystem (GMDSS)? • •
1. Cospas-Sarsat
2. Inmarsat.

128. Welchen Zwecken dienen der Anruf- und der Arbeitskanal? • •
1. Anrufkanal zur Verbindungsaufnahme
2. Arbeitskanal zur Abwicklung des Funkverkehrs.

129. Auf welchem Kanal ist eine Küstenfunkstelle zu rufen, die sowohl auf dem Anrufkanal als auch auf einem veröffentlichten Arbeitskanal empfangsbereit ist? •
Arbeitskanal.

130. Was ist vor dem Anruf auf einem Arbeitskanal zu beachten? •
Es muss sichergestellt werden, dass laufender Funkverkehr nicht gestört wird.

131. Wie oft darf beim Anruf im UKW-Bereich der Name der gerufenen Funkstelle genannt werden? •
Höchstens dreimal.

132. Wie oft soll beim Anruf zum Herstellen einer Verbindung im UKW-Bereich der Name der rufenden Funkstelle genannt werden, wenn eine gute Verständigung zu erwarten ist? •
Zweimal.

133. Wie oft soll beim Anruf im UKW-Bereich der Name der gerufenen Funkstelle genannt werden, wenn gute Bedingungen für die Herstellung der Verbindung zu erwarten sind? •
Einmal.

III Not, Dringlichkeit und Sicherheit

134. Welche Veröffentlichung für die Sportschifffahrt enthält Regelungen für die Abwicklung des Funkverkehrs zwischen Seefunkstellen und Luftfunkstellen in Notfällen und von wem wird diese herausgegeben? • •
1. Handbuch Suche und Rettung
2. BSH.

135. Zu welchem Zweck wurde das weltweite Seenot- und Sicherheitsfunksystem (GMDSS) eingeführt? • • •
Zur schnellen und genauen Alarmierung in
1. Not-
2. Dringlichkeits-
3. Sicherheitsfällen.

136. Wer darf das Aussenden einer Notmeldung im Seefunkdienst veranlassen? •
Schiffsführer.

137. Auf welchem UKW-Kanal müssen funkausrüstungspflichtige Schiffe im weltweiten Seenot- und Sicherheitsfunksystem (GMDSS) ununterbrochen empfangsbereit sein? ●
Kanal 70.

138. Auf welchem Kanal erfolgt die DSC-Alarmierung im UKW-Bereich? ●
Kanal 70.

139. Wie lautet das Notzeichen im Sprechfunk? ●
Mayday.

140. Womit wird die Notmeldung eingeleitet? ●
Mayday.

141. Was zeigt das Notzeichen im Sprechfunk an? ●●
1. Dass ein Schiff und/oder eine Person von einer ernsten, unmittelbar bevorstehenden Gefahr bedroht ist
2. Dass sofortige Hilfe benötigt wird.

142. Welche Priorität der Alarmierung ist zu wählen, wenn sich eine Person in Lebensgefahr befindet? ●
Notverkehr.

143. Welche Frequenzen dürfen außer der Notfrequenz für die Aussendung einer Notmeldung im Seefunkdienst benutzt werden? ●●
Jede andere Frequenz, auf der Aufmerksamkeit erwartet werden kann.

144. Auf welchem UKW-Kanal findet der Notverkehr vorzugsweise statt? ●
Kanal 16.

145. Welche Meldungen dürfen im weltweiten Seenot- und Sicherheitsfunksystem (GMDSS) auf UKW-Kanal 16 (156,8 MHz) übermittelt werden? ●●●
1. Not-
2. Dringlichkeits-
3. Sicherheitsmeldungen.

146. Wie oft wird bei der Einleitung des Notverkehrs das Notzeichen Mayday gesprochen? ●
Einmal.

147. Was folgt in der Notmeldung auf den Namen oder die sonstige Kennung des Schiffes in Not? ●
Positionsangabe.

148. Wann wird eine Notmeldung wiederholt? ●●
1. Wenn die SeeFuSt in Not keine Bestätigung erhalten hat
2. Wenn sie es für notwendig hält.

149. An wen darf eine Funkstelle, die selbst nicht in Not ist, für ein anderes in Not befindliches Schiff eine Notmeldung aussenden? ●
1. An die nächste KüFuSt
2. An alle FuSt.

150. Welche Voraussetzungen muss eine Seefunkstelle erfüllen, die den Empfang eines DSC-Notalarms auf UKW (VHF) bestätigt? ●
Sie muss Hilfe leisten können.

151. Wann darf eine Seefunkstelle den Empfang eines DSC-Notalarms auf UKW (VHF) bestätigen? ●●
1. Nach Bestätigung durch eine KüFuSt oder
2. Nach 5 Minuten.

152. Auf welchem UKW-Kanal und in welchem Verfahren bestätigt eine Seefunkstelle den auf Kanal 70 empfangenen Notalarm? ●●
   1. Kanal 16
   2. Sprechfunk.

153. Wie kann auf die mit einem DSC-Gerät empfangenen Daten eines Seenotalarms zurückgegriffen werden? ●
   Abruf aus dem Speicher des Gerätes.

154. Wie wird die Bestätigung des Empfangs eines DSC-Notalarms im Sprechfunk eingeleitet? ●
   Mit Mayday.

155. Wie erfolgt die Bestätigung des Empfangs eines DSC-Notalarms durch eine Seefunkstelle? ●●
   1. Notzeichen und Anruf
   2. Received Mayday (Erhalten Mayday).

156. Wie erfolgt die Bestätigung des Empfangs eines DSC-Notalarms durch eine Seefunkstelle bei Verständigungsschwierigkeiten? ●●
   1. Notzeichen und Anruf
   2. Romeo Romeo Romeo Mayday.

157. Was ist Funkverkehr vor Ort? ●●
   1. Funkverkehr zwischen dem Schiff in Not und den Fahrzeugen, die Hilfe leisten
   2. Funkverkehr mit dem Fahrzeug, das die Suche und Rettung koordiniert.

158. Welche Aufgaben hat der On-Scene Co-ordinator (OSC)? ●
   Koordinierung der SAR-Arbeiten vor Ort.

159. Wann wird im Seefunkdienst im laufenden Notverkehr das Notzeichen Mayday ausgesendet? ●
   Vor jedem Anruf.

160. Wann wird im Seefunkdienst die Aufforderung Silence Mayday ausgesendet? ●●
   1. Wenn einer oder mehreren FuSt Funkstille auferlegt wird
   2. Das macht die FuSt in Not oder die LeitFuSt.

161. Wer fordert in einem Seenotfall eine störende Funkstelle mit den Wörtern Silence Mayday zur Einhaltung der Funkstille auf? ●●
   1. FuSt in Not
   2. LeitFuSt.

162. Welche Aufgaben übernimmt die Seenotleitung (Maritime Rescue Co-ordination Centre, MRCC) nach Eingang eines Notalarms? ●●
   1. Koordinieren der SAR
   2. Information über SAR.

163. Welche Aufgaben hat die Seenotleitung (MRCC) Bremen der DGzRS? ●
   Gesamtleitung eines Seenotfalls in ihrem Zuständigkeitsbereich.

164. Auf welchen UKW-Kanälen ist Bremen Rescue empfangsbereit? ●●
   1. Kanal 16
   2. Kanal 70.

165. Welche Aufgaben hat ein Rescue Co-ordination Centre (RCC)? ●●●
   Suche und Rettung organisieren, koordinieren und durchführen.

166. Nach welchem Betriebsverfahren wird in Notfällen der Funkverkehr zwischen Luftfunkstellen und Seefunkstellen abgewickelt? ●
   Seefunkdienst im GMDSS.

167. Um Missverständnisse bei der Abwicklung des Funkverkehrs zwischen See- und Luftfunkstellen in Notfällen zu vermeiden, sollen international entwickelte Redewendungen verwendet werden. Welche Veröffentlichung für die Sportschifffahrt enthält diese Redewendungen? •
Handbuch für Suche und Rettung.

168. In welchem Frequenzbereich kann mit SAR-Einheiten Seefunkverkehr abgewickelt werden? •
UKW.

169. Welche Luftfahrzeuge können UKW-Kanal 16 nutzen, um mit in Not befindlichen Schiffen und Hilfe leistenden Schiffen direkt zu sprechen? •
Die im SAR-Dienst.

170. Mit welchen UKW-Seefunkgeräten sind SAR-Hubschrauber in der Regel ausgerüstet? ••
1. Mit solchen, die auf Kanal 16
2. und mindestens zwei Arbeitskanälen (z. B. Kanal 06 und 10) senden und empfangen können.

171. Ein SAR-Luftfahrzeug wirft Ausrüstung zu einem in Not befindlichen Schiff ab. Welche Funkausrüstung könnte sie enthalten? ••
1. Schwimmfähige Funkbaken
2. Sende- und Empfangsgeräte.

172. Auf welchen UKW-Kanälen dürfen zu Sicherheitszwecken Seefunkstellen mit Luftfunkstellen Funkverkehr abwickeln? ••
1. Kanal 06   2. Kanal 16.

173. Wie wird betrieblich sichergestellt, dass bei einer Rettungsaktion mit SAR-Hubschraubern die Kanäle 16 und 06 überwacht werden? •
Zweikanalüberwachung.

174. Welchen UKW-Kanal soll ein Schiff in Not bis zur Ankunft eines Hubschraubers abhören? •
Kanal 16.

175. Wie ist eine Küstenfunkstelle ohne DSC zu erreichen, wenn der Kanal 16 durch Notverkehr belegt ist? •
Anruf auf einem Arbeitskanal der Küstenfunkstelle.

176. Wie ist zu verfahren, wenn während eines Notverkehrs auf Kanal 16 die Ankündigung und Aussendung einer Dringlichkeits- oder Sicherheitsmeldung an alle Funkstellen vorgenommen werden soll? •••
1. Ankündigung mittels DSC
2. Aussendung während einer Pause im Notverkehr auf Kanal 16; ggf. bei Sicherheitsmeldungen auf einem Schiff-Schiff-Kanal
3. Information der KüFuSt.

177. Was ist zu veranlassen, wenn irrtümlich von einer Seefunkstelle ein Notalarm auf Kanal 70 ausgelöst worden ist? •••
1. Es muss ein Widerruf ausgesendet werden
2. mit dem auf Kanal 16 der falsche Notalarm
3. durch Anruf an alle Funkstellen zurückgenommen wird.

178. Welche Funkgeräte sind in einem Notfall nach Verlassen des Schiffes für die Kommunikation mit Hilfe leistenden Schiffen besonders geeignet? •
UKW-Handsprechfunkgeräte.

179. Mit welchen Funkgeräten können im Notfall nach dem Verlassen des havarierten Schiffes die Such- und Rettungsarbeiten ausgelöst bzw. erleichtert werden? •••

94

1. Handsprechfunkgerät
2. Radartransponder
3. Seenotfunkbake.

180. Welche Komponenten des weltweiten Seenot- und Sicherheitsfunksystems (GMDSS) werden für die Aussendung von terrestrischen Ortungsfunk- signalen eingesetzt? ●●
1. Radartransponder
2. 121,5-MHz-Seenotfunkbake.

181. Welche Geräte sollten auf einem in Seenot be- findlichen Sportboot zur Ortung im GMDSS akti- viert werden können? ●●
1. Seenotfunkbaken
2. Radartransponder.

182. Wo soll eine Satelliten-Seenotfunkbake (Epirb) an Bord eines Schiffes installiert werden? ●
Im äußeren Decksbereich.

183. Worin bestehen die Aufgaben einer Satelliten- Seenotfunkbake (Epirb)? ●●
1. Alarmierung
2. Aussenden von Ortungszeichen.

184. Wann darf eine Satelliten-Seenotfunkbake (Epirb) aktiviert werden? ●
Im Notfall.

185. Wie wird der Sender einer Satelliten-Seenotfunk- bake (Epirb) aktiviert? ●●
1. Manuell oder
2. Automatisch.

186. Welches ist das Identifikationsmerkmal für eine Inmarsat-Epirb? ●
Der Inmarsat-System-Code.

187. Welche Angaben kann die Aussendung einer In- marsat-Seenotfunkbake (Epirb) enthalten? ●●●
1. Notsignal
2. Identifikation des Fahrzeugs
3. Position
4. Art des Notfalls
5. Homing-Signal (121,5 MHz)
6. SART-Signal (9 GHz).

188. Womit wird die Position, die eine Inmarsat-Epirb aussendet, ermittelt? ●
Mit einem integrierten Satelliten-Navigations- empfänger (GPS).

189. Wie lange kann es dauern, bis ein Inmarsat-E-Alarm bei der zuständigen Seenotleitung aufläuft? ●
Wenige Minuten.

190. Wie lange kann es von der Aktivierung einer Cospas-Sarsat-Seenotfunkbake (Epirb) bis zum Empfang des vollständigen Alarms im MRCC dauern? ●●
15 Minuten bis 4 Stunden.

191. Was sendet eine Cospas-Sarsat-Seenotfunkbake (Epirb) nach ihrer Aktivierung immer aus? ●●
1. Notsignal
2. Identität des Fahrzeugs.

192. Auf welchen Frequenzen sendet eine Cospas- Sarsat-Seenotfunkbake (Epirb)? ●●
1. 406 MHz
2. 121,5 MHz.

193. Wie wird die Position einer aktivierten Cospas- Sarsat-Seenotfunkbake (Epirb) ermittelt? ●●
1. Laufzeitmessung
2. Berechnung der Position in der Erdfunkstelle.

194. Wie groß ist die Genauigkeit der ermittelten Position einer Cospas-Sarsat-Seenotfunkbake (Epirb)? •
Maximal 50 sm von der tatsächlichen Position.

195. Zu welchem Zweck benutzen Satelliten-Seenotfunkbaken (Epirb) die Frequenz 121,5 MHz? •
Zielfahrt.

196. Welche Informationen müssen an einer Satelliten-Seenotfunkbake (Epirb) sichtbar sein? ••
1. Schiffsname, Rufzeichen, MMSI
2. Serien-Nummer
3. Haltbarkeitsdatum der Batterie
4. Haltbarkeitsdatum des Wasserdruckauslösers.

197. Welche Haltbarkeitsdaten müssen an einer Seenotfunkbake (Epirb) sichtbar sein? ••
1. Haltbarkeitsdatum der Batterie
2. Haltbarkeitsdatum des Wasserdruckauslösers.

198. Was ist zu tun, bevor die Satelliten-Seenotfunkbake (Epirb) für Wartungszwecke aus ihrer Halterung entfernt werden soll? •
Ausschalten.

199. Welche Prüfungen sind an einer Satelliten-Seenotfunkbake (Epirb) durchzuführen? •••
1. Haltbarkeitsdatum der Batterie
2. Haltbarkeitsdatum des Wassersdruckauslösers
3. Funktion entsprechend Herstellerangaben.

200. In welchen Schalterstellungen darf keine Epirb-Funktionsprüfung vorgenommen werden? ••
1. Manual
2. Armed.

201. Wie erscheint die Aussendung eines Search-and-Rescue-Radar-Transponders (SART) auf einem Radarbildschirm? •
Als Linie von mindestens zwölf Zeichen.

202. Welches Navigationsgerät empfängt das Signal eines aktivierten Radartransponders (SART)? •
Radargerät.

203. Warum ist ein (landgestütztes) Mobiltelefon (Handy) gegenüber einer UKW-Seefunkanlage keine Alternative, wenn die Position des Havaristen durch Fremdpeilung bestimmt werden muss? •
Fremdpeilung nicht möglich.

204. Warum ist die Benutzung eines (landgestützten) Mobiltelefons gegenüber einer UKW-Seefunkanlage in einer Notsituation keine Alternative? ••
1. Keine allgemeine Alarmierung möglich
2. Keine sichere Alarmierung möglich.

205. Warum ist ein (landgestütztes) Mobiltelefon (Handy) gegenüber einer UKW-Seefunkanlage keine Alternative, wenn in einer Notsituation andere Fahrzeuge in Sicht sind und um Hilfe gebeten werden sollen? •
Weil die Rufnummern in der Regel unbekannt sind und daher ein Anruf nicht möglich ist.

206. Warum ist ein (landgestütztes) Mobiltelefon (Handy) gegenüber einer UKW-Seefunkanlage keine Alternative, wenn in einer Notsituation die Such- und Rettungsmaßnahmen anderen Fahrzeugen bekannt gemacht werden müssen? ••
Weil Gespräche mit einem Mobiltelefon von anderen Fahrzeugen nicht mitgehört werden können und somit wichtige Informationen zur Hilfeleistung und Rettung nicht allgemein verfügbar sind.

207. Wie werden im Seefunkdienst die Funkstellen davon unterrichtet, dass der Notverkehr beendet ist? ●

Mit einer Meldung, die mit Silence fini abschließt.

208. Was zeigt die Form eines Dringlichkeitsanrufes und des Dringlichkeitszeichens an? ●●
1. Es wird eine sehr dringende Meldung ausgesendet
2. Es geht um die Sicherheit eines Fahrzeugs oder einer Person.

209. Woraus besteht das Dringlichkeitszeichen im Sprechfunk? ●

Wortgruppe Pan Pan.

210. Wie wird die im Sprechfunk zu sprechende Gruppe der Wörter Pan Pan genannt? ●

Dringlichkeitszeichen.

211. Wie ist zu verfahren, wenn eine dringende Meldung im UKW-Bereich auszusenden ist, welche die Sicherheit einer Person betrifft? ●●
1. Ankündigen der Meldung mittels DSC
2. Aussenden einer Dringlichkeitsmeldung per Sprechfunk auf Kanal 16.

212. Welcher Kanal wird im weltweiten Seenot- und Sicherheitsfunksystem (GMDSS) für die Ankündigung einer Dringlichkeitsmeldung im UKW-Bereich benutzt? ●

Kanal 70.

213. Was zeigt die Priorität Urgency im DSC-Controller an? ●●
1. Die folgende Meldung ist dringend
2. Sie betrifft die Sicherheit eines Fahrzeugs oder einer Person.

214. An wen dürfen Dringlichkeitsmeldungen im Seefunkdienst gerichtet werden? ●●
1. An alle Funkstellen
2. An eine Funkstelle.

215. Wie ist zu verfahren, wenn eine an alle Funkstellen ausgesendete Dringlichkeitsmeldung erledigt ist? ●

Die Dringlichkeitsmeldung muss durch eine Meldung an alle Funkstellen aufgehoben werden.

216. Durch eine an alle Funkstellen gerichtete Dringlichkeitsmeldung ist mitgeteilt worden, dass die Sicherheit einer Person gefährdet war. An wen ist die Meldung zu richten, wenn die ursprüngliche Dringlichkeitsmeldung aufgehoben wird? ●

An alle Funkstellen.

217. Wie lautet das Sicherheitszeichen im Seefunkdienst? ●

Sécurité.

218. Welche Meldung wird mit Sécurité eingeleitet? ●

Sicherheitsmeldung.

219. Welchen Inhalt hat eine Sicherheitsmeldung? ●●
1. Eine wichtige nautische Warnung
2. Eine wichtige Wetterwarnung.

220. Wie heißt der Dienst, in dem Nachrichten für die Sicherheit der Seeschifffahrt (MSI) über terrestrische Frequenzen verbreitet werden? ●

Navtex.

221. Welcher Dienst wird auf der Frequenz 518 kHz ausgestrahlt? ●

Navtex-Dienst.

222. Bis zu welcher Entfernung vom Standort des Senders können Sicherheitsmeldungen für die

Seeschifffahrt im Navtex-Dienst empfangen werden? •
Bis zu 400 sm.

223. Worauf muss beim Einstellen eines Navtex-Empfängers geachtet werden? ••
1. Die gewünschte Navtex-Funkstelle
2. Die Art der Aussendungen.

224. Welche Informationen können bei der Programmierung eines Navtex-Empfängers nicht unterdrückt werden? •••
1. Notmeldungen (z. B. SAR-Meldungen)
2. Nautische Warnungen
3. Wetterwarnungen.

225. In welcher Sprache werden Nachrichten für die Sicherheit der Seeschifffahrt (MSI) im internationalen Navtex-Dienst auf 518 kHz verbreitet? •
Englisch.

98

226. Auf welchem Kanal erfolgt im weltweiten Seenot- und Sicherheitsfunksystem (GMDSS) die Aussendung eines DSC-Routine-Anrufs im UKW-Bereich? •
Kanal 70.

227. Unter welcher Rufnummer ist die Seenotleitstelle (MRCC) der Deutschen Gesellschaft zur Rettung Schiffbrüchiger (DGzRS) aus den deutschen Mobilfunknetzen zu erreichen? •
124 124.

IV Technik

228. In welcher Maßeinheit wird die elektrische Spannung gemessen? •
Volt.

229. In welcher Maßeinheit wird der elektrische Strom gemessen? •
Ampere.

230. In welcher Maßeinheit wird der elektrische Widerstand gemessen? •
Ohm.

231. In welcher Maßeinheit wird die elektrische Leistung gemessen? •
Watt.

232. Wie hoch ist der mittlere Stromverbrauch einer UKW-Seefunkanlage im Standby-Modus? •
0,3 bis 1 Ampere.

233. Wie hoch ist der mittlere Stromverbrauch einer UKW-Seefunkanlage im Sendemodus? •
3 bis 8 Ampere.

234. Welches ist die Maßeinheit für die Frequenz? •
Hertz.

235. Mit welcher Geschwindigkeit breiten sich elektromagnetische Wellen aus? •
300 000 km/s (Lichtgeschwindigkeit).

236. Wie wird in der Vollzugsordnung für den Funkdienst (bzw. in den Radio Regulations RR) der Frequenzbereich 30 bis 300 MHz bezeichnet? •
UKW (VHF).

237. Wie breiten sich Ultrakurzwellen aus? •
Gradlinig, wie Licht.

238. Welche Nummern haben die internationalen Kanäle im UKW-Bereich? •
1 bis 28 und 60 bis 88.

239. Wovon hängt die Reichweite einer UKW-Funkanlage hauptsächlich ab? ●
Antennenhöhe.

240. Wie sollen UKW-Antennen installiert werden? ●
Vertikal und so, dass sie frei rundum strahlen können.

241. Wodurch kann die Abstrahlung der Sendeenergie einer UKW-Antenne auf einem Schiff beeinträchtigt werden? ●
Metall in der Nähe.

242. Wie kann bei einem Ausfall der installierten UKW-Antenne der Betrieb der Seefunkstelle sichergestellt werden? ●
Ersatzantenne.

243. Welche Art von Antennen können für Navtex-Empfänger verwendet werden? ●●●
1. Draht-
2. Stab-
3. Aktivantennen.

244. Was kann als Draht-Antenne für Navtex-Empfänger verwendet werden? ●●
1. Stag
2. Want.

245. Worauf ist zu achten, wenn ein Stag als Empfangsantenne für einen Navtex-Empfänger verwendet werden soll? ●
Isolierung zwischen Stag und Schiffskörper.

246. Was ist eine Aktivantenne? ●
Antenne mit integriertem Verstärker.

247. Welche Arten von Antennen können für tragbare Funkgeräte verwendet werden? ●●●

1. Kurze Stabantennen
2. Wendelantennen
3. Teleskopantennen.

248. Wodurch wird die Reichweite von UKW-Handsprechfunkgeräten eingeschränkt? ●●●
1. Geringe Antennenhöhe
2. Geringe Ladung der Akkus
3. Geringe Sendeleistung.

249. Wozu dient am Funkgerät die Rauschsperre (Squelch)? ●
Man kann die Empfindlichkeit des Empfängers verändern und feststellen, ob der Kanal frei ist.

V Öffentlicher Seefunkdienst

250. In welcher Reihenfolge müssen die einzelnen Teile eines Seefunktelegramms aufgegeben werden? ●●
1. Kopf (ggf. Dienstvermerk)
2. Anschrift
3. Text
4. ggf. Unterschrift.

251. Welche Angaben stehen im Kopf eines Seefunktelegramms (Richtung See –> Land)? ●●●
1. Aufgebende Seefunkstelle
2. Nummer
3. Wortzahl
4. Tag
5. Uhrzeit
6. Abrechnungskennung.

252. In welcher Zeitangabe wird bei einem Seefunktelegramm in der Verkehrsrichtung See –> Land die Aufgabezeit angegeben? ●
UTC.

253. Was bedeuten im öffentlichen Nachrichten-austausch die Bezeichnungen DP01, DP07, CY03 usw? •

Abrechnungskennungen (AAIC).

254. Bis zu wie viel Schriftzeichen werden Wörter, Aus-drücke und Gruppen als ein Wort bezeichnet? •

Zehn.

255. Was ist die Berechnungsgrundlage für ein Seefunktelegramm? •

Wortzahl.

256. Woraus setzt sich das Entgelt für ein Seefunk-gespräch zusammen? ••

1. Entgelt für die KüFuSt
2. Entgelt für die Landleitung.

257. Was sind die Abrechnungsgrundlagen für ein Seefunkgespräch? ••

1. Gesprächsdauer
2. Preis der Verrechnungseinheiten, angegeben in Goldfranken oder Sonderziehungsrechten.

100

Prüfungsfragebogen

Für die Bearbeitung eines Prüfungsfrage-bogens stehen 60 Minuten zur Verfügung. Jeder Bogen enthält 30 Fragen. Maximal **45 Punkte** können, mindestens **36 Punkte** müssen erreicht werden. Bei **32 bis 35 Punkten** erfolgt eine mündliche Nachprü-fung; bei weniger als 32 Punkten ist die Prüfung nicht bestanden.

Auf den nächsten Seiten sind die zehn Prüfungsfragebogen abgedruckt. Es wird empfohlen, auf ein Übungsblatt jeweils die Nummer der Frage zu notieren und dane-ben die Antwort zu schreiben. Das Ergebnis kann man selbst überprüfen. Jeder Prüfungs-fragebogen sollte so lange eingeübt werden, bis 42 Punkte sicher erreicht werden und die Bearbeitung weniger als 50 Minuten dauert.

Weitere Hinweise zur Prüfung findet der Leser auf den Seiten 149, 157 und 201.

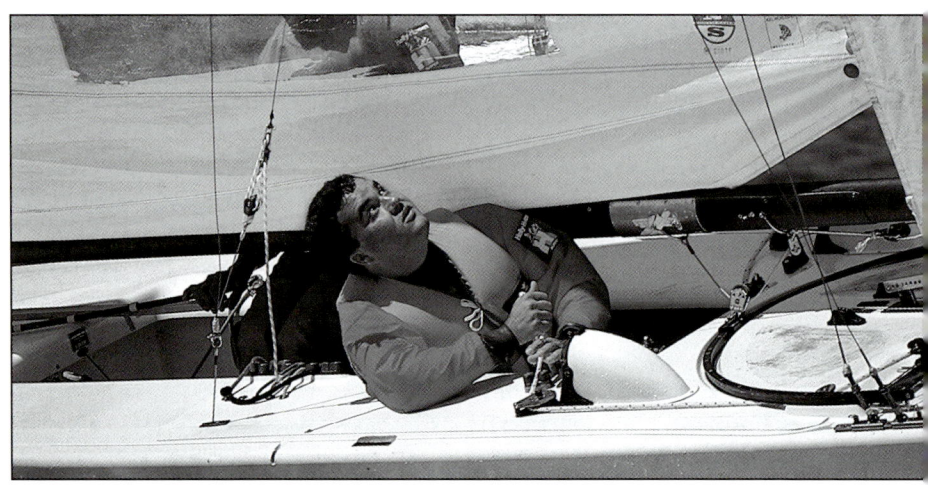

Prüfungsfragebogen 1

1. Was ist unter dem Begriff mobiler Seefunkdienst zu verstehen? ●●

2. Was ist eine Küstenfunkstelle? ●

15. Was bedeutet Navarea? ●

25. Was bedeutet die Abkürzung GOC? ●

35. Was bedeutet die Abkürzung ETA? ●

46. Was bedeutet die Abkürzung GPS? ●

51. Wie ist die Rangfolge der Aussendungen im Seefunk geregelt? ●●

58. Welcher Funkdienst gehört neben dem Hafen- und Revierfunkdienst ebenfalls zum Sicherheitsfunkdienst des mobilen Seefunkdienstes? ●

72. Was bedeutet die Kennung / das Rufzeichen DDSE47? ●

78. Welche Vorkommnisse im Funkdienst sollen dokumentiert werden? ●●

80. Wer ist beim Betrieb einer Seefunkstelle auf einem Sportboot zur Wahrung des Fernmeldegeheimnisses verpflichtet? ●●●

90. Welche Behörde stellt in Deutschland die Urkunde über die Frequenzzuteilung zum Betreiben einer Seefunkstelle aus und wo hat sie ihren Sitz? ●

104. Welchen Funkdienst darf der Inhaber eines beschränkt gültigen Funkbetriebszeugnisses (SRC) ausüben? ●

121. Auf welchem UKW-Kanal sollte ein Sportfahrzeug in der Regel empfangsbereit sein, wenn es sich auf offener See befindet und nur mit einer UKW-Funkanlage ausgerüstet ist? ●

123. Welche Bezeichnungen tragen die Seegebiete, in denen für Schiffe eine bestimmte Funkausrüstung international vorgeschrieben ist? ●●

135. Zu welchem Zweck wurde das weltweite Seenot- und Sicherheitsfunksystem (GMDSS) eingeführt? ●●●

140. Womit wird die Notmeldung eingeleitet? ●

147. Was folgt in der Notmeldung auf den Namen oder die sonstige Kennung des Schiffes in Not? ●

155. Wie erfolgt die Bestätigung des Empfangs eines DSC-Notalarms durch eine Seefunkstelle? ●●

174. Welchen UKW-Kanal soll ein Schiff in Not bis zur Ankunft eines Hubschraubers abhören? ●

101

178. Welche Funkgeräte sind in einem Notfall nach Verlassen des Schiffes für die Kommunikation mit Hilfe leistenden Schiffen besonders gut geeignet? ●

183. Worin bestehen die Aufgaben einer Satelliten-Seenotfunkbake (Epirb)? ●●

200. In welchen Schalterstellungen darf keine Epirb-Funktionsprüfung vorgenommen werden? ●●

204. Warum ist die Benutzung eines (landgestützten) Mobiltelefons gegenüber einer UKW-Seefunkanlage in einer Notsituation keine Alternative? ●●

216. Durch eine an alle Funkstellen gerichtete Dringlichkeitsmeldung ist mitgeteilt worden, dass die Sicherheit einer Person gefährdet war. An wen ist die Meldung zu richten, wenn die ursprüngliche Dringlichkeitsmeldung aufgehoben wird? ●

221. Welcher Dienst wird auf der Frequenz 518 kHz ausgestrahlt? ●

229. In welcher Maßeinheit wird der elektrische Strom gemessen? ●

239. Wovon hängt die Reichweite einer UKW-Funkanlage hauptsächlich ab? ●

247. Welche Arten von Antennen können für tragbare Funkgeräte verwendet werden? ●●●

250. In welcher Reihenfolge müssen die einzelnen Teile eines Seefunktelegramms aufgegeben werden? ●●

Prüfungsfragebogen 2

3. Was ist eine Seefunkstelle? ●

10. Was bedeutet öffentlicher Funkverkehr? ●●

16. Was bedeutet die Abkürzung MSI? ●

26. Was bedeutet die Abkürzung ROC? ●

36. Was bedeutet die Abkürzung ETD? ●

45. Was bedeutet die Abkürzung Epirb? ●

53. Welche Voraussetzungen sind für die Teilnahme am öffentlichen Funkverkehr zu erfüllen? ●●

57. Wozu dient der Revier- und Hafenfunkdienst? ●●●

60. Für welchen Funkverkehr dürfen die Kanäle 75 und 76 benutzt werden? ●

77. Wodurch wird die Nationalität bei der Seefunkstellen-Rufnummer (MMSI) gekennzeichnet? ●

85. Wie wird eine Küstenfunkstelle des Revier- und Hafenfunkdienstes gekennzeichnet? ●●

91. Wo ist die Frequenzzuteilungsurkunde mitzuführen? ●

106. In welchem internationalen Regelwerk sind die Frequenzbereiche für die einzelnen Funkdienste festgelegt? •

113. Welche Sendeleistung ist auf den Kanälen 15 und 17 im Funkverkehr an Bord zulässig? •

122. Welcher Kanal im UKW-Seefunkbereich ist vorzugsweise für den internationalen Schiff-Schiff-Verkehr und für koordinierte Such- und Rettungseinsätze vorgesehen? •

127. Welches sind die satellitengestützten Alarmierungssysteme im weltweiten Seenot- und Sicherheitsfunksystem (GMDSS)? ••

137. Auf welchem UKW-Kanal müssen funkausrüstungspflichtige Schiffe im weltweiten Seenot- und Sicherheitsfunksystem (GMDSS) ununterbrochen empfangsbereit sein? •

145. Welche Meldungen dürfen im weltweiten Seenot- und Sicherheitsfunksystem (GMDSS) auf UKW-Kanal 16 (156,8 MHz) übermittelt werden? •••

154. Wie wird die Bestätigung des Empfangs eines DSC-Notalarms im Sprechfunk eingeleitet? •

156. Wie erfolgt die Bestätigung des Empfangs eines DSC-Notalarms durch eine Seefunkstelle bei Verständigungsschwierigkeiten? ••

170. Mit welchen UKW-Seefunkgeräten sind SAR-Hubschrauber in der Regel ausgerüstet? ••

175. Wie ist eine Küstenfunkstelle ohne DSC zu erreichen, wenn der Kanal 16 durch Notverkehr belegt ist? •

181. Welche Geräte sollten auf einem in Seenot befindlichen Sportboot zur Ortung im GMDSS aktiviert werden können? ••

201. Wie erscheint die Aussendung eines Search-and-Rescue-Radar-Transponders (SART) auf einem Radarbildschirm? •

204. Warum ist die Benutzung eines (landgestützten) Mobiltelefons gegenüber einer UKW-Seefunkanlage in einer Notsituation keine Alternative? ••

217. Wie lautet das Sicherheitszeichen im Seefunkdienst? •

230. In welcher Maßeinheit wird der elektrische Widerstand gemessen? •

240. Wie sollen UKW-Antennen installiert werden? •

248. Wodurch wird die Reichweite von UKW-Handsprechfunkgeräten eingeschränkt? •••

256. Woraus setzt sich das Entgelt für ein Seefunkgespräch zusammen? ••

Prüfungsfragebogen 3

4. Was bedeutet die Abkürzung IMO? ●

13. Was ist ein digitaler Selektivruf? ● ●

17. Was bedeutet die Abkürzung WX? ●

27. Was bedeutet die Abkürzung LRC? ●

37. Was bedeutet die Abkürzung LUT? ●

47. Was bedeutet die Abkürzung AC? ●

53. Welche Voraussetzungen sind für die Teilnahme am öffentlichen Funkverkehr zu erfüllen? ● ●

61. Welche Bedeutung hat die Abkürzung INTERCO im Sprech-Seefunkdienst? ●

67. Wie wird eine mit DSC-Einrichtungen ausgerüstete Seefunkstelle gekennzeichnet? ● ● ●

75. Welche Urkunde enthält die eigene Seefunkstellen-Rufnummer (MMSI)? ●

81. Welche Nachrichten dürfen uneingeschränkt aufgenommen und verbreitet werden? ●

92. Welche Urkunde für die Seefunkstelle muss auf einem Sportfahrzeug mitgeführt werden? ●

93. Was und zu welchem Zweck muss ein Schiffseigner bei Namensänderung seines Schiffes in Bezug auf seine Funkanlage veranlassen? ● ●

107. Welcher Unterschied besteht in der Reichweite bei analoger und digitaler Übertragung im UKW-Bereich? ●

117. Handelt es sich bei den UKW-Kanälen für den Schiff-Schiff-Verkehr um Simplex- oder um Duplex-Kanäle? ●

124. Wie wird ein Seegebiet bezeichnet, das innerhalb der Sprechfunkreichweite einer Grenzwellen-Küstenfunkstelle liegt, die ununterbrochen für DSC-Alarmierungen zur Verfügung steht? ●

128. Welchen Zwecken dienen der Anruf- und der Arbeitskanal? ● ●

138. Auf welchem Kanal erfolgt die DSC-Alarmierung im UKW-Bereich? ●

157. Was ist Funkverkehr vor Ort? ● ●

158. Welche Aufgaben hat der On-Scene Co-ordinator (OSC)? ●

165. Welche Aufgaben hat ein Rescue Co-ordination Centre (RCC)? ● ● ●

178. Welche Funkgeräte sind in einem Notfall nach Verlassen des Schiffes für die Kommunikation

mit Hilfe leistenden Schiffen besonders gut geeignet? •

198. Was ist zu tun, bevor die Satelliten-Seenotfunkbake (Epirb) für Wartungszwecke aus ihrer Halterung entfernt werden soll? •

202. Welches Navigationsgerät empfängt das Signal eines aktivierten Radartransponders (SART)? •

206. Warum ist ein (landgestütztes) Mobiltelefon (Handy) gegenüber einer UKW-Seefunkanlage keine Alternative, wenn in einer Notsituation die Such- und Rettungsmaßnahmen anderen Fahrzeugen bekannt gemacht werden müssen? ••

219. Welchen Inhalt hat eine Sicherheitsmeldung? ••

233. Wie hoch ist der mittlere Stromverbrauch einer UKW-Seefunkanlage im Sendemodus? •

241. Wodurch kann die Abstrahlung der Sendeenergie einer UKW-Antenne auf einem Schiff beeinträchtigt werden? •

244. Was kann als Draht-Antenne für Navtex-Empfänger verwendet werden? ••

251. Welche Angaben stehen im Kopf eines Seefunktelegramms (Richtung See –> Land)? •••

Prüfungsfragebogen 4

1. Was ist unter dem Begriff mobiler Seefunkdienst zu verstehen? ••

5. Was bedeutet die Abkürzung SOLAS? •

18. Was bedeutet die Ankündigung Medical Transport? •

28. Was bedeutet die Abkürzung SRC? •

38. Was bedeutet die Abkürzung SAR? •

48. Was bedeutet die Abkürzung DC? •

51. Wie ist die Rangfolge der Aussendungen im Seefunk geregelt? ••

62. Welches internationale Übereinkommen regelt die Ausrüstungspflicht mit Seefunkanlagen auf Seeschiffen? •

76. Wie setzt sich die Rufnummer des mobilen Seefunkdienstes (MMSI) für bestimmte Gruppen von Seefunkstellen zusammen? •••

79. Welches Gesetz regelt das Abhörverbot und das Fernmeldegeheimnis bei Seefunkstellen? •

83. Was bedeutet die Ziffernfolge 002113100? •

94. Was ist zu beachten, wenn die UKW-Sprechfunkanlage an Bord eines Schiffes ausgebaut und durch ein anderes Fabrikat ersetzt werden soll? ••

106

96. Welche Vorschrift regelt die Funkausrüstungspflicht für Schiffe unter deutscher Flagge? ●

108. Ist das Senden auf UKW in ausländischen Häfen gestattet? ●

111. Welche UKW-Kanäle werden vorzugsweise auf Sportbooten für den Funkverkehr untereinander in den deutschen Hoheitsgewässern benutzt? ●●

125. Eine Yacht befindet sich in einem Seegebiet, das von der Reichweite einer UKW-Küstenfunkstelle abgedeckt wird, die ununterbrochen für DSC-Alarmierungen zur Verfügung steht. In welchem Seegebiet befindet sich das Fahrzeug? ●

134. Welche Veröffentlichung für die Sportschifffahrt enthält Regelungen für die Abwicklung des Funkverkehrs zwischen Seefunkstellen und Luftfunkstellen in Notfällen und von wem wird diese herausgegeben? ●●

145. Welche Meldungen dürfen im weltweiten Seenot- und Sicherheitsfunksystem (GMDSS) auf UKW-Kanal 16 (156,8 MHz) übermittelt werden? ●●●

159. Wann wird im Seefunkdienst im laufenden Notverkehr das Notzeichen Mayday ausgesendet? ●

160. Wann wird im Seefunkdienst die Aufforderung Silence Mayday ausgesendet? ●●

176. Wie ist zu verfahren, wenn während eines Notverkehrs auf Kanal 16 die Ankündigung und Aussendung einer Dringlichkeits- oder Sicherheitsmeldung an alle Funkstellen vorgenommen werden soll? ●●●

182. Wo soll eine Satelliten-Seenotfunkbake (Epirb) an Bord eines Schiffes installiert werden? ●

185. Wie wird der Sender einer Satelliten-Seenotfunkbake (Epirb) aktiviert? ●●

203. Warum ist ein (landgestütztes) Mobiltelefon (Handy) gegenüber einer UKW-Seefunkanlage keine Alternative, wenn die Position des Havaristen durch Fremdpeilung bestimmt werden muss? ●

208. Was zeigt die Form eines Dringlichkeitsanrufes und des Dringlichkeitszeichens an? ●●

220. Wie heißt der Dienst, in dem Nachrichten für die Sicherheit der Seeschifffahrt (MSI) über terrestrische Frequenzen verbreitet werden? ●

228. In welcher Maßeinheit wird die elektrische Spannung gemessen? ●

232. Wie hoch ist der mittlere Stromverbrauch einer UKW-Seefunkanlage im Standby-Modus? ●

242. Wie kann bei einem Ausfall der installierten UKW-Antenne der Betrieb der Seefunkstelle sichergestellt werden? ●

257. Was sind die Abrechnungsgrundlagen für ein Seefunkgespräch? ●●

Prüfungsfragebogen 5

6. Was bedeutet die Abkürzung ITU bzw. IUT? •

11. Was ist im mobilen Seefunkdienst unter Funkverkehr an Bord zu verstehen? •••

19. Was bedeutet die Abkürzung ATIS? •

29. Was bedeutet Duplex? •

39. Was bedeutet die Abkürzung RCC? •

53. Welche Voraussetzungen sind für die Teilnahme am öffentlichen Funkverkehr zu erfüllen? ••

63. Welche nationale Verordnung legt die Sicherheitsanforderungen für die Ausrüstung von Schiffen unter deutscher Flagge u. a. mit UKW-Seefunkanlagen fest? •

74. Woraus besteht die Seefunkstellen-Rufnummer (MMSI)? ••

78. Welche Vorkommnisse im Funkdienst sollen dokumentiert werden? ••

81. Welche Nachrichten dürfen uneingeschränkt aufgenommen oder verbreitet werden? •

92. Welche Urkunde für die Seefunkstelle muss auf einem Sportfahrzeug mitgeführt werden? •

95. Was ist zu veranlassen, wenn eine Seefunkstelle am Binnenschifffahrtsfunk teilnehmen soll? ••

97. Wer stellt in Deutschland Funksicherheitszeugnisse für deutsche funkausrüstungspflichtige Seeschiffe aus? •

109. Welches Betriebsverfahren gilt im Funkverkehr zwischen Seefunkstellen und Luftfunkstellen? •

120. Welche Empfehlung besteht für ein funkausrüstungspflichtiges Schiff bezüglich seiner Empfangsbereitschaft auf UKW? •

126. Welche Orbitalbahn verwendet das Cospas-Sarsat-System? •

141. Was zeigt das Notzeichen im Sprechfunk an? ••

153. Wie kann auf die mit einem DSC-Gerät empfangenen Daten eines Seenotalarms zurückgegriffen werden? •

161. Wer fordert in einem Seenotfall eine störende Funkstelle mit den Wörtern Silence Mayday zur Einhaltung der Funkstille auf? ••

163. Welche Aufgaben hat die Seenotleitung (MRCC) Bremen der DGzRS? •

107

172. Auf welchen UKW-Kanälen dürfen zu Sicherheits-zwecken Seefunkstellen mit Luftfunkstellen Funkverkehr abwickeln? ●●

177. Was ist zu veranlassen, wenn irrtümlich von einer Seefunkstelle ein Notalarm auf Kanal 70 ausgelöst worden ist? ●●●

184. Wann darf eine Satelliten-Seenotfunkbake (Epirb) aktiviert werden? ●

197. Welche Haltbarkeitsdaten müssen an einer Seenotfunkbake (Epirb) sichtbar sein? ●●

205. Warum ist ein (landgestütztes) Mobiltelefon (Handy) gegenüber einer UKW-Seefunkanlage keine Alternative, wenn in einer Notsituation andere Fahrzeuge in Sicht sind und um Hilfe gebeten werden sollen? ●

211. Wie ist zu verfahren, wenn eine dringende Meldung im UKW-Bereich auszusenden ist, welche die Sicherheit einer Person betrifft? ●●

218. Welche Meldung wird mit Sécurité eingeleitet? ●

245. Worauf ist zu achten, wenn ein Stag als Empfangsantenne für einen Navtex-Empfänger verwendet werden soll? ●

247. Welche Arten von Antennen können für tragbare Funkgeräte verwendet werden? ●●●

255. Was ist die Berechnungsgrundlage für ein Seefunktelegramm? ●

Prüfungsfragebogen 6

7. Was bedeutet die englische Abkürzung RR? ●

10. Was bedeutet öffentlicher Funkverkehr? ●●

21. Was bedeutet die Abkürzung MID? ●

30. Was bedeutet Simplex? ●

41. Was bedeutet die Abkürzung GMDSS? ●

50. Was bedeutet die Abkürzung LT? ●

59. Welche UKW-Kanäle sind international ausschließlich für den Schiff-Schiff-Verkehr vorgesehen? ●●

64. Welche Schiffe müssen mit einer UKW-Sprechfunkanlage ausgerüstet sein? ●

67. Wie wird eine mit DSC-Einrichtungen ausgerüstete Seefunkstelle gekennzeichnet? ●●●

82. Woraus besteht eine Küstenfunkstellen-Rufnummer (MMSI)? ●●●

86. Welche Küstenfunkstelle wird durch den Rufnamen Warnemünde Traffic gekennzeichnet? ●

98. In welchem Fall benötigt eine Yacht ein Funksicherheitszeugnis? ●

102. Welche Urkunde und welcher Befähigungsnachweis müssen bei der Überprüfung einer Seefunkstelle auf einem Sportfahrzeug dem Prüfbeamten auf Verlangen vorgelegt werden? ● ●

110. Welcher Frequenzbereich außer UKW kann im mobilen Seefunkdienst für den Funkverkehr an Bord benutzt werden? ●

129. Auf welchem Kanal ist eine Küstenfunkstelle zu rufen, die sowohl auf dem Anrufkanal als auch auf einem veröffentlichten Arbeitskanal empfangsbereit ist? ●

142. Welche Priorität der Alarmierung ist zu wählen, wenn sich eine Person in Lebensgefahr befindet? ●

143. Welche Frequenzen dürfen außer der Notfrequenz für die Aussendung einer Notmeldung im Seefunkdienst benutzt werden? ● ●

162. Welche Aufgaben übernimmt die Seenotleitung (Maritime Rescue Co-ordination Centre, MRCC) nach Eingang eines Notalarms? ● ●

166. Nach welchem Betriebsverfahren wird in Notfällen der Funkverkehr zwischen Luftfunkstellen und Seefunkstellen abgewickelt? ●

179. Mit welchen Funkgeräten können im Notfall nach dem Verlassen des havarierten Schiffes die Such- und Rettungsarbeiten ausgelöst bzw. erleichtert werden? ● ● ●

186. Welches ist das Identifikationsmerkmal für eine Inmarsat-Epirb? ●

191. Was sendet eine Cospas-Sarsat-Seenotfunkbake (Epirb) nach ihrer Aktivierung immer aus? ● ●

204. Warum ist die Benutzung eines (landgestützten) Mobiltelefons gegenüber einer UKW-Seefunkanlage in einer Notsituation keine Alternative? ● ●

207. Wie werden im Seefunkdienst die Funkstellen davon unterrichtet, dass der Notverkehr beendet ist? ●

213. Was zeigt die Priorität Urgency im DSC-Controller an? ● ●

222. Bis zu welcher Entfernung vom Standort des Senders können Sicherheitsmeldungen für die Seeschifffahrt im Navtex-Dienst empfangen werden? ●

232. Wie hoch ist der mittlere Stromverbrauch einer UKW-Seefunkanlage im Standby-Modus? ●

234. Welches ist die Maßeinheit für die Frequenz? ●

246. Was ist eine Aktivantenne? ●

250. In welcher Reihenfolge müssen die einzelnen Teile eines Seefunktelegramms aufgegeben werden? ● ●

Prüfungsfragebogen 7

8. Was bedeutet die Abkürzung BNetzA / RegTP? ●

13. Was ist ein digitaler Selektivruf? ●●

20. Was bedeutet die Abkürzung MMSI? ●

31. Was bedeutet Semi-Duplex? ●

40. Was bedeutet die Abkürzung MRCC? ●

43. Was bedeutet On-Scene-Communication? ●

52. Nach welcher Zeit richten sich die Aussendungen im Seefunkdienst? ●

65. Welche Sendeleistungen lassen sich bei einem UKW-Sender schalten? ●

69. Welche Behörden in Deutschland sind berechtigt, die Funktionsfähigkeit von Seefunkstellen zu überprüfen? ●●

84. Wer bestimmt bei einer Verbindung zwischen See- und Küstenfunkstelle den für die weitere Verkehrsabwicklung zu benutzenden Arbeitskanal? ●

87. Welche Voraussetzungen sind für den Betrieb einer Seefunkstelle grundsätzlich zu erfüllen? ●●●

99. Welche Behörde ist in Deutschland für die Zulassung von Seefunkgeräten zuständig? ●

105. Welches Funkzeugnis muss der Bediener einer Kurzwellen-/Grenzwellen-DSC-Funkanlage mindestens besitzen? ●●

113. Welche Sendeleistung ist auf den Kanälen 15 und 17 im Funkverkehr an Bord zulässig? ●

128. Welchen Zwecken dienen der Anruf- und der Arbeitskanal? ●●

130. Was ist vor dem Anruf auf einem Arbeitskanal zu beachten? ●

144. Auf welchem UKW-Kanal findet der Notverkehr vorzugsweise statt? ●

148. Wann wird eine Notmeldung wiederholt? ●●

164. Auf welchen UKW-Kanälen ist Bremen Rescue empfangsbereit? ●●

169. Welche Luftfahrzeuge können UKW-Kanal 16 nutzen, um mit in Not befindlichen Schiffen und Hilfe leistenden Schiffen direkt zu sprechen? ●

187. Welche Angaben kann die Aussendung einer Inmarsat-Seenotfunkbake (Epirb) enthalten? ●●●

188. Womit wird die Position, die eine Inmarsat-Epirb aussendet, ermittelt? ●

192. Auf welchen Frequenzen sendet eine Cospas-Sarsat-Seenotfunkbake (Epirb)? ●●

209. Woraus besteht das Dringlichkeitszeichen im Sprechfunk? ●

214. An wen dürfen Dringlichkeitsmeldungen im Seefunkdienst gerichtet werden? ●●

225. In welcher Sprache werden Nachrichten für die Sicherheit der Seeschifffahrt (MSI) im internationalen Navtex-Dienst auf 518 kHz verbreitet? ●

235. Mit welcher Geschwindigkeit breiten sich elektromagnetische Wellen aus? ●

243. Welche Art von Antennen können für Navtex-Empfänger verwendet werden? ●●●

249. Wozu dient am Funkgerät die Rauschsperre (Squelch)? ●

256. Woraus setzt sich das Entgelt für ein Seefunkgespräch zusammen? ●●

Prüfungsfragebogen 8

9. Was bedeutet die Abkürzung BSH? ●

10. Was bedeutet öffentlicher Funkverkehr? ●●

22. Was bezeichnet im Sprechfunkdienst die Kennung Carina Control? ●

32. Was bedeuten die UKW-Kanal-Bezeichnungen AIS 1 und AIS 2? ●

42. Was ist unter der Bezeichnung Sea Area im GMDSS zu verstehen? ●

54. Welche Möglichkeit besteht um festzustellen, ob bei einer Küstenfunkstelle Nachrichten für das Schiff vorliegen, ohne dort anzurufen? ●

66. In welcher Vorschrift ist die internationale Rufzeichenreihenfolge festgelegt? ●

71. Welche Art von Funkstelle verbirgt sich hinter dem Rufzeichen DDTW? ●●

86. Welche Küstenfunkstelle wird durch den Rufnamen Warnemünde Traffic gekennzeichnet? ●

93. Was und zu welchem Zweck muss ein Schiffseigner bei Namensänderung seines Schiffes in Bezug auf seine Funkanlage veranlassen? ●●

100. Woran ist zu erkennen, ob ein Funkgerät zugelassen ist? •

111. Welche UKW-Kanäle werden vorzugsweise auf Sportbooten für den Funkverkehr untereinander in den deutschen Hoheitsgewässern benutzt? ••

115. Für welche Verkehrsabwicklungen können UKW-Handsprechfunkgeräte vorzugsweise verwendet werden? •••

117. Handelt es sich bei den UKW-Kanälen für den Schiff-Schiff-Verkehr um Simplex- oder um Duplex-Kanäle? •

131. Wie oft darf beim Anruf im UKW-Bereich der Name der gerufenen Funkstelle genannt werden? •

136. Wer darf das Aussenden einer Notmeldung im Seefunkdienst veranlassen? •

146. Wie oft wird bei der Einleitung des Notverkehrs das Notzeichen Mayday gesprochen? •

149. An wen darf eine Funkstelle, die selbst nicht in Not ist, für ein anderes in Not befindliches Schiff eine Notmeldung aussenden? •

152. Auf welchem UKW-Kanal und in welchem Verfahren bestätigt eine Seefunkstelle den auf Kanal 70 empfangenen Notalarm? ••

168. In welchem Frequenzbereich kann mit SAR-Einheiten Seefunkverkehr abgewickelt werden? •

171. Ein SAR-Luftfahrzeug wirft Ausrüstung zu einem in Not befindlichen Schiff ab. Welche Funkausrüstung könnte sie enthalten? ••

189. Wie lange kann es dauern, bis ein Inmarsat-E-Alarm bei der zuständigen Seenotleitung aufläuft? •

193. Wie wird die Position einer aktivierten Cospas-Sarsat-Seenotfunkbake (Epirb) ermittelt? ••

199. Welche Prüfungen sind an einer Satelliten-Seenotfunkbake (Epirb) durchzuführen? •••

210. Wie wird die im Sprechfunk zu sprechende Gruppe der Wörter Pan Pan genannt? •

223. Worauf muss beim Einstellen eines Navtex-Empfängers geachtet werden? ••

226. Auf welchem Kanal erfolgt im weltweiten Seenot- und Sicherheitsfunksystem (GMDSS) die Aussendung eines DSC-Routine-Anrufs im UKW-Bereich? •

236. Wie wird in der Vollzugsordnung für den Funkdienst (bzw. in den Radio Regulations RR) der Frequenzbereich 30 bis 300 MHz bezeichnet? •

248. Wodurch wird die Reichweite von UKW-Handsprechfunkgeräten eingeschränkt? •••

252. In welcher Zeitangabe wird bei einem Seefunktelegramm in der Verkehrsrichtung See –> Land die Aufgabezeit angegeben? •

112

Prüfungsfragebogen 9

11. Was ist im mobilen Seefunkdienst unter Funkverkehr an Bord zu verstehen? ●●●

23. Was sagt im Sprechfunkdienst die Kennung Elisa Alfa aus? ●

33. Was bedeutet die Abkürzung INTERCO? ●

49. Was bedeutet die Abkürzung MfS? ●

55. Welches technische Verfahren ermöglicht eine Verkehrsaufnahme in Richtung Schiff –> Küstenfunkstelle und Schiff –> Schiff? ●

68. Welche Behörde erteilt in Deutschland sechsstellige Rufzeichen für Seefunkstellen? ●

73. Wie werden die einzelnen Funkstellen für den Funkverkehr an Bord gekennzeichnet? ●●

88. Wo ist geregelt, dass für das Betreiben einer Seefunkstelle eine Frequenzzuteilung erforderlich ist? ●

101. Was ist hinsichtlich der Funkausrüstung zu unternehmen, damit eine Seefunkstelle am Binnenschifffahrtsfunk teilnehmen kann? ●

112. Welche Kanäle dienen dem Funkverkehr an Bord? ●●

116. Was ist bei Testsendungen im Sprechseefunkdienst zu beachten? ●●●

118. Wozu darf der UKW-Kanal 70 ausschließlich benutzt werden? ●

123. Welche Bezeichnungen tragen die Seegebiete, in denen für Schiffe eine bestimmte Funkausrüstung international vorgeschrieben ist? ●●

132. Wie oft soll beim Anruf zum Herstellen einer Verbindung im UKW-Bereich der Name der rufenden Funkstelle genannt werden, wenn eine gute Verständigung zu erwarten ist? ●

139. Wie lautet das Notzeichen im Sprechfunk? ●

147. Was folgt in der Notmeldung auf den Namen oder die sonstige Kennung des Schiffes in Not? ●

151. Wann darf eine Seefunkstelle den Empfang eines DSC-Notalarms auf UKW (VHF) bestätigen? ●●

167. Um Missverständnisse bei der Abwicklung des Funkverkehrs zwischen See- und Luftfunkstellen in Notfällen zu vermeiden, sollen international entwickelte Redewendungen verwendet werden. Welche Veröffentlichung für die Sportschifffahrt enthält diese Redewendungen? ●

171. Ein SAR-Luftfahrzeug wirft Ausrüstung zu einem in Not befindlichen Schiff ab. Welche Funkausrüstung könnte sie enthalten? ●●

190. Wie lange kann es von der Aktivierung einer Cospas-Sarsat-Seenotfunkbake (Epirb) bis zum Empfang des vollständigen Alarms im MRCC dauern? ●●

113

194. Wie groß ist die Genauigkeit der ermittelten Position einer Cospas-Sarsat-Seenotfunkbake (Epirb)? •

196. Welche Informationen müssen an einer Satelliten-Seenotfunkbake (Epirb) sichtbar sein? ••

212. Welcher Kanal wird im weltweiten Seenot- und Sicherheitsfunksystem (GMDSS) für die Ankündigung einer Dringlichkeitsmeldung im UKW-Bereich benutzt? •

219. Welchen Inhalt hat eine Sicherheitsmeldung? ••

224. Welche Informationen können bei der Programmierung eines Navtex-Empfängers nicht unterdrückt werden? •••

227. Unter welcher Rufnummer ist die Seenotleitstelle (MRCC) der Deutschen Gesellschaft zur Rettung Schiffbrüchiger (DGzRS) aus den deutschen Mobilfunknetzen zu erreichen? •

231. In welcher Maßeinheit wird die elektrische Leistung gemessen? •

237. Wie breiten sich Ultrakurzwellen aus? •

244. Was kann als Draht-Antenne für Navtex-Empfänger verwendet werden? ••

253. Was bedeuten im öffentlichen Nachrichtenaustausch die Bezeichnungen DP01, DP07, CY03 usw? •

Prüfungsfragebogen 10

1. Was ist unter dem Begriff mobiler Seefunkdienst zu verstehen? ••

12. Was bedeutet die Abkürzung DSC? •

14. Was bedeutet die Abkürzung Navtex? •

24. Was sagt die Kennung Germania Bravo aus? •

34. Was bedeutet die Abkürzung ACKN? •

44. Was bedeutet die Abkürzung SART? •

56. Welchem Nachrichtenverkehr ist der Nachrichtenaustausch zwischen Küstenfunkstellen des Revier- und Hafenfunkdienstes und Seefunkstellen zuzuordnen? •

59. Welche UKW-Kanäle sind international ausschließlich für den Schiff-Schiff-Verkehr vorgesehen? ••

70. Welche Behörde teilt einer in das Seeschiffsregister eintragungsfähigen Yacht das vierstellige Unterscheidungssignal zu? •

74. Woraus besteht die Seefunkstellen-Rufnummer (MMSI)? ••

89. Gegen welches Gesetz verstößt der Betrieb einer Seefunkstelle ohne Frequenzzuteilung? •

103. Welches Funkzeugnis muss der Bediener einer Seefunkstelle auf einem Sportfahrzeug mindestens besitzen, um am weltweiten Seenot- und Sicherheitsfunksystem (GMDSS) teilnehmen zu dürfen? ●

114. Welche UKW-Kanäle dürfen mit welcher Sendeleistung auch für den Funkverkehr an Bord benutzt werden? ●●

119. Welchen Zwecken dient der UKW-Kanal 16 (156,8 MHz) im Seefunkdienst? ●●●

120. Welche Empfehlung besteht für ein funkausrüstungspflichtiges Schiff bezüglich seiner Empfangsbereitschaft auf UKW? ●

133. Wie oft soll beim Anruf im UKW-Bereich der Name der gerufenen Funkstelle genannt werden, wenn gute Bedingungen für die Herstellung der Verbindung zu erwarten sind? ●

143. Welche Frequenzen dürfen – außer der Notfrequenz – für die Aussendung einer Notmeldung im Seefunkdienst benutzt werden? ●●

150. Welche Voraussetzungen muss eine Seefunkstelle erfüllen, die den Empfang eines DSC-Notalarms auf UKW (VHF) bestätigt? ●

152. Auf welchem UKW-Kanal und in welchem Verfahren bestätigt eine Seefunkstelle den auf Kanal 70 empfangenen Notalarm? ●●

155. Wie erfolgt die Bestätigung des Empfangs eines DSC-Notalarms durch eine Seefunkstelle? ●●

165. Welche Aufgaben hat ein Rescue Co-ordination Centre (RCC)? ●●●

173. Wie wird betrieblich sichergestellt, dass bei einer Rettungsaktion mit SAR-Hubschraubern die Kanäle 16 und 06 überwacht werden? ●

195. Zu welchem Zweck benutzen Satelliten-Seenotfunkbaken (Epirb) die Frequenz 121,5 MHz? ●

197. Welche Haltbarkeitsdaten müssen an einer Seenotfunkbake (Epirb) sichtbar sein? ●●

198. Was ist zu tun, bevor die Satelliten-Seenotfunkbake (Epirb) für Wartungszwecke aus ihrer Halterung entfernt werden soll? ●

215. Wie ist zu verfahren, wenn eine an alle Funkstellen ausgesendete Dringlichkeitsmeldung erledigt ist? ●

223. Worauf muss beim Einstellen eines Navtex-Empfängers geachtet werden? ●●

238. Welche Nummern haben die internationalen Kanäle im UKW-Bereich? ●

243. Welche Art von Antennen können für Navtex-Empfänger verwendet werden? ●●●

254. Bis zu wie viel Schriftzeichen werden Wörter, Ausdrücke und Gruppen als ein Wort bezeichnet? ●

Fragenkatalog für das UKW-Sprechfunkzeugnis für den Binnenschifffahrtsfunk

Der Fragenkatalog enthält die amtlichen Prüfungsfragen. Aus den amtlichen Antwortmöglichkeiten hat der Verfasser wieder die einfachste Möglichkeit ausgewählt. Die Prüfungsfragebogen sind auf den Seiten 130 ff. abgedruckt. Inhabern des UKW-Funkbetriebszeugnisses werden die Fragen 5, 13 – 15, 18 – 23, 66, 68, 82, 86, 87, 96 – 98, 103 – 108, 110, 128, 129, 131, 132, 149, 158 und 169 – 198 nicht gestellt. (Diese Fragen sind im nachfolgenden Fragenkatalog eingeklammert.) Ihnen werden Fragebögen mit 16 Fragen vorgelegt, wobei 25 Punkte erreichbar sind (sonst 34 Fragen / 53 Punkte). Mindestens 80 % der möglichen Punktzahl müssen erreicht werden.

I. Begriffsbestimmungen, Abkürzungen

116

1. Was ist unter dem Begriff Binnenschifffahrtsfunk zu verstehen? ●●
   1. Internationaler Mobilfunk auf UKW- und UHF
   2. Für die Binnenschifffahrtsstraßen.

2. Was ist ein Verkehrskreis im Binnenschifffahrtsfunk ? ●
   Bestimmte Kanäle nur für bestimmte Zwecke.

3. Was ist eine Schiffsfunkstelle? ●
   Eine mobile FuSt des Binnenschifffahrtsfunks auf einem Schiff, das nicht dauernd festgemacht ist.

4. Was ist eine ortsfeste Funkstelle im Binnenschifffahrtsfunk? ●
   Eine LandFuSt, an Land betrieben.

(5. Was ist eine Seefunkstelle? ●)
   Eine mobile FuSt des Seefunks auf einem Schiff, das nicht dauernd festgemacht ist.

6. Was bedeutet Schleusenfunk und welchen Zwecken dient er? ●●
   1. Funken beim Schleusen
   2. Schleusenkanal im Verkehrskreis NIF.

7. Was ist eine Verkehrszentrale? ●●
   Eine zentrale LandFuSt.

8. Was ist ein Verkehrsposten und welchen Zwecken dient er? ●●●
   1. Funkzentrale (Niederlande, Belgien)
   2. Nimmt Anrufe aus der Schifffahrt entgegen (z. B. Notmeldungen) und informiert über den Zustand der Wasserstraßen.

9. Was ist ein Blockkanal und welchen Zwecken dient er? ●●●
   1. Funkkanal der Verkehrsposten (Niederlande, Belgien)
   2. Für die Sicherheit der Schifffahrt und den Schutz von Personen
   3. Für Schiff-Schiff-Verkehr und NIF.

10. Was bedeutet die Abkürzung NIF? ●
    Nautischer Informationsfunk.

11. Was bedeutet die Bezeichnung Verkehrskreis Öffentlicher Nachrichtenaustausch im Binnenschifffahrtsfunk? ●●
    Verbindung von Schiffen über LandFuSt mit dem öffentlichen Telefonnetz.

12. Was ist ein Routinegespräch (-verkehr)? ●
    Gespräch, das nicht zum Not-, Dringlichkeits- oder Sicherheitsverkehr gehört.

(13. Was sind Funkwellen? ●)
    Elektromagnetische Wellen. Sie breiten sich im freien Raum aus.

Fragen in Klammern werden Inhabern des UKW-Funkbetriebszeugnisses nicht gestellt.

(14. Was bedeutet die Abkürzung VHF? ●)
Very High Frequency (UKW).

(15. Was bedeutet die Abkürzung CH16 auf einer Funkanlage für den Binnenschifffahrtsfunk? ●)
Kanal 16.

16. Was bedeutet die Abkürzung ATIS? ●
Automatic Transmitter Identification System
(Automatisches Senderidentifizierungssystem).

17. Was ist ein ATIS-Killer? ●●
1. Eine Zusatzeinrichtung in der Funkanlage
2. Macht das ATIS-Signal unhörbar.

(18. Was bedeutet der Begriff Fernmeldegeheimnis? ●●)
1. Über den Inhalt einer Mitteilung schweigen
2. Und darüber, ob jemand am Funkverkehr
beteiligt war.

(19. Was bedeutet der Begriff Abhörverbot? ●●)
Verbot, Nachrichten für fremde FuSt abzuhören.

(20. Was bedeutet die Abkürzung GMDSS? ●)
Global Maritime Distress and Safety System
(Weltweites Seenot- und Sicherheitsfunksystem).

(21. Was bedeutet die Abkürzung MID? ●)
Maritime Identification Digits (Seefunkkennzahl).

(22. Was bedeutet die Abkürzung MMSI? ●)
Rufnummer im Seefunk
(Maritime Mobile Service Identity).

(23. Was verbirgt sich hinter der Abkürzung AIS? ●)
Automatisches Identifizierungssystem
(Seeschifffahrt).

24. Was bedeutet die Abkürzung MIB? ●
Melde- und Informationssystem in der Binnenschifffahrt.

25. Was bedeutet die Abkürzung ZKR? ●
Zentralkommission für die Rheinschifffahrt.

26. Was bedeutet die Abkürzung DK? ●
Donaukommission.

27. Was bedeutet die Abkürzung CARING? ●
Die französische Notruf- und Informationszentrale
in Gambsheim.

II. Grundkenntnisse

28. Nennen Sie drei Verkehrskreise des Binnenschifffahrtsfunks. ●●●
1. Schiff–Schiff
2. Nautische Information
3. Schiff–Hafenbehörde
4. Funkverkehr an Bord
5. Öffentlicher Nachrichtenaustausch (wenn angeboten).

29. Was ermöglicht der Binnenschifffahrtsfunk? ●●●
1. Funken zu bestimmten Zwecken
2. Auf vereinbarten Kanälen
3. Nach einem festgelegten Verfahren.

30. Werden auf allen Binnenwasserstraßen die Ver-
kehrskreise Nautische Information und/oder
Schiff–Hafenbehörde angeboten? ●
Nein.

31. Welchen Verkehrskreisen ist die Landfunkstelle
Millingen Sector zugeordnet und wie wird der

Die Punkte hinter jeder Frage geben die erreichbare Punktzahl an.

Kanal bezeichnet, auf dem sie den Funkverkehr abwickelt? ● ● ●

1. Schiff–Schiff
2. Nautische Information
3. Blockkanal (Niederlande).

32. Welchen Verkehrskreisen ist die Landfunkstelle Wijk bij Duurstede sector zugeordnet und wie wird der Kanal bezeichnet, auf dem sie den Funkverkehr abwickelt? ● ● ●

1. Schiff–Schiff
2. Nautische Information
3. Blockkanal (Niederlande).

33. Welchem Zweck dient der Verkehrskreis Schiff–Schiff? ●

Funken zwischen Schiffen.

118

34. Welche Nachrichten dürfen beispielsweise im Verkehrskreis Schiff–Schiff übermittelt werden? ● ● ●

1. Schutz von Personen
2. Fahrt oder
3. Sicherheit.

35. Auf welchem UKW-Kanal müssen Schiffsfunkstellen – unabhängig von dem befahrenen Streckenabschnitt – während der Fahrt ständig empfangsbereit sein? ●

Kanal 10.

36. Welcher Kanal muss während der Fahrt eines Schiffes abgehört werden, wenn Kanal 10 gestört ist oder weil dort z. B. Notverkehr abgewickelt wird? ●

Kanal 13.

37. Kann die längere Aussendung einer anderen Schiffsfunkstelle auf Kanal 10 z. B. für eigene Kursabsprachen jederzeit unterbrochen werden? ●

Nein, ggf. in Sprechpausen.

38. Welche Aufgaben umfasst der Nautische Informationsfunk (NIF)? ● ●

1. Schleusenfunk, Revierzentrale
2. Verkehrsposten, Blockkanäle.

39. Welchen Zwecken dient der Verkehrskreis Nautische Information? ● ● ●

Funken zwischen Schiffen und den Behörden, die für die Wasserstraßen zuständig sind.

40. Welche Nachrichten können beispielsweise im Verkehrskreis Nautische Information übermittelt werden? ● ● ●

1. Zustand der Wasserstraßen
2. Verkehrsberatung und   3. Verkehrslenkung.

41. Wie kann bei einer Schiffsfunkstelle die ununterbrochene Teilnahme am Verkehrskreis Nautische Information sichergestellt werden? ●

Zusätzliches Funkgerät.

42. Welchem Verkehrskreis ist die Revierzentrale Duisburg zugeordnet und wie lautet ihr Rufname? ● ●

1. Nautische Information (NIF)
2. Duisburg Revierzentrale.

43. Welchem Verkehrskreis ist die Landfunkstelle Iffezheim Schleuse zugeordnet? ●

Nautische Information.

44. Welchem Verkehrskreis ist die Landfunkstelle Gerstheim Ecluse zugeordnet? ●

Nautische Information.

Fragen in Klammern werden Inhabern des UKW-Funkbetriebszeugnisses nicht gestellt.

45. Welchem Verkehrskreis ist die Landfunkstelle Oberwesel Revierzentrale zugeordnet? •
Nautische Information.

46. Welchem Verkehrskreis ist die Landfunkstelle Drielsluis zugeordnet? •
Nautische Information.

47. Welche Nachrichten können beispielsweise im Verkehrskreis Schiff-Hafenbehörde übermittelt werden? ••
1. Zuweisung von Liegeplätzen
2. Einfahrt in den Hafen.

48. Welchem Zweck dient der Verkehrskreis Schiff-Hafenbehörde? ••
1. Funken zwischen Schiffen und Häfen
2. den Hafenbetrieb betreffend.

49. Welchem Verkehrskreis ist die Landfunkstelle Iffezheim Lotsenstation zugeordnet? •
Schiff–Hafen.

50. Welchem Verkehrskreis ist die Landfunkstelle Neuss Hafen zugeordnet? •
Schiff-Hafen.

51. Wie lautet der Rufname der zuständigen Landstation für den Hafen in Andernach? •
Andernach Hafen.

52. Welchem Zweck dient der Verkehrskreis Funkverkehr an Bord und welche Art von Geräten können dabei zum Einsatz kommen? ••
1. Funken an Bord und auf Verbänden zum Schiffsbetrieb
2. Tragbare Funkgeräte.

53. Welche UKW-Kanäle dürfen im Verkehrskreis Funkverkehr an Bord benutzt werden? ••
1. Kanal 15
2. Kanal 17.

54. Auf welchen Verkehrskreis und auf welche Kanäle ist die Verwendung tragbarer UKW-Funkanlagen im Binnenschifffahrtsfunk beschränkt? ••
1. Funkverkehr an Bord
2. Kanäle 15 und 17.

55. In welchem Verkehrskreis ist die Benutzung von tragbaren Funkanlagen gestattet? •
Funkverkehr an Bord.

56. Welche Fahrzeuggruppe darf nicht am Verkehrskreis Funkverkehr an Bord teilnehmen? •
Kleinfahrzeuge.

57. Dürfen tragbare Funkanlagen für den Binnenschifffahrtsfunk an Land betrieben werden? •
Nein.

58. Bieten Betreiber von öffentlichen Mobilfunknetzen in Deutschland auch den Verkehrskreis öffentlicher Nachrichtenaustausch an? •
Nein.

59. Wie ist die Rangfolge des Funkverkehrs im Binnenschifffahrtsfunk? ••
1. Notverkehr
2. Dringlichkeitsverkehr
3. Sicherheitsverkehr
4. Routineverkehr.

60. Welche Maßnahmen müssen Schiffsfunkstellen ergreifen, wenn sie eine an sie gerichtete Meldung empfangen haben? •
Empfang bestätigen.

119

Die Punkte hinter jeder Frage geben die erreichbare Punktzahl an.

61. Was hat eine Schiffsfunkstelle im Verkehr mit einer Landfunkstelle zu befolgen? •
Die Anweisungen.

62. Welche Anweisungen kann eine Landfunkstelle einer Schiffsfunkstelle beispielsweise erteilen? •••
1. Funkstille gebieten
2. Sendeleistung vermindern
3. Hörbereitschaft.

63. Welchen Zwecken dient im Binnenschifffahrtsfunk der UKW-Kanal 77? •
Nachrichten sozialer Art.

64. Auf welchem UKW-Kanal dürfen im Binnenschifffahrtsfunk Nachrichten sozialer Art ausgetauscht werden? •
Kanal 77.

65. Welche Aussendungen sind im Binnenschifffahrtsfunk keinesfalls gestattet?) •
Musik.

(66. Was ist bei Testsendungen zu beachten? •••)
1. Auf ein Mindestmaß beschränken, nicht länger als 10 Sekunden
2. Rufnamen der Funkstelle und „Test" sagen
3. Langsam und deutlich sprechen.

67. Senden tragbare UKW-Funkanlagen eine ATIS-Kennung aus? •
Ja.

(68. Welche vorbereitende Maßnahme ist vor jeder Aussendung im Binnenschifffahrtsfunk zu ergreifen? ••)
Mit der Rauschsperre (Squelch) sicherstellen, dass kein anderer Funkverkehr gestört wird.

69. Welche technischen Möglichkeiten können bei einer Schiffsfunkstelle vorhanden sein, um z. B. die späteren Ermittlungen im Zusammenhang mit Havarien zu erleichtern? ••
1. Aufzeichnungsgeräte
2. Vorzugsweise für die Kanäle 10 und 13.

70. Berechtigt ein UKW-Sprechfunkzeugnis für den Binnenschifffahrtsfunk (UBI) auch zur Teilnahme am mobilen Seefunkdienst auf bestimmten Wasserstraßen und welche sind das? ••
1. Ja
2. Zonen 1 bis 3.

71. Woraus besteht das Rufzeichen für eine deutsche Schiffsfunkstelle? ••
1. Zwei Buchstaben und vier Ziffern
2. Aus der Rufzeichenreihe für Deutschland.

72. Besitzt jede Schiffsfunkstelle ein eigenes Rufzeichen? •
Ja.

73. Welche Kennung müssen Schiffsfunkstellen in den Verkehrskreisen Schiff–Schiff, Nautische Information und Schiff–Hafenbehörde verwenden? •
Schiffsnamen.

74. Erhalten tragbare Funkanlagen für den Verkehrskreis Funkverkehr an Bord ein besonderes Rufzeichen zugeteilt? •
Nein.

75. Welches Rufzeichen verwenden die am mobilen Seefunkdienst teilnehmenden Seefunkstellen im Binnenschifffahrtsfunk? •
Ihr Rufzeichen aus dem Seefunk.

76. Welchen Rufnamen hat die Revierzentrale in Basel? •
Basel Revierzentrale.

77. In welchen Vorschriften ist die Ausrüstungspflicht mit Funkanlagen auf Binnenschiffen geregelt? •
Schifffahrtspolizeiverordnungen (SchPVO).

78. Woran kann man beim Befahren von Binnenwasserstraßen die Verpflichtung erkennen, auf bestimmte UKW-Kanäle zu schalten? •
Tafeln am Ufer zeigen die Kanäle an.

79. Welche Gewähr muss eine Schiffsfunkstelle auf einem funkausrüstungspflichtigen Schiff hinsichtlich der Empfangsbereitschaft bieten? ••
1. Gleichzeitig empfangsbereit sein.
2. In mindestens zwei Verkehrskreisen.

80. Welche internationalen Veröffentlichungen enthalten Vorschriften über die Funkbenutzungspflicht für Fahrzeuge auf bestimmten Binnenschifffahrtsstraßen? •
Handbuch Binnenschifffahrtsfunk (regionale Teile).

81. Was ist zu veranlassen, wenn ein Binnenschiff mit GMDSS-Funkeinrichtungen ausgerüstet sein muss? ••
1. Neubeschaffung einer zugelassenen UKW-Schiffsfunkstelle mit „K 70 GMDSS" oder
2. Zugelassene Umrüstung der vorhandenen Schiffsfunkanlage auf „K 70 GMDSS".

(82. Wer übt in Deutschland die Fernmeldehoheit aus? •)
Der Bund.

83. Dürfen Funkanlagen auf Binnenschiffen ohne Frequenzzuteilung betrieben werden? •
Nein.

84. Wer stellt in Deutschland die Frequenzzuteilungsurkunde für eine Schiffsfunkstelle aus? •
Bundesnetzagentur.

85. Nennen Sie mindestens drei Angaben, die eine Urkunde über die Frequenzzuteilung für eine Schiffsfunkstelle enthält? •••
1. Inhaber der Frequenzzuteilung
2. Name des Schiffes
3. Heimathafen/Registerort
4. Rufzeichen
5. ATIS-Nummer
6. Funkgeräte
7. Ggf. Bemerkungen
8. Datum der Ausstellung
9. Nebenbestimmungen
10. Hinweise.

(86. Wer kann die Frequenzzuteilung widerrufen? •)
Bundesnetzagentur.

(87. Gegen welches Gesetz verstößt der Betrieb einer Schiffsfunkstelle ohne Frequenzzuteilung? •)
TKG (Telekommunikationsgesetz).

88. Bedarf es einer zusätzlichen Frequenzzuteilung, wenn eine deutsche Schiffsfunkstelle Binnenwasserstraßen in Österreich befährt? Wenn nein, warum nicht? •
1. Nein.
2. Gegenseitige Anerkennung der Verwaltungen.

89. Wo muss sich die Frequenzzuteilungsurkunde für eine Schiffsfunkstelle befinden? •
Ständig an Bord.

90. Welche Behörde in Deutschland ist für die telekommunikationsrechtliche Überprüfung einer Schiffsfunkstelle zuständig? ●
Bundesnetzagentur.

91. Kann eine Schiffsfunkstelle vor der Inbetriebnahme durch die zuständige Behörde überprüft werden? ●
Ja.

92. Wen informiert die fremde zuständige Verwaltung, wenn Unregelmäßigkeiten bei der Prüfung einer in Deutschland beheimateten Schiffsfunkstelle festgestellt werden? ●
Bundesnetzagentur.

93. Wer ist bei Eignerwechsel eines Binnenschiffes, das mit einer Schiffsfunkstelle ausgerüstet ist, zu benachrichtigen? ●
Bundesnetzagentur.

94. Wer ist bei technischen Änderungen an einer Schiffsfunkstelle, z. B. beim Austausch der vorhandenen Funkgeräte durch andere Gerätetypen, zu informieren? ●
Bundesnetzagentur.

95. Wer kann die Einstellung des Betriebes einer Schiffsfunkstelle anordnen? ●
Bundesnetzagentur.

(96. Welches ist die Maßeinheit für elektromagnetische Schwingungen (Funkfrequenzen)? ●)
Hertz.

(97. Wie breiten sich die Ultrakurzwellen aus? ●)
Geradlinig, wie Licht.

(98. Welche Faktoren können die Ausbreitung der UKW-Frequenzen beeinflussen? ●●)
1. Wetter
2. Hindernisse, z. B. Berge oder Bauten.

99. Warum kann es zu betriebsbedingten Verständigungsschwierigkeiten zwischen Schiffsfunkstellen und Funkstellen des mobilen Seefunkdienstes kommen? ●
Weil Binnenschiffe auf bestimmten UKW-Kanälen nur mit reduzierter Leistung senden können.

100. Auf welchen Frequenzen wird der Binnenschifffahrtsfunk abgewickelt und wie wird dieser Frequenzbereich allgemein bezeichnet? ●●
1. 156 bis 174 MHz
2. UKW (VHF).

101. Dürfen die in der Regionalen Vereinbarung über den Binnenschifffahrtsfunk aufgeführten UKW-Kanäle uneingeschränkt in allen Ländern, die der Vereinbarung beigetreten sind, benutzt werden? Wenn nein, warum nicht? ●●
1. Nein
2. Weil die Verwaltungen Einschränkungen vornehmen dürfen.

102. Ist die Benutzung des UKW-Kanals 16 (156,8 MHz) im Binnenschifffahrtsfunk erlaubt? ●
Nein.

(103.Was bedeutet die Betriebsart Simplex? ●)
Wechselsprechen.

(104.Wie erfolgt die Verkehrsabwicklung in der Betriebsart Simplex? ●)
Abwechselnd senden und hören.

(105.Welchen betrieblichen Nachteil hat die Betriebsart Simplex? ●●)
Gleichzeitig senden und empfangen ist nicht
möglich.

(106.Was bedeutet die Betriebsart Duplex? ●)
Gegensprechen.

(107.Welche Vorteile bietet die Betriebsart Duplex
gegenüber der Betriebsart Simplex? ●●)
Gleichzeitig senden und hören möglich.

(108.Welche Bedingungen müssen für die Abwicklung
der Funkverbindung in der Betriebsart Semi-
Duplex erfüllt sein? ●●●)
1. Funken auf einem Duplex-Kanal
2. Eine FuSt verwendet Duplex
3. Die andere FuSt kann nur Simplex.

109. Ist die Verwendung des Digitalen Selektivrufs
(DSC) im Binnenschifffahrtsfunk erlaubt? ●
Nein.

(110.Welchem Zweck dient der UKW-Kanal 70 im
mobilen Seefunkdienst? ●)
Nur für DSC.

111. Ist die zeitlich abwechselnde Hörbereitschaft
(Dual watch) – auch Zweikanal-Überwachung
genannt – im Binnenschifffahrtsfunk zulässig
und wo ist das geregelt? ●●
1. Nein
2. Regionale Vereinbarung über Binnenschifffahrtsfunk.

112. Wie erfolgt die Leistungsreduzierung beim
Sendebetrieb einer Schiffsfunkstelle auf dem
UKW-Kanal 10? ●
Automatisch.

113. Zwischen welchen Werten darf die Ausgangs-
leistung der Funkanlage einer Schiffsfunkstelle,
die auf UKW-Kanal 10 sendet, liegen? ●●
0,5 bis 1 Watt.

114. Kann die automatisch reduzierte Sendeleistung
einer Schiffsfunkstelle auf bestimmten Kanälen
durch Handumschaltung (manuell) erhöht werden? ●
Nein.

115. Warum dürfen Seefunkstellen mit ihrer Seefunkanlage nicht am Binnenschifffahrtsfunk teilnehmen? ●●
1. Weil ein Seefunkgerät auf bestimmten Kanälen
nicht automatisch die Sendeleistung reduziert
2. Weil es keine ATIS-Kennung aussendet.

116. Wie setzt sich die ATIS-Nummer zusammen? ●●●
1. Zuerst die Ziffer 9
2. Dann die dreistellige Seefunkkennzahl (MID)
3. Dann 6 Ziffern (codiertes Rufzeichen).

117. Welchem Zweck dient die Aussendung einer
ATIS-Nummer? ●
Identifizierung des Schiffs.

118. Wann wird das ATIS-Signal ausgesendet? ●
Automatisch beim Loslassen der Sprechtaste.

119. Welche ATIS-Nummer verwenden tragbare
Funkanlagen? ●
Die ATIS-Nummer der Schiffsfunkstelle.

120. Welche Personen dürfen Schiffsfunkstellen bedienen oder beaufsichtigen? ●●
1. Inhaber eines gültigen Sprechfunkzeugnisses
für den Binnenschifffahrtsfunk oder

2. Eines anderen Funkzeugnisses, das zum Bedienen berechtigt.

121. Ist der Inhaber eines gültigen Allgemeinen Sprechfunkzeugnisses für den Seefunkdienst berechtigt, am Binnenschifffahrtsfunk teilzunehmen? Wenn ja, warum? ●●
1. Ja
2. Weil er die Kenntnisse in der Prüfung nachgewiesen hat.

122. Ist der Inhaber eines UKW-Sprechfunkzeugnisses für den Seefunkdienst berechtigt, am Binnenschifffahrtsfunk teilzunehmen?
Ja, wenn das Zeugnis gültig ist.

123. Berechtigt das UKW-Sprechfunkzeugnis für den Binnenschifffahrtsfunk (UBI) auch die Radaranlage an Bord eines Binnenschiffes zu bedienen? Wenn nein, warum nicht? ●●
Nein. Radarschiffer-Zeugnis erforderlich.

124. Berechtigt ein Amateurfunkzeugnis zur Teilnahme am Binnenschifffahrtsfunk? ●
Nein.

125. Dürfen Amateurfunkstellen an Bord von Binnenschiffen, die mit einer Schiffsfunkstelle ausgerüstet sind, betrieben werden? ●
Bei Zustimmung des Schiffsführers ja.

126. Welche Bedingungen müssen beim Betrieb einer Amateurfunkstelle an Bord eines Binnenschiffes, das mit einer Schiffsfunkstelle ausgerüstet ist, eingehalten werden? ●
Keine Störungen bei der Schiffsfunkstelle oder anderen technischen Einrichtungen verursachen.

127. Darf ein Mobilfunkgerät (Handy) an Bord eines Binnenschiffes, das mit einer Schiffsfunkstelle ausgerüstet sein muss, uneingeschränkt betrieben werden? ●●
1. Ja
2. Wenn keine Störungen verursacht werden.

128. Welches Gesetz (außer Grundgesetz) in Deutschland enthält die Regelungen über das Fernmeldegeheimnis und das Abhörverbot? ●)
TKG (Telekommunikationsgesetz).

129. Welche Vorkommnisse der Telekommunikation (Funkverkehr) im Binnenschifffahrtsfunk unterliegen dem Fernmeldegeheimnis? ●●●)
1. Inhalt des Funkverkehrs
2. Nähere Umstände
3. Ob jemand am Funkverkehr beteiligt war.

130. Welche Nachrichten dürfen von einer Schiffsfunkstelle abgehört werden? ●●●
1. Informationen an alle Funkstellen
2. Wettermeldungen
3. Informationen zur Fahrt (z. B. Kursabsprachen).

131. Welche Folgen kann die Verletzung des Fernmeldegeheimnisses haben? ●)
Sie können strafrechtlich verfolgt werden.

132. Wer kann von der Pflicht zur Wahrung des Fernmeldegeheimnisses entbinden? ●)
Nur ein Richter.

133. Welche internationale Organisation erstellt Regelungen (Empfehlungen) für die Donauschifffahrt und wo hat sie ihren Sitz? ●
Donaukommission, Budapest.

124

134. Welche internationale Organisation erstellt Regelungen für die Rheinschifffahrt und wo hat sie ihren Sitz? ●
  1. Zentralkommission für die Rheinschifffahrt
  2. Straßburg.

135. Welche internationalen Organisationen geben das Handbuch Binnenschifffahrtsfunk heraus? ● ●
  1. Zentralkommission für die Rheinschifffahrt
  2. Donaukommission.

136. Aus welchen beiden Teilen besteht das Handbuch Binnenschifffahrtsfunk? ● ●
  1. Allgemeiner Teil
  2. Regionale Teile.

137. Welche Teile des Handbuchs Binnenschifffahrtsfunk müssen bei einer Schiffsfunkstelle mitgeführt werden? ● ●
  1. Allgemeiner Teil
  2. Regionale Teile für die befahrenen Strecken.

138. Welcher Teil des Handbuchs für den Binnenschifffahrtsfunk enthält die Regelungen über seine Abwicklung? ●
  Allgemeiner Teil.

139. Welcher Teil des Handbuchs für den Binnenschifffahrtsfunk enthält Angaben über die Verkehrskreise im Binnenschifffahrtsfunk? ●
  Allgemeiner Teil.

140. Welches Verzeichnis führt die UKW-Kanäle auf, die im Binnenschifffahrtsfunk in bestimmten Regionen benutzt werden dürfen? ●
  Handbuch Binnenschifffahrtsfunk (regionale Teile).

141. Welche Teile des Handbuchs Binnenschifffahrtsfunk enthalten die Regelungen für die Benutzung von UKW-Kanälen in den Ländern, die der Vereinbarung beigetreten sind? ●
  Die Regionalen Teile.

142. Ist in deutschen Hoheitsgewässern die Benutzung von Kurzwellenfrequenzen für die Abwicklung des Binnenschifffahrtsfunks erlaubt? ●
  Nein.

143. Welche Verwaltungsvereinbarung enthält die grundsätzlichen Regelungen für den Binnenschifffahrtsfunk in Europa? ●
  Regionale Vereinbarung über Binnenschifffahrtsfunk.

144. Welche Vereinbarung berechtigt die zuständige Verwaltung eines Landes, in dem sich z. B. das Binnenschiff vorübergehend befindet, die Vorlage der Urkunde über die Frequenzzuteilung zu verlangen? ● ●
  Regionale Vereinbarung über Binnenschifffahrtsfunk.

145. Welche Vereinbarung enthält die grundsätzlichen Regelungen für die Überprüfung einer Schiffsfunkstelle im Ausland, z. B. die Überprüfung einer deutschen Schiffsfunkstelle in Rumänien? ●
  Regionale Vereinbarung über Binnenschifffahrtsfunk.

146. Kann die zuständige Verwaltung eines Landes, in dem sich das Binnenschiff vorübergehend befindet, von der Bedienungsperson einer Schiffsfunkstelle die Vorlage des Funkzeugnisses verlangen? ●
  Ja.

147. Darf die zuständige Verwaltung eines Landes, in dem sich z. B. das Binnenschiff vorübergehend befindet, von dem Bedienungspersonal einer

125

Schiffsfunkstelle den Nachweis der beruflichen Kenntnisse verlangen, obwohl ein entsprechendes Funkzeugnis vorgelegt worden ist? Wenn ja, welche Kenntnisse? •
Nein.

148. Ist der Inhaber eines in Deutschland erworbenen UKW-Sprechfunkzeugnisses für den Binnenschifffahrtsfunk (UBI) berechtigt, an diesem Funkdienst in den Niederlanden teilzunehmen? Wenn ja, warum? ••
1. Ja
2. Weil Funkzeugnisse gegenseitig anerkannt werden.

(149.Dürfen Inhaber eines UKW-Sprechfunkzeugnisses (UBI) am weltweiten Seenot- und Sicherheitsfunksystem (GMDSS) teilnehmen? Wenn ja, in welchen Seegebieten? •)
Nein.

150. Kann eine Schiffsfunkstelle auch nach ihrer Inbetriebnahme durch die zuständige Behörde überprüft werden? •
Ja.

151. Welche Verordnung enthält unter anderem grundsätzliche Bestimmungen über den Sprechfunk auf dem Rhein? •
Rheinschifffahrtspolizeiverordnung.

152. Welche Verordnung enthält unter anderem grundsätzliche Bestimmungen über den Sprechfunk auf der Mosel? •
Moselschifffahrtspolizeiverordnung.

153. Worin ist grundsätzlich festgelegt, welche Sprache im Binnenschifffahrtsfunk auf einer bestimmten Wasserstraße zu benutzen ist? •
In der betreffenden Schifffahrtspolizeiverordnung.

154. Welche Sprache muss bei Verbindungen zwischen Schiffsfunkstellen und Landfunkstellen benutzt werden? •
Die Sprache der LandFuSt.

155. Welche Sprache muss zwischen Schiffsfunkstellen in einem Land benutzt werden, in dem sie sich vorübergehend befinden? •
Sprache des Landes, in dem sie sich befinden.

156. Welche Sprachen können bei Verständigungsschwierigkeiten benutzt werden, falls keine Schifffahrtspolizeiverordnung besteht, die die Verwendung einer bestimmten Sprache vorschreibt? •••
1. Deutsch
2. Französisch
3. Eine andere Sprache.

157. Was ist unter Meldepflicht für bestimmte Fahrzeuge zu verstehen? ••
1. Gilt für Gefahrgut- und Sondertransporte
2. Auf bestimmten Wasserstraßen.

(158.Wozu dient die Buchstabiertafel (Anhang 14 der Vollzugsordnung für den Funkdienst) im Binnenschifffahrtsfunk? ••)
1. Mit der Buchstabiertafel können Wörter buchstabiert werden
2. Schlüsselwörter für Ziffern können ebenfalls benutzt werden.

159. Eine niederländische Schiffsfunkstelle sendet folgende Information auf Kanal 10: „Ik schakel over naar kanaal 13." Was will die Schiffsfunkstelle damit ankündigen? •
Ich schalte um auf UKW-Kanal 13.

160. Eine belgische Schiffsfunkstelle sendet folgende Information auf Kanal 10: „Mijn roer is defect." Was will die Schiffsfunkstelle damit ausdrücken? •
Mein Ruder ist defekt.

161. Eine niederländische Schiffsfunkstelle sendet folgende Information auf Kanal 10: „Ik zit aan de grond." Wie lautet die Übersetzung dieser Information in Deutsch? •
Ich sitze auf Grund (festgefahren).

162. Eine niederländische Schiffsfunkstelle sendet folgende Information auf Kanal 10: „Man over boord, stoppen met varen." Was bedeutet dies in Deutsch? •
Mann über Bord, Fahrt stoppen.

163. Eine französische Schiffsfunkstelle sendet folgende Information auf Kanal 10: „Ma machine est en panne." Was will die Schiffsfunkstelle damit ausdrücken? •
Meine Maschine ist ausgefallen.

164. Eine französische Schiffsfunkstelle sendet folgende Information auf Kanal 10: „Collision au kilomètre 374." Worüber wird informiert? •
Kollision bei Kilometer 374.

165. Eine französische Landfunkstelle im Verkehrskreis Schiff-Hafenbehörde verbreitet eine Meldung, die unter anderem folgende Aussage enthält: „Le port (Name) est fermé." Was bedeutet dies? •
Der Hafen (Name) ist gesperrt.

166. Eine belgische Schiffsfunkstelle sendet folgende Information auf Kanal 10: „Ik ben zinkende en heb onmiddelijk hulp nodig." Was will die Schiffsfunkstelle mitteilen? •
Ich sinke und habe unmittelbare Hilfe nötig.

167. Eine belgische Schiffsfunkstelle sendet folgende Information auf Kanal 10: „Mijn motor is uitgevallen." Was bedeutet dies auf Deutsch? •
Mein Motor ist ausgefallen.

168. Eine niederländische Schiffsfunkstelle sendet folgende Information auf Kanal 10: „Mijn radar is defect." Was will die Schiffsfunkstelle mitteilen? •
Mein Radar ist defekt.

(III. Not, Dringlichkeit, und Sicherheit)

(169. Wie heißt das Notzeichen im Sprechfunk? •)
Mayday.

(170. In welchen Fällen muss ein Notverkehr im Binnenschifffahrtsfunk eingeleitet werden? ••)
1. Bei unmittelbarer Gefahr für Mensch oder Schiff
2. Um eine Gefahr an Land abzuwenden.

(171. Welche Funkstellen sind zur Einleitung von Rettungsmaßnahmen vorzugsweise anzurufen? •)
Revierzentralen (NIF).

(172. Woraus besteht das Dringlichkeitszeichen im Sprechfunk? •)
Pan Pan
Im Dringlichkeitsanruf dreimal sprechen.

127

(173. Wann liegt ein Dringlichkeitsfall vor?　　● ●)
1. Wenn die Sicherheit der Besatzung oder
2. Wenn die Sicherheit des Schiffes betroffen ist.

(174. Welche Meldungen können beispielsweise mit dem Dringlichkeitszeichen angekündigt werden?　　● ●)
1. Krankheiten (ohne Lebensgefahr)
2. Schäden ohne unmittelbare Gefahr.

(175. Wie lautet das Sicherheitszeichen im Sprechfunk?　　●)
Sécurité.

(176. Welche Meldungen werden mit dem Sicherheitszeichen Sécurité angekündigt?　　● ●)
1. Wichtige nautische Warnungen
2. Wichtige Wetterwarnungen.

(177. Was wird als Sicherheitsmeldung bezeichnet?　●)
Eine wichtige nautische Warnung oder eine wichtige Wetterwarnung.

(178. Welcher UKW-Kanal ist im mobilen Seefunkdienst für die Abwicklung von Not-, Dringlichkeits- und Sicherheitsverkehr vorgesehen?　　●)
Kanal 16.

(IV. Technik)

(179. In welcher Maßeinheit wird die elektrische Spannung gemessen?　　●)
Volt.

(180. Wie kann die elektrische Spannung gemessen werden?　　●)
Spannungsmesser (Vielfachinstrument).

(181. In der Bedienungsanleitung für eine UKW-Funkanlage findet sich u. a. die Angabe: „Betriebsspannung 10,8 – 14,6 V=". Was bedeutet dies?　● ●)
Die Anlage kann mit einer Gleichspannung zwischen 10,8 und 14,6 Volt betrieben werden.

(182. In welcher Maßeinheit wird der elektrische Strom gemessen?　　●)
Ampere.

(183. Wie kann der elektrische Strom gemessen werden?　　●)
Strommesser (Vielfachinstrument).

(184. In der Bedienungsanleitung für ein UKW-Funkgerät findet sich u. a. die Angabe: „Stromverbrauch im Standby-Betrieb 0,3 A." Was bedeutet dies?　● ●)
Das Funkgerät verbraucht 0,3 Ampere (Standby).

(185. In der Bedienungsanleitung für eine UKW-Funkanlage findet sich u. a. die Angabe: „Stromverbrauch im Sende-Modus zwischen 3A und 8A." Was bedeutet dies?　　● ●)
1. Das Funkgerät verbraucht beim Senden 3 bis 8 Ampere.
2. Entsprechende Stromquelle nötig.

(186. In welcher Maßeinheit wird die elektrische Leistung gemessen?　　●)
Watt.

187. Eine Landfunkstelle im Verkehrskreis Nautische Information bittet die anrufende Segelyacht ihre Sendeleistung zu erhöhen, um die Verständlichkeit zu verbessern. Nach Umschaltung auf die höchste Leistungsstufe von 25 Watt kann die Landfunkstelle die Segelyacht überhaupt nicht mehr empfangen. Was könnte die wahrscheinlichste Ursache dafür sein?   ●●●)
   1. Die Batterie ist entladen.
   2. Die Spannung sinkt bei höherer Belastung unter den Wert, der für die Funkanlage erforderlich ist.

188. Wie heißt die Maßeinheit für den elektrischen Widerstand?   ●)
   Ohm.

189. Welche technischen Anforderungen müssen Funkanlagen erfüllen, die im Binnenschifffahrtsfunk eingesetzt werden?   ●●●)
   1. Typenzulassung oder
   2. Anerkennung gemäß EU-Richtlinie (99/5/EG).

190. Welchen Einfluss hat die Antennenhöhe auf die Reichweite einer Schiffsfunkstelle?   ●)
   Je höher die Antenne, desto größer die Reichweite.

191. Was muss bei der Anbringung der UKW-Antenne einer Schiffsfunkstelle beachtet werden?   ●●●)
   1. Möglichst hoch anbringen
   2. Nicht in der Nähe von Metall
   3. Berührungssicher anbringen.

192. Der Empfang auf einem UKW-Kanal wird durch ein unregelmäßiges Knacken zeitweise unterbrochen. Welche Ursachen sind möglich?   ●●)
   1. Defekte Antenne oder Zuleitung
   2. Schadhafte Stecker oder Kabel.

193. Die UKW-Antenne einer Schiffsfunkstelle ist durch Fremdeinwirkung mechanisch stark beschädigt worden; sollte die Antenne trotzdem weiter benutzt werden? Wenn nein, welche Maßnahmen sind zu ergreifen?   ●●●)
   1. Nein
   2. Antenne umgehend auswechseln, da der Sender beschädigt werden könnte.

194. Die Antennenzuleitung (Antennenkabel) ist an einer Stelle durchgescheuert. Was ist zu tun? ●●)
   1. Umgehend erneuern
   2. Ursache beseitigen.

195. Eine Schiffsfunkstelle empfängt auf allen UKW-Kanälen nur starkes Rauschen. Was könnte die mögliche Ursache für die Störung sein. Welche Maßnahmen sind zu ergreifen?   ●●)
   1. Antenne oder Kabel beschädigt
   2. Von Fachleuten überprüfen lassen.

196. Die defekte UKW-Antenne bei einer Schiffsfunkstelle soll durch eine Ersatzantenne vorübergehend ausgetauscht werden. Worauf ist dabei besonders zu achten?   ●)
   Ersatzantenne muss für 156 – 174 MHz ausgelegt sein.

197. Welche Folgen kann das Senden ohne oder mit defekter Antenne für die Funkanlage haben?   ●)
   Funkanlage kann beschädigt oder zerstört werden.

198. Die Antennenzuleitung ist defekt. Kann sie ohne weiteres z. B. durch ein gewöhnliches Netzkabel, wie das auf einer Kabeltrommel, ersetzt werden?   ●●)
   1. Nein
   2. Netzkabel könnte Störungen verursachen.

129

Prüfungsfragebogen 1 [1]

(1. Was ist unter dem Begriff Binnenschifffahrtsfunk zu verstehen? ●●)

2. Was ist ein Verkehrskreis? ●

6. Was bedeutet Schleusenfunk und welchen Zwecken dient er? ●●

8. Was ist ein Verkehrsposten und welchen Zwecken dient er? ●●●

11. Was bedeutet die Bezeichnung Verkehrskreis Öffentlicher Nachrichtenaustausch im Binnenschifffahrtsfunk? ●●

(20. Was bedeutet die Abkürzung GMDSS? ●)

(27. Was bedeutet die Abkürzung CARING? ●)

30. Werden auf allen Binnenwasserstraßen die Verkehrskreise Nautische Information und/oder Schiff–Hafenbehörde angeboten? ●

33. Welchem Zweck dient der Verkehrskreis Schiff–Schiff? ●

(43. Welchem Verkehrskreis ist die Landfunkstelle Iffezheim Schleuse zugeordnet? ●)

49. Welchem Verkehrskreis ist die Landfunkstelle Iffezheim Lotsenstation zugeordnet? ●

60. Welche Maßnahmen müssen Schiffsfunkstellen ergreifen, wenn sie eine an sie gerichtete Meldung empfangen haben? ●

---

[1] siehe Hinweis auf Seite 136

65. Welche Aussendungen sind im Binnenschifffahrtfunk keinesfalls gestattet? ●

72. Besitzt jede Schiffsfunkstelle ein eigenes Rufzeichen? ●

(82. Wer übt in Deutschland die Fernmeldehoheit aus? ●)

(98. Welche Faktoren können die Ausbreitung der UKW-Frequenzen beeinflussen? ●●)

(103. Was bedeutet die Betriebsart Simplex? ●)

117. Welchem Zweck dient die Aussendung einer ATIS-Nummer? ●

(129. Welche Vorkommnisse der Telekommunikation (Funkverkehr) im Binnenschifffahrtsfunk unterliegen dem Fernmeldegeheimnis? ●●●)

135. Welche internationalen Organisationen geben das Handbuch Binnenschifffahrtsfunk heraus? ●●

148. Ist der Inhaber eines in Deutschland erworbenen UKW-Sprechfunkzeugnisses für den Binnenschifffahrtsfunk (UBI) berechtigt, an diesem Funkdienst in den Niederlanden teilzunehmen? Wenn ja, warum? ●●

156. Welche Sprachen können bei Verständigungsschwierigkeiten benutzt werden, falls keine Schifffahrtspolizeiverordnung besteht, die die Verwendung einer bestimmten Sprache vorschreibt? ●●●

157. Was ist unter Meldepflicht für bestimmte Fahrzeuge zu verstehen? ●●

159. Eine niederländische Schiffsfunkstelle sendet folgende Information auf Kanal 10: „Ik schakel over naar kanaal 13." Was will die Schiffsfunkstelle damit ankündigen? •

169. Wie heißt das Notzeichen im Sprechfunk? •)

171. Welche Funkstellen sind zur Einleitung von Rettungsmaßnahmen vorzugsweise anzurufen? •)

174. Welche Meldungen können beispielsweise mit dem Dringlichkeitszeichen angekündigt werden? ••)

176. Welche Meldungen werden mit dem Sicherheitszeichen Sécurité angekündigt? ••)

179. In welcher Maßeinheit wird die elektrische Spannung gemessen? •)

183. Wie kann der elektrische Strom gemessen werden? •)

189. Welche technischen Anforderungen müssen Funkanlagen erfüllen, die im Binnenschifffahrtsfunk eingesetzt werden? ••)

191. Was muss bei der Anbringung der UKW-Antenne einer Schiffsfunkstelle beachtet werden? •••)

192. Der Empfang auf einem UKW-Kanal wird durch ein unregelmäßiges Knacken zeitweise unterbrochen. Welche Ursachen sind möglich? ••)

196. Die defekte UKW-Antenne bei einer Schiffsfunkstelle soll durch eine Ersatzantenne vorübergehend ausgetauscht werden. Worauf ist dabei besonders zu achten? •)

Prüfungsfragebogen 2

(1. Was ist unter dem Begriff Binnenschifffahrtsfunk zu verstehen? ••)

(3. Was ist eine Schiffsfunkstelle? •)

6. Was bedeutet Schleusenfunk und welchen Zwecken dient er? ••

9. Was ist ein Blockkanal und welchen Zwecken dient er? •••

12. Was ist ein Routinegespräch (-verkehr)? •

17. Was ist ein ATIS-Killer? ••

(26. Was bedeutet die Abkürzung DK? •)

31. Welchen Verkehrskreisen ist die Landfunkstelle Millingen Sector zugeordnet und wie wird der Kanal bezeichnet, auf dem sie den Funkverkehr abwickelt? •••

38. Welche Aufgaben umfasst der Nautische Informationsfunk (NIF)? ••

55. In welchem Verkehrskreis ist die Benutzung von tragbaren Funkanlagen gestattet? •

59. Wie ist die Rangfolge des Funkverkehrs im Binnenschifffahrtsfunk? ••

(63. Welchen Zwecken dient im Binnenschifffahrtsfunk der UKW-Kanal 77? •)

73. Welche Kennung müssen Schiffsfunkstellen in den Verkehrskreisen Schiff–Schiff, Nautische Information und Schiff–Hafenbehörde verwenden? •

77. In welchen Vorschriften ist die Ausrüstungspflicht mit Funkanlagen auf Binnenschiffen geregelt? ●

83. Dürfen Funkanlagen auf Binnenschiffen ohne Frequenzzuteilung betrieben werden? ●

(96. Welches ist die Maßeinheit für elektromagnetische Schwingungen (Funkfrequenzen)? ●)

109. Ist die Verwendung des Digitalen Selektivrufs (DSC) im Binnenschifffahrtsfunk erlaubt? ●

112. Wie erfolgt die Leistungsreduzierung beim Sendebetrieb einer Schiffsfunkstelle auf dem UKW-Kanal 10? ●

(122. Ist der Inhaber eines UKW-Sprechfunkzeugnisses für den Seefunkdienst berechtigt, am Binnenschifffahrtsfunk teilzunehmen? ●)

(130. Welche Nachrichten dürfen von einer Schiffsfunkstelle abgehört werden? ●●●)

136. Aus welchen beiden Teilen besteht das Handbuch Binnenschifffahrtsfunk? ●●

143. Welche Verwaltungsvereinbarung enthält die grundsätzlichen Regelungen für den Binnenschifffahrtsfunk in Europa? ●

(158. Wozu dient die Buchstabiertafel (Anhang 14 der Vollzugsordnung für den Funkdienst) im Binnenschifffahrtsfunk? ●●)

160. Eine belgische Schiffsfunkstelle sendet folgende Information auf Kanal 10: „Mijn roer is defect." Was will die Schiffsfunkstelle damit ausdrücken? ●

(170. In welchen Fällen muss ein Notverkehr im Binnenschifffahrtsfunk eingeleitet werden? ●●)

(172. Woraus besteht das Dringlichkeitszeichen im Sprechfunk? ●)

(176.Welche Meldungen werden mit dem Sicherheitszeichen Sécurité angekündigt? ●●)

(178.Welcher UKW-Kanal ist im mobilen Seefunkdienst für die Abwicklung von Not-, Dringlichkeits- und Sicherheitsverkehr vorgesehen? ●)

(180.Wie kann die elektrische Spannung gemessen werden? ●)

(187.Eine Landfunkstelle im Verkehrskreis Nautische Information bittet die anrufende Segelyacht ihre Sendeleistung zu erhöhen, um die Verständlichkeit zu verbessern. Nach Umschaltung auf die höchste Leistungsstufe von 25 Watt kann die Landfunkstelle die Segelyacht überhaupt nicht mehr empfangen. Was könnte die wahrscheinlichste Ursache dafür sein? ●●)

(188.Wie heißt die Maßeinheit für den elektrischen Widerstand? ●)

(191.Was muss bei der Anbringung der UKW-Antenne einer Schiffsfunkstelle beachtet werden? ●●●)

(192.Der Empfang auf einem UKW-Kanal wird durch ein unregelmäßiges Knacken zeitweise unterbrochen. Welche Ursachen sind möglich? ●●)

(196.Die defekte UKW-Antenne bei einer Schiffsfunkstelle soll durch eine Ersatzantenne vorübergehend ausgetauscht werden. Worauf ist dabei besonders zu achten? ●)

Prüfungsfragebogen 3 [1]

1. Was ist unter dem Begriff Binnenschifffahrtsfunk zu verstehen? ●●

(4. Was ist eine ortsfeste Funkstelle im Binnenschifffahrtsfunk? ●)

6. Was bedeutet Schleusenfunk und welchen Zwecken dient er? ●●

8. Was ist ein Verkehrsposten und welchen Zwecken dient er? ●●●

(13. Was sind Funkwellen? ●)

(17. Was ist ein ATIS-Killer? ●●)

25. Was bedeutet die Abkürzung ZKR? ●

28. Nennen Sie drei Verkehrskreise des Binnenschifffahrtsfunks. ●●●

37. Kann die längere Aussendung einer anderen Schiffsfunkstelle auf Kanal 10 z. B. für eigene Kursabsprachen jederzeit unterbrochen werden? ●

42. Welchem Verkehrskreis ist die Revierzentrale Duisburg zugeordnet und wie lautet ihr Rufname? ●●

50. Welchem Verkehrskreis ist die Landfunkstelle Neuss Hafen zugeordnet? ●

67. Senden tragbare UKW-Funkanlagen eine ATIS-Kennung aus? ●

---

1 siehe Hinweis auf Seite 136

74. Erhalten tragbare Funkanlagen für den Verkehrskreis Funkverkehr an Bord ein besonderes Rufzeichen zugeteilt? ●

84. Wer stellt in Deutschland die Frequenzzuteilungsurkunde für eine Schiffsfunkstelle aus? ●

(97. Wie breiten sich die Ultrakurzwellen aus? ●)

(104. Wie erfolgt die Verkehrsabwicklung in der Betriebsart Simplex? ●)

(110. Welchem Zweck dient der UKW-Kanal 70 im mobilen Seefunkdienst? ●)

118. Wann wird das ATIS-Signal ausgesendet? ●

(121. Ist der Inhaber eines gültigen Allgemeinen Sprechfunkzeugnisses für den Seefunkdienst berechtigt, am Binnenschifffahrtsfunk teilzunehmen? Wenn ja, warum? ●●)

(129. Welche Vorkommnisse der Telekommunikation (Funkverkehr) im Binnenschifffahrtsfunk unterliegen dem Fernmeldegeheimnis? ●●●)

138. Welcher Teil des Handbuchs für den Binnenschifffahrtsfunk enthält die Regelungen über seine Abwicklung? ●

148. Ist der Inhaber eines in Deutschland erworbenen UKW-Sprechfunkzeugnisses für den Binnenschifffahrtsfunk (UBI) berechtigt, an diesem Funkdienst in den Niederlanden teilzunehmen?
Wenn ja, warum? ●●

157. Was ist unter Meldepflicht für bestimmte Fahrzeuge zu verstehen? ●●

133

161. Eine niederländische Schiffsfunkstelle sendet folgende Information auf Kanal 10: "Ik zit aan de grond." Wie lautet die Übersetzung dieser Information in Deutsch? ●

(170. In welchen Fällen muss ein Notverkehr im Binnenschifffahrtsfunk eingeleitet werden? ●●)

(173. Wann liegt ein Dringlichkeitsfall vor? ●●)

(175. Wie lautet das Sicherheitszeichen im Sprechfunk? ●)

(178. Welcher UKW-Kanal ist im mobilen Seefunkdienst für die Abwicklung von Not-, Dringlichkeits- und Sicherheitsverkehr vorgesehen? ●)

(181. In der Bedienungsanleitung für eine UKW-Funkanlage findet sich u. a. die Angabe: „Betriebsspannung 10,8 – 14,6 V=". Was bedeutet dies? ●●)

(186. In welcher Maßeinheit wird die elektrische Leistung gemessen? ●)

(190. Welchen Einfluss hat die Antennenhöhe auf die Reichweite einer Schiffsfunkstelle? ●)

(191. Was muss bei der Anbringung der UKW-Antenne einer Schiffsfunkstelle beachtet werden? ●●●)

(194. Die Antennenzuleitung (Antennenkabel) ist an einer Stelle durchgescheuert. Was ist zu tun? ●●)

(197. Welche Folgen kann das Senden ohne oder mit defekter Antenne für die Funkanlage haben? ●)

134

Prüfungsfragebogen 4 [1]

1. Was ist unter dem Begriff Binnenschifffahrtsfunk zu verstehen? ●●

(5. Was ist eine Seefunkstelle? ●)

7. Was ist eine Verkehrszentrale? ●●

9. Was ist ein Blockkanal und welchen Zwecken dient er? ●●●

(14. Was bedeutet die Abkürzung VHF? ●)

(18. Was bedeutet der Begriff Fernmelde-geheimnis? ●●)

26. Was bedeutet die Abkürzung DK? ●

29. Was ermöglicht der Binnenschifffahrtsfunk? ●●●

35. Auf welchem UKW-Kanal müssen Schiffsfunkstellen – unabhängig von dem befahrenen Streckenabschnitt – während der Fahrt ständig empfangsbereit sein? ●

(39. Welchen Zwecken dient der Verkehrskreis Nautische Information? ●●●)

51. Wie lautet der Rufname der zuständigen Landstation für den Hafen in Andernach? ●

58. Bieten Betreiber von öffentlichen Mobilfunknetzen in Deutschland auch den Verkehrskreis öffentlicher Nachrichtenaustausch an? ●

[1] siehe Hinweis auf Seite 136

64. Auf welchem UKW-Kanal dürfen im Binnenschifffahrtsfunk Nachrichten sozialer Art ausgetauscht werden? ●

70. Berechtigt ein UKW-Sprechfunkzeugnis für den Binnenschifffahrtsfunk (UBI) auch zur Teilnahme am mobilen Seefunkdienst auf bestimmten Wasserstraßen und welche sind das? ●●

75. Welches Rufzeichen verwenden die am mobilen Seefunkdienst teilnehmenden Seefunkstellen im Binnenschifffahrtsfunk? ●

(86. Wer kann die Frequenzzuteilung widerrufen? ●)

99. Warum kann es zu betriebsbedingten Verständigungsschwierigkeiten zwischen Schiffsfunkstellen und Funkstellen des mobilen Seefunkdienstes kommen? ●

(105. Welchen betrieblichen Nachteil hat die Betriebsart Simplex? ●●)

(114.Kann die automatisch reduzierte Sendeleistung einer Schiffsfunkstelle auf bestimmten Kanälen durch Handumschaltung (manuell) erhöht werden? ●)

120. Welche Personen dürfen Schiffsfunkstellen bedienen oder beaufsichtigen? ●●

(128.Welches Gesetz (außer Grundgesetz) in Deutschland enthält die Regelungen über das Fernmeldegeheimnis und das Abhörverbot? ●)

136. Aus welchen beiden Teilen besteht das Handbuch Binnenschifffahrtsfunk? ●●

147. Darf die zuständige Verwaltung eines Landes, in dem sich z. B. das Binnenschiff vorübergehend befindet, von dem Bedienungspersonal einer Schiffsfunkstelle den Nachweis der beruflichen Kenntnisse verlangen, obwohl ein entsprechendes Funkzeugnis vorgelegt worden ist? Wenn ja, welche Kenntnisse? ●

162.Eine niederländische Schiffsfunkstelle sendet folgende Information auf Kanal 10: „Man over boord, stoppen met varen." Was bedeutet dies in Deutsch? ●

(169.Wie heißt das Notzeichen im Sprechfunk? ●)

(170.In welchen Fällen muss ein Notverkehr im Binnenschifffahrtsfunk eingeleitet werden? ●●)

135

(174.Welche Meldungen können beispielsweise mit dem Dringlichkeitszeichen angekündigt werden? ●●)

(177. Was wird als Sicherheitsmeldung bezeichnet? ●)

(182.In welcher Maßeinheit wird der elektrische Strom gemessen? ●)

(187. Eine Landfunkstelle im Verkehrskreis Nautische Information bittet die anrufende Segelyacht ihre Sendeleistung zu erhöhen, um die Verständlichkeit zu verbessern. Nach Umschaltung auf die höchste Leistungsstufe von 25 Watt kann die Landfunkstelle die Segelyacht überhaupt nicht mehr empfangen. Was könnte die wahrscheinlichste Ursache dafür sein? ●●)

(188. Wie heißt die Maßeinheit für den elektrischen Widerstand? ●)

(191. Was muss bei der Anbringung der UKW-Antenne einer Schiffsfunkstelle beachtet werden? ●●●)

(195. Eine Schiffsfunkstelle empfängt auf allen UKW-Kanälen nur starkes Rauschen. Was könnte die mögliche Ursache für die Störung sein. Welche Maßnahmen sind zu ergreifen? ●●)

(196. Die defekte UKW-Antenne bei einer Schiffsfunkstelle soll durch eine Ersatzantenne vorübergehend ausgetauscht werden. Worauf ist dabei besonders zu achten? ●)

[1] **Hinweis:** Inhaber des UKW-Funkbetriebszeugnisses (SRC) oder des Allgemeinen Funkbetriebszeugnisses (LRC) brauchen nur eine vereinfachte Zusatzprüfung abzulegen. Sie erhalten einen verkürzten Fragebogen, bestehend aus 16 Fragen. Die eingeklammerten Fragen werden dann nicht gestellt.

Prüfungsfragebogen 5 [1]

1. Was ist unter dem Begriff Binnenschifffahrtsfunk zu verstehen? ●●

4. Was ist eine ortsfeste Funkstelle im Binnenschifffahrtsfunk? ●

7. Was ist eine Verkehrszentrale? ●●

8. Was ist ein Verkehrsposten und welchen Zwecken dient er? ●●●

(15. Was bedeutet die Abkürzung CH16 auf einer Funkanlage für den Binnenschifffahrtsfunk? ●)

(18. Was bedeutet der Begriff Fernmeldegeheimnis? ●●)

(20. Was bedeutet die Abkürzung GMDSS? ●)

32. Welchen Verkehrskreisen ist die Landfunkstelle Wijk bij Duurstede sector zugeordnet und wie wird der Kanal bezeichnet, auf dem sie den Funkverkehr abwickelt? ●●●

36. Welcher Kanal muss während der Fahrt eines Schiffes abgehört werden, wenn Kanal 10 gestört ist oder weil dort z. B. Notverkehr abgewickelt wird? ●

(40. Welche Nachrichten können beispielsweise im Verkehrskreis Nautische Information übermittelt werden? ●●●)

47. Welche Nachrichten können beispielsweise im Verkehrskreis Schiff-Hafenbehörde übermittelt werden? ●●

56. Welche Fahrzeuggruppe darf nicht am Verkehrs- kreis Funkverkehr an Bord teilnehmen? ●

60. Welche Maßnahmen müssen Schiffsfunkstellen ergreifen, wenn sie eine an sie gerichtete Meldung empfangen haben? ●

(68. Welche vorbereitende Maßnahme ist vor jeder Aus- sendung im Binnenschifffahrtsfunk zu ergreifen? ●●)

76. Welchen Rufnamen hat die Revierzentrale in Basel? ●

(87. Gegen welches Gesetz verstößt der Betrieb einer Schiffsfunkstelle ohne Frequenzzuteilung? ●)

102. Ist die Benutzung des UKW-Kanals 16 (156,8 MHz) im Binnenschifffahrtsfunk erlaubt? ●

113. Zwischen welchen Werten darf die Ausgangs- leistung der Funkanlage einer Schiffsfunkstelle, die auf UKW-Kanal 10 sendet, liegen? ●●

118. Wann wird das ATIS-Signal ausgesendet? ●

(131. Welche Folgen kann die Verletzung des Fern- meldegeheimnisses haben? ●)

139. Welcher Teil des Handbuchs für den Binnenschiff- fahrtsfunk enthält Angaben über die Verkehrs- kreise im Binnenschifffahrtsfunk? ●

(149. Dürfen Inhaber eines UKW-Sprechfunkzeug- nisses (UBI) am weltweiten Seenot- und Sicherheitsfunksystem (GMDSS) teilnehmen? Wenn ja, in welchen Seegebieten? ●)

157. Was ist unter Meldepflicht für bestimmte Fahr- zeuge zu verstehen? ●●

163. Eine französische Schiffsfunkstelle sendet fol- gende Information auf Kanal 10: „Ma machine est en panne." Was will die Schiffsfunkstelle damit ausdrücken? ●

(169. Wie heißt das Notzeichen im Sprechfunk? ●)

(171. Welche Funkstellen sind zur Einleitung von Ret- tungsmaßnahmen vorzugsweise anzurufen? ●)

(174. Welche Meldungen können beispielsweise mit dem Dringlichkeitszeichen angekündigt werden? ●●)

(176. Welche Meldungen werden mit dem Sicherheits- zeichen Sécurité angekündigt? ●●)

(183. Wie kann der elektrische Strom gemessen werden? ●)

(184. In der Bedienungsanleitung für ein UKW-Funkgerät findet sich u. a. die Angabe: „Stromverbrauch im Standby-Betrieb 0,3 A." Was bedeutet dies? ●●)

(188. Wie heißt die Maßeinheit für den elektrischen Widerstand? ●)

(191. Was muss bei der Anbringung der UKW-Antenne einer Schiffsfunkstelle beachtet werden? ●●●)

(195. Eine Schiffsfunkstelle empfängt auf allen UKW- Kanälen nur starkes Rauschen. Was könnte die mögliche Ursache für die Störung sein. Welche Maßnahmen sind zu ergreifen? ●●)

(197. Welche Folgen kann das Senden ohne oder mit defekter Antenne für die Funkanlage haben? ●)

137

Prüfungsfragebogen 6

2. Was ist ein Verkehrskreis im Binnenschifffahrts-
    funk?   •

4. Was ist eine ortsfeste Funkstelle im Binnenschiff-
    fahrtsfunk?   •

7. Was ist eine Verkehrszentrale?   ••

9. Was ist ein Blockkanal und welchen Zwecken
    dient er?   •••

(16. Was bedeutet die Abkürzung ATIS?   •)

(18. Was bedeutet der Begriff Fernmelde-
    geheimnis?   ••)

(21. Was bedeutet die Abkürzung MID?   •)

(30. Werden auf allen Binnenwasserstraßen die Ver-
    kehrskreise Nautische Information und/oder
    Schiff–Hafenbehörde angeboten?   •)

34. Welche Nachrichten dürfen beispielsweise
    im Verkehrskreis Schiff–Schiff übermittelt
    werden?   •••

41. Wie kann bei einer Schiffsfunkstelle die ununter-
    brochene Teilnahme am Verkehrskreis Nautische
    Information sichergestellt werden?   •

52. Welchem Zweck dient der Verkehrskreis Funk-
    verkehr an Bord und welche Art von Geräten
    können dabei zum Einsatz kommen?   ••

61. Was hat eine Schiffsfunkstelle im Verkehr mit
    einer Landfunkstelle zu befolgen?   •

(77. In welchen Vorschriften ist die Ausrüstungspflicht
    mit Funkanlagen auf Binnenschiffen geregelt?   •)

88. Bedarf es einer zusätzlichen Frequenzzuteilung,
    wenn eine deutsche Schiffsfunkstelle Binnen-
    wasserstraßen   in   Österreich   befährt?
    Wenn nein, warum nicht?   •

(98. Welche Faktoren können die Ausbreitung der
    UKW-Frequenzen beeinflussen?   ••)

(106. Was bedeutet die Betriebsart Duplex?   •)

115. Warum dürfen Seefunkstellen mit ihrer Seefunk-
    anlage nicht am Binnenschifffahrtsfunk teilneh-
    men?   ••

123. Berechtigt das UKW-Sprechfunkzeugnis für den
    Binnenschifffahrtsfunk (UBI) auch die Radaranlage
    an Bord eines Binnenschiffes zu bedienen?
    Wenn nein, warum nicht?   ••

(129. Welche Vorkommnisse der Telekommunikation
    (Funkverkehr) im Binnenschifffahrtsfunk unterliegen
    dem Fernmeldegeheimnis?   •••)

133. Welche internationale Organisation erstellt Rege-
    lungen (Empfehlungen) für die Donauschifffahrt
    und wo hat sie ihren Sitz?   •

135. Welche internationalen Organisationen geben
    das Handbuch Binnenschifffahrtsfunk heraus?   ••

145. Welche Vereinbarung enthält die grundsätzlichen
    Regelungen für die Überprüfung einer Schiffsfunk-
    stelle im Ausland, z. B. die Überprüfung einer
    deutschen Schiffsfunkstelle in Rumänien?   •

151. Welche Verordnung enthält unter anderem grundsätzliche Bestimmungen über den Sprechfunk auf dem Rhein? •

164. Eine französische Schiffsfunkstelle sendet folgende Information auf Kanal 10: „Collision au kilomètre 374." Worüber wird informiert? •

(170. In welchen Fällen muss ein Notverkehr im Binnenschifffahrtsfunk eingeleitet werden? ••)

(173. Wann liegt ein Dringlichkeitsfall vor? ••)

(175. Wie lautet das Sicherheitszeichen im Sprechfunk? •)

(177. Was wird als Sicherheitsmeldung bezeichnet? •)

(179. In welcher Maßeinheit wird die elektrische Spannung gemessen? •)

(184. In der Bedienungsanleitung für ein UKW-Funkgerät findet sich u. a. die Angabe: „Stromverbrauch im Standby-Betrieb 0,3 A." Was bedeutet dies? ••)

(188. Wie heißt die Maßeinheit für den elektrischen Widerstand? •)

(191. Was muss bei der Anbringung der UKW-Antenne einer Schiffsfunkstelle beachtet werden? •••)

(195. Eine Schiffsfunkstelle empfängt auf allen UKW-Kanälen nur starkes Rauschen. Was könnte die mögliche Ursache für die Störung sein. Welche Maßnahmen sind zu ergreifen? ••)

(197. Welche Folgen kann das Senden ohne oder mit defekter Antenne für die Funkanlage haben? •)

Prüfungsfragebogen 7

1. Was ist unter dem Begriff Binnenschifffahrtsfunk zu verstehen? ••

3. Was ist eine Schiffsfunkstelle? •

6. Was bedeutet Schleusenfunk und welchen Zwecken dient er? ••

8. Was ist ein Verkehrsposten und welchen Zwecken dient er? •••

(15. Was bedeutet die Abkürzung CH16 auf einer Funkanlage für den Binnenschifffahrtsfunk? •)

(19. Was bedeutet der Begriff Abhörverbot? ••)

(22. Was bedeutet die Abkürzung MMSI? •)

(37. Kann die längere Aussendung einer anderen Schiffsfunkstelle auf Kanal 10 z. B. für eigene Kursabsprachen jederzeit unterbrochen werden? •)

43. Welchem Verkehrskreis ist die Landfunkstelle Iffezheim Schleuse zugeordnet? •

48. Welchem Zweck dient der Verkehrskreis Schiff-Hafenbehörde? ••

62. Welche Anweisungen kann eine Landfunkstelle einer Schiffsfunkstelle beispielsweise erteilen? •••

67. Senden tragbare UKW-Funkanlagen eine ATIS-Kennung aus? •

71. Woraus besteht das Rufzeichen für eine deutsche Schiffsfunkstelle? ••

139

(79. Welche Gewähr muss eine Schiffsfunkstelle auf einem funkausrüstungspflichtigen Schiff hinsichtlich der Empfangsbereitschaft bieten? ●●)

89. Wo muss sich die Frequenzzuteilungsurkunde für eine Schiffsfunkstelle befinden? ●

(109. Ist die Verwendung des Digitalen Selectivrufs (DSC) im Binnenschifffahrtsfunk erlaubt? ●)

119. Welche ATIS-Nummer verwenden tragbare Funkanlagen? ●

124. Berechtigt ein Amateurfunkzeugnis zur Teilnahme am Binnenschifffahrtsfunk? ●

(130. Welche Nachrichten dürfen von einer Schiffsfunkstelle abgehört werden? ●●●)

140

140. Welches Verzeichnis führt die UKW-Kanäle auf, die im Binnenschifffahrtsfunk in bestimmten Regionen benutzt werden dürfen? ●

150. Kann eine Schiffsfunkstelle auch nach ihrer Inbetriebnahme durch die zuständige Behörde überprüft werden? ●

(155. Welche Sprache muss zwischen Schiffsfunkstellen in einem Land benutzt werden, in dem sie sich vorübergehend befinden? ●)

157. Was ist unter Meldepflicht für bestimmte Fahrzeuge zu verstehen? ●●

165. Eine französische Landfunkstelle im Verkehrskreis Schiff-Hafenbehörde verbreitet eine Meldung, die unter anderem folgende Aussage enthält: „Le port (Name) est fermé." Was bedeutet dies? ●

(170. In welchen Fällen muss ein Notverkehr im Binnenschifffahrtsfunk eingeleitet werden? ●●)

(173. Wann liegt ein Dringlichkeitsfall vor? ●●)

(177. Was wird als Sicherheitsmeldung bezeichnet? ●)

(178. Welcher UKW-Kanal ist im mobilen Seefunkdienst für die Abwicklung von Not-, Dringlichkeits- und Sicherheitsverkehr vorgesehen? ●)

(179. In welcher Maßeinheit wird die elektrische Spannung gemessen? ●)

(185. In der Bedienungsanleitung für eine UKW-Funkanlage findet sich u. a. die Angabe: „Stromverbrauch im Sende-Modus zwischen 3A und 8A." Was bedeutet dies? ●●)

(190. Welchen Einfluss hat die Antennenhöhe auf die Reichweite einer Schiffsfunkstelle? ●)

(191. Was muss bei der Anbringung der UKW-Antenne einer Schiffsfunkstelle beachtet werden? ●●●)

(196. Die defekte UKW-Antenne bei einer Schiffsfunkstelle soll durch eine Ersatzantenne vorübergehend ausgetauscht werden. Worauf ist dabei besonders zu achten? ●)

(198. Die Antennenzuleitung ist defekt. Kann sie ohne weiteres z. B. durch ein gewöhnliches Netzkabel, wie das auf einer Kabeltrommel, ersetzt werden? ●●)

Prüfungsfragebogen 8

1. Was ist unter dem Begriff Binnenschifffahrtsfunk zu verstehen? ●●

2. Was ist ein Verkehrskreis im Binnenschifffahrtsfunk ? ●

6. Was bedeutet Schleusenfunk und welchen Zwecken dient er? ●●

9. Was ist ein Blockkanal und welchen Zwecken dient er? ●●●

(14. Was bedeutet die Abkürzung VHF? ●)

(19. Was bedeutet der Begriff Abhörverbot? ●●)

(23. Was verbirgt sich hinter der Abkürzung AIS? ●)

(33. Welchem Zweck dient der Verkehrskreis Schiff–Schiff? ●)

39. Welchen Zwecken dient der Verkehrskreis Nautische Information? ●●●

(50. Welchem Verkehrskreis ist die Landfunkstelle Neuss Hafen zugeordnet? ●)

53. Welche UKW-Kanäle dürfen im Verkehrskreis Funkverkehr an Bord benutzt werden? ●●

(66. Was ist bei Testsendungen zu beachten? ●●●)

69. Welche technischen Möglichkeiten können bei einer Schiffsfunkstelle vorhanden sein, um z. B. die späteren Ermittlungen im Zusammenhang mit Havarien zu erleichtern? ●●

78. Woran kann man beim Befahren von Binnenwasserstraßen die Verpflichtung erkennen, auf bestimmte UKW-Kanäle zu schalten? ●

90. Welche Behörde in Deutschland ist für die telekommunikationsrechtliche Überprüfung einer Schiffsfunkstelle zuständig? ●

(107. Welche Vorteile bietet die Betriebsart Duplex gegenüber der Betriebsart Simplex? ●●)

117. Welchem Zweck dient die Aussendung einer ATIS-Nummer? ●

127. Darf ein Mobilfunkgerät (Handy) an Bord eines Binnenschiffes uneingeschränkt betrieben werden? ●●

(132. Wer kann von der Pflicht zur Wahrung des Fernmeldegeheimnisses entbinden? ●)

141. Welche Teile des Handbuchs Binnenschifffahrtsfunk enthalten die Regelungen für die Benutzung von UKW-Kanälen in den Ländern, die der Vereinbarung beigetreten sind? ●

144. Welche Vereinbarung berechtigt die zuständige Verwaltung eines Landes, in dem sich ein Binnenschiff vorübergehend befindet, die Vorlage der Urkunde über die Frequenzzuteilung zu verlangen? ●●

146. Kann die zuständige Verwaltung eines Landes, in dem sich das Binnenschiff vorübergehend befindet, von der Bedienungsperson einer Schiffsfunkstelle die Vorlage des Funkzeugnisses verlangen? ●

153. Worin ist grundsätzlich festgelegt, welche Sprache im Binnenschifffahrtsfunk auf einer bestimmten Wasserstraße zu benutzen ist? ●

166. Eine belgische Schiffsfunkstelle sendet folgende Information auf Kanal 10: „Ik ben zinkende en heb onmiddelijk hulp nodig." Was will die Schiffsfunkstelle mitteilen? ●

(169. Wie heißt das Notzeichen im Sprechfunk? ●)

(171. Welche Funkstellen sind zur Einleitung von Rettungsmaßnahmen vorzugsweise anzurufen? ●)

(173. Wann liegt ein Dringlichkeitsfall vor? ●●)

(176. Welche Meldungen werden mit dem Sicherheitszeichen Sécurité angekündigt? ●●)

(179. In welcher Maßeinheit wird die elektrische Spannung gemessen? ●)

142

(182. In welcher Maßeinheit wird der elektrische Strom gemessen? ●)

(186. In welcher Maßeinheit wird die elektrische Leistung gemessen? ●)

(191. Was muss bei der Anbringung der UKW-Antenne einer Schiffsfunkstelle beachtet werden? ●●●)

(193. Die UKW-Antenne einer Schiffsfunkstelle ist durch Fremdeinwirkung mechanisch stark beschädigt worden; sollte die Antenne trotzdem weiter benutzt werden? Wenn nein, welche Maßnahmen sind zu ergreifen? ●●)

(195. Eine Schiffsfunkstelle empfängt auf allen UKW-Kanälen nur starkes Rauschen. Was könnte die mögliche Ursache für die Störung sein. Welche Maßnahmen sind zu ergreifen? ●●)

Prüfungsfragebogen 9

1. Was ist unter dem Begriff Binnenschifffahrtsfunk zu verstehen? ●●

(3. Was ist eine Schiffsfunkstelle? ●)

6. Was bedeutet Schleusenfunk und welchen Zwecken dient er? ●●

8. Was ist ein Verkehrsposten und welchen Zwecken dient er? ●●●

(13. Was sind Funkwellen? ●)

(19. Was bedeutet der Begriff Abhörverbot? ●●)

24. Was bedeutet die Abkürzung MIB? ●

(35. Auf welchem UKW-Kanal müssen Schiffsfunkstellen – unabhängig von dem befahrenen Streckenabschnitt – während der Fahrt ständig empfangsbereit sein? ●)

40. Welche Nachrichten können beispielsweise im Verkehrskreis Nautische Information übermittelt werden? ●●●

54. Auf welchen Verkehrskreis und auf welche Kanäle ist die Verwendung tragbarer UKW-Funkanlagen im Binnenschifffahrtsfunk beschränkt? ●●

(61. Was hat eine Schiffsfunkstelle im Verkehr mit einer Landfunkstelle zu befolgen? ●)

(71. Woraus besteht das Rufzeichen für eine deutsche Schiffsfunkstelle? ●●)

80. Welche internationalen Veröffentlichungen enthalten Vorschriften über die Funkbenutzungspflicht für Fahrzeuge auf bestimmten Binnenschifffahrtsstraßen? ●

91. Kann eine Schiffsfunkstelle vor der Inbetriebnahme durch die zuständige Behörde überprüft werden? ●

100. Auf welchen Frequenzen wird der Binnenschifffahrtsfunk abgewickelt und wie wird dieser Frequenzbereich allgemein bezeichnet? ● ●

126. Welche Bedingungen müssen beim Betrieb einer Amateurfunkstelle an Bord eines Binnenschiffes, das mit einer Schiffsfunkstelle ausgerüstet ist, eingehalten werden? ●

129. Welche Vorkommnisse der Telekommunikation (Funkverkehr) im Binnenschifffahrtsfunk unterliegen dem Fernmeldegeheimnis? ● ● ●)

134. Welche internationale Organisation erstellt Regelungen für die Rheinschifffahrt und wo hat sie ihren Sitz? ●

142. Ist in deutschen Hoheitsgewässern die Benutzung von Kurzwellenfrequenzen für die Abwicklung des Binnenschifffahrtsfunks erlaubt? ●

147. Darf die zuständige Verwaltung eines Landes, in dem sich z. B. das Binnenschiff vorübergehend befindet, von dem Bedienungspersonal einer Schiffsfunkstelle den Nachweis der beruflichen Kenntnisse verlangen, obwohl ein entsprechendes Funkzeugnis vorgelegt worden ist? Wenn ja, welche Kenntnisse? ●)

152. Welche Verordnung enthält unter anderem grundsätzliche Bestimmungen über den Sprechfunk auf der Mosel? ●

154. Welche Sprache muss bei Verbindungen zwischen Schiffsfunkstellen und Landfunkstellen benutzt werden? ●

157. Was ist unter Meldepflicht für bestimmte Fahrzeuge zu verstehen? ● ●

167. Eine belgische Schiffsfunkstelle sendet folgende Information auf Kanal 10: „Mijn motor is uitgevallen." Was bedeutet dies auf Deutsch? ●

171. Welche Funkstellen sind zur Einleitung von Rettungsmaßnahmen vorzugsweise anzurufen? ●)

174. Welche Meldungen können beispielsweise mit dem Dringlichkeitszeichen angekündigt werden? ● ●)

176. Welche Meldungen werden mit dem Sicherheitszeichen Sécurité angekündigt? ● ●)

178. Welcher UKW-Kanal ist im mobilen Seefunkdienst für die Abwicklung von Not-, Dringlichkeits- und Sicherheitsverkehr vorgesehen? ●)

181. In der Bedienungsanleitung für eine UKW-Funkanlage findet sich u. a. die Angabe: „Betriebsspannung 10,8 – 14,6 V=". Was bedeutet dies? ● ●)

183. Wie kann der elektrische Strom gemessen werden? ●)

143

(187. Eine Landfunkstelle im Verkehrskreis Nautische Information bittet die anrufende Segelyacht ihre Sendeleistung zu erhöhen, um die Verständlichkeit zu verbessern. Nach Umschaltung auf die höchste Leistungsstufe von 25 Watt kann die Landfunkstelle die Segelyacht überhaupt nicht mehr empfangen. Was könnte die wahrscheinlichste Ursache dafür sein? ●●)

(188.Wie heißt die Maßeinheit für den elektrischen Widerstand? ●)

(191.Was muss bei der Anbringung der UKW-Antenne einer Schiffsfunkstelle beachtet werden? ●●●)

(197. Welche Folgen kann das Senden ohne oder mit defekter Antenne für die Funkanlage haben? ●)

144

Prüfungsfragebogen 10

1. Was ist unter dem Begriff Binnenschifffahrtsfunk zu verstehen? ●●

(4. Was ist eine ortsfeste Funkstelle im Binnenschifffahrtsfunk? ●)

7. Was ist eine Verkehrszentrale? ●●

9. Was ist ein Blockkanal und welchen Zwecken dient er? ●●●

10. Was bedeutet die Abkürzung NIF? ●

(18. Was bedeutet der Begriff Fernmeldegeheimnis? ●●)

(25. Was bedeutet die Abkürzung ZKR? ●)

30. Werden auf allen Binnenwasserstraßen die Verkehrskreise Nautische Information und/oder Schiff–Hafenbehörde angeboten? ●

44. Welchem Verkehrskreis ist die Landfunkstelle Gerstheim Ecluse zugeordnet? ●

(56. Welche Fahrzeuggruppe darf nicht am Verkehrskreis Funkverkehr an Bord teilnehmen? ●)

57. Dürfen tragbare Funkanlagen für den Binnenschifffahrtsfunk an Land betrieben werden? ●

(66. Was ist bei Testsendungen zu beachten? ●●●)

81. Was ist zu veranlassen, wenn ein Binnenschiff mit GMDSS-Funkeinrichtungen ausgerüstet sein muss? ●●

92. Wen informiert die fremde zuständige Verwaltung, wenn Unregelmäßigkeiten bei der Prüfung einer in Deutschland beheimateten Schiffsfunkstelle festgestellt werden? ●

107. Welche Vorteile bietet die Betriebsart Duplex gegenüber der Betriebsart Simplex? ●●)

114. Kann die automatisch reduzierte Sendeleistung einer Schiffsfunkstelle auf bestimmten Kanälen durch Handumschaltung (manuell) erhöht werden? ●

123. Berechtigt das UKW-Sprechfunkzeugnis für den Binnenschifffahrtsfunk (UBI) auch die Radaranlage an Bord eines Binnenschiffes zu bedienen? Wenn nein, warum nicht? ●●

128. Welches Gesetz (außer Grundgesetz) in Deutschland enthält die Regelungen über das Fernmeldegeheimnis und das Abhörverbot? ●)

130. Welche Nachrichten dürfen von einer Schiffsfunkstelle abgehört werden? ●●●

137. Welche Teile des Handbuchs Binnenschifffahrtsfunk müssen bei einer Schiffsfunkstelle mitgeführt werden? ●●

145. Welche Vereinbarung enthält die grundsätzlichen Regelungen für die Überprüfung einer Schiffsfunkstelle im Ausland, z. B. die Überprüfung einer deutschen Schiffsfunkstelle in Rumänien? ●)

148. Ist der Inhaber eines in Deutschland erworbenen UKW-Sprechfunkzeugnisses für den Binnenschifffahrtsfunk (UBI) berechtigt, an diesem Funkdienst in den Niederlanden teilzunehmen? Wenn ja, warum? ●●

153. Worin ist grundsätzlich festgelegt, welche Sprache im Binnenschifffahrtsfunk auf einer bestimmten Wasserstraße zu benutzen ist? ●

168. Eine niederländische Schiffsfunkstelle sendet folgende Information auf Kanal 10: „Mijn radar is defect." Was will die Schiffsfunkstelle mitteilen? ●

169. Wie heißt das Notzeichen im Sprechfunk? ●)

173. Wann liegt ein Dringlichkeitsfall vor? ●●)

176. Welche Meldungen werden mit dem Sicherheitszeichen Sécurité angekündigt? ●●)

178. Welcher UKW-Kanal ist im mobilen Seefunkdienst für die Abwicklung von Not-, Dringlichkeits- und Sicherheitsverkehr vorgesehen? ●)

179. In welcher Maßeinheit wird die elektrische Spannung gemessen? ●)

180. Wie kann die elektrische Spannung gemessen werden? ●)

184. In der Bedienungsanleitung für ein UKW-Funkgerät findet sich u. a. die Angabe: „Stromverbrauch im Standby-Betrieb 0,3 A." Was bedeutet dies? ●●)

188. Wie heißt die Maßeinheit für den elektrischen Widerstand? ●)

191. Was muss bei der Anbringung der UKW-Antenne einer Schiffsfunkstelle beachtet werden? ●●●)

198. Die Antennenzuleitung ist defekt. Kann sie ohne weiteres z. B. durch ein gewöhnliches Netzkabel, wie das auf einer Kabeltrommel, ersetzt werden? ●●)

145

Prüfungsfragebogen 11

1. Was ist unter dem Begriff Binnenschifffahrtsfunk zu verstehen? ●●

(3. Was ist eine Schiffsfunkstelle? ●)

6. Was bedeutet Schleusenfunk und welchen Zwecken dient er? ●●

8. Was ist ein Verkehrsposten und welchen Zwecken dient er? ●●●

(16. Was bedeutet die Abkürzung ATIS? ●)

(18. Was bedeutet der Begriff Fernmeldegeheimnis? ●●)

26. Was bedeutet die Abkürzung DK? ●

(30. Werden auf allen Binnenwasserstraßen die Verkehrskreise Nautische Information und/oder Schiff–Hafenbehörde angeboten? ●)

(34. Welche Nachrichten dürfen beispielsweise im Verkehrskreis Schiff–Schiff übermittelt werden? ●●●)

45. Welchem Verkehrskreis ist die Landfunkstelle Oberwesel Revierzentrale zugeordnet? ●

63. Welchen Zwecken dient im Binnenschifffahrtsfunk der UKW-Kanal 77? ●

76. Welchen Rufnamen hat die Revierzentrale in Basel? ●

85. Nennen Sie mindestens drei Angaben, die eine Urkunde über die Frequenzzuteilung für eine Schiffsfunkstelle enthält? ●●●

101. Dürfen die in der Regionalen Vereinbarung über den Binnenschifffahrtsfunk aufgeführten UKW-Kanäle uneingeschränkt in allen Ländern, die der Vereinbarung beigetreten sind, benutzt werden? Wenn nein, warum nicht? ●●

(106. Was bedeutet die Betriebsart Duplex? ●)

111. Ist die zeitlich abwechselnde Hörbereitschaft (Dual watch) – auch Zweikanal-Überwachung genannt – im Binnenschifffahrtsfunk zulässig und wo ist das geregelt? ●●

(114. Kann die automatisch reduzierte Sendeleistung einer Schiffsfunkstelle auf bestimmten Kanälen durch Handumschaltung (manuell) erhöht werden? ●)

125. Dürfen Amateurfunkstellen an Bord von Binnenschiffen, die mit einer Schiffsfunkstelle ausgerüstet sind, betrieben werden? ●

133. Welche internationale Organisation erstellt Regelungen (Empfehlungen) für die Donauschifffahrt und wo hat sie ihren Sitz? ●

(135. Welche internationalen Organisationen geben das Handbuch Binnenschifffahrtsfunk heraus? ●●)

143. Welche Verwaltungsvereinbarung enthält die grundsätzlichen Regelungen für den Binnenschifffahrtsfunk in Europa? ●

151. Welche Verordnung enthält unter anderem grundsätzliche Bestimmungen über den Sprechfunk auf dem Rhein? ●

157. Was ist unter Meldepflicht für bestimmte Fahrzeuge zu verstehen? ●●

159. Eine niederländische Schiffsfunkstelle sendet folgende Information auf Kanal 10: „Ik schakel over naar kanaal 13." Was will die Schiffsfunkstelle damit ankündigen? ●

(170. In welchen Fällen muss ein Notverkehr im Binnenschifffahrtsfunk eingeleitet werden? ●●)

(171.Welche Funkstellen sind zur Einleitung von Rettungsmaßnahmen vorzugsweise anzurufen? ●)

(173.Wann liegt ein Dringlichkeitsfall vor? ●●)

(175.Wie lautet das Sicherheitszeichen? ●)

(180.Wie kann die elektrische Spannung gemessen werden? ●)

(184.In der Bedienungsanleitung für ein UKW-Funkgerät findet sich u. a. die Angabe: „Stromverbrauch im Standby-Betrieb 0,3 A." Was bedeutet dies? ●●)

(187. Eine Landfunkstelle im Verkehrskreis Nautische Information bittet die anrufende Segelyacht ihre Sendeleistung zu erhöhen, um die Verständlichkeit zu verbessern. Nach Umschaltung auf die höchste Leistungsstufe von 25 Watt kann die Landfunkstelle die Segelyacht überhaupt nicht mehr empfangen. Was könnte die wahrscheinlichste Ursache dafür sein? ●●)

(190. Welchen Einfluss hat die Antennenhöhe auf die Reichweite einer Schiffsfunkstelle? ●)

(191. Was muss bei der Anbringung der UKW-Antenne einer Schiffsfunkstelle beachtet werden? ●●●)

(197. Welche Folgen kann das Senden ohne oder mit defekter Antenne für die Funkanlage haben? ●)

Prüfungsfragebogen 12

6. Was bedeutet Schleusenfunk und welchen Zwecken dient er? ●●

9. Was ist ein Blockkanal und welchen Zwecken dient er? ●●●

11. Was bedeutet die Bezeichnung Verkehrskreis Öffentlicher Nachrichtenaustausch im Binnenschifffahrtsfunk? ●●

(16. Was bedeutet die Abkürzung ATIS? ●)

(19. Was bedeutet der Begriff Abhörverbot? ●●)

(22. Was bedeutet die Abkürzung MMSI? ●)

27. Was bedeutet die Abkürzung CARING? ●

(33. Welchem Zweck dient der Verkehrskreis Schiff–Schiff? ●)

46. Welchem Verkehrskreis ist die Landfunkstelle Drielsluis zugeordnet? ●

47. Welche Nachrichten können beispielsweise im Verkehrskreis Schiff-Hafenbehörde übermittelt werden? ●●

(59. Wie ist die Rangfolge des Funkverkehrs im Binnenschifffahrtsfunk? ●●)

(65. Welche Aussendungen sind im Binnenschifffahrtsfunk keinesfalls gestattet? ●)

73. Welche Kennung müssen Schiffsfunkstellen in den Verkehrskreisen Schiff–Schiff, Nautische Information und Schiff-Hafenbehörde verwenden? ●

79. Welche Gewähr muss eine Schiffsfunkstelle auf einem funkausrüstungspflichtigen Schiff hinsichtlich der Empfangsbereitschaft bieten? ● ●

94. Wer ist bei technischen Änderungen an einer Schiffsfunkstelle, z. B. beim Austausch der vorhandenen Funkgeräte durch andere Gerätetypen, zu informieren? ●

(97. Wie breiten sich die Ultrakurzwellen aus? ●)

(108. Welche Bedingungen müssen für die Abwicklung der Funkverbindung in der Betriebsart Semi-Duplex erfüllt sein? ● ● ●)

115. Warum dürfen Seefunkstellen mit ihrer Seefunkanlage nicht am Binnenschifffahrtsfunk teilnehmen? ● ●

116. Wie setzt sich die ATIS-Nummer zusammen? ● ● ●

122. Ist der Inhaber eines UKW-Sprechfunkzeugnisses für den Seefunkdienst berechtigt, am Binnenschifffahrtsfunk teilzunehmen? ●

139. Welcher Teil des Handbuchs für den Binnenschifffahrtsfunk enthält Angaben über die Verkehrskreise im Binnenschifffahrtsfunk? ●

146. Kann die zuständige Verwaltung eines Landes, in dem sich das Binnenschiff vorübergehend befindet, von der Bedienungsperson einer Schiffsfunkstelle die Vorlage des Funkzeugnisses verlangen? ●

155. Welche Sprache muss zwischen Schiffsfunkstellen in einem Land benutzt werden, in dem sie sich vorübergehend befinden? ●

160. Eine belgische Schiffsfunkstelle sendet folgende Information auf Kanal 10: „Mijn roer is defect." Was will die Schiffsfunkstelle damit ausdrücken? ●

(169. Wie heißt das Notzeichen im Sprechfunk? ●)

(173. Wann liegt ein Dringlichkeitsfall vor? ● ●)

(176. Welche Meldungen werden mit dem Sicherheitszeichen Sécurité angekündigt? ● ●)

(178. Welcher UKW-Kanal ist im mobilen Seefunkdienst für die Abwicklung von Not-, Dringlichkeits- und Sicherheitsverkehr vorgesehen? ●)

(179. In welcher Maßeinheit wird die elektrische Spannung gemessen? ●)

(182. In welcher Maßeinheit wird der elektrische Strom gemessen? ●)

(187. Eine Landfunkstelle im Verkehrskreis Nautische Information bittet die anrufende Segelyacht ihre Sendeleistung zu erhöhen, um die Verständlichkeit zu verbessern. Nach Umschaltung auf 25 Watt kann die Landfunkstelle die Segelyacht überhaupt nicht mehr empfangen. Was könnte die wahrscheinlichste Ursache dafür sein? ● ●)

(188. Wie heißt die Maßeinheit für den elektrischen Widerstand? ●)

(191. Was muss bei der Anbringung der UKW-Antenne einer Schiffsfunkstelle beachtet werden? ● ● ●)

(193. Die UKW-Antenne einer Schiffsfunkstelle ist durch Fremdeinwirkung mechanisch stark beschädigt worden; sollte die Antenne trotzdem weiter benutzt werden? Wenn nein, welche Maßnahmen sind zu ergreifen? ● ●)

Schritt 8: Englische Seefunktexte

Katalog Seefunktexte für das UKW-Funkbetriebszeugnis

Der Katalog enthält die amtlichen Seefunktexte in deutscher und englischer Sprache. In der theoretischen Prüfung wird dem Bewerber einer der englischen Texte diktiert. Dabei werden Namen und geografische Begriffe mithilfe der Buchstabiertafel (siehe Seite 202) buchstabiert. Der Bewerber muss den Text aufschreiben und anschließend schriftlich ins Deutsche übersetzen. In einer zweiten Übersetzungsaufgabe wird dem Bewerber einer der deutschen Texte vorgelegt. Dieser Text muss schriftlich ins Englische übersetzt werden. Für jede Aufgabe stehen 15 Minuten Zeit zur Verfügung.

1

In vicinity of light and whistle buoy Humber 5, observed capsized lifeboat. No survivors to be seen. Ships in area are requested to keep sharp lookout and to report to Falmouth Coast Guard.+

1

In der Nähe der Leuchtheultonne Humber 5 wurde ein gekentertes Rettungsboot beobachtet. Überlebende wurden nicht gesichtet. Schiffe in dem Gebiet werden gebeten, scharf Ausschau zu halten und Falmouth Küstenwache zu berichten.+

2

In position 61° 10.6′ N 003°45.3′ E after explosion fire in engine room, 2 persons are seriously injured, we have to abandon the vessel, require immediate help.+

2

Auf Position 61° 10,6′ N 003° 45,3′ E nach einer Explosion Feuer im Maschinenraum, 2 Personen schwer verletzt, wir müssen das Schiff verlassen, benötigen sofortige Hilfe.+

3

On MV Freyburg/DCAW person over board, last seen at 0730 UTC in position 2 nm north of racon buoy Elbe. All ships in vicinity please keep sharp lookout and report to Bremen Rescue.+

3

Auf MS Freyburg/DCAW Mensch über Bord, um 0730 UTC zuletzt gesichtet 2 Seemeilen nördlich der Radarantwortbake Elbe. Alle Schiffe in der Nähe werden gebeten, scharf Ausschau zu halten und MRCC Bremen zu benachrichtigen.+

4

In position 54° 10.7′ N 004° 15.4′ E fire in hold out of control, no dangerous goods and no poisoning smoke, one person injured. Immediate help is requested.+

4

Auf Position 54°10,7′ N 004° 15,4′ E Feuer im Laderaum ist außer Kontrolle geraten, keine gefährlichen Güter und keine giftige Rauchentwicklung, eine Person verletzt. Erbitten sofortige Hilfe.+

5

In position 3 nm west of Buesum broken rudder, drifting ashore in rough sea. Require immediate assistance.+

5

Auf Position 3 sm westlich von Büsum, treiben in rauer See mit gebrochenem Ruder auf Land zu. Benötigen sofortige Hilfe.+

6

Person over board at 2110 UTC in position 2 nm NW of Warnemuende, ships in vicinity please keep sharp lookout and assist with search and rescue and report to Bremen Rescue.+

6

Um 2110 UTC, auf Position 2 sm nordwestlich von Warnemünde, Mensch über Bord, Schiffe in der Nähe werden gebeten, scharf Ausschau zu halten und bei der Suche und Rettung zu helfen und der Seenotleitung Bremen zu berichten.+

7

In position 12 nm west of Ushant light house heavy list to port side. Ships in vicinity please indicate position, course and speed for possible assistance.+

7

Auf Position 12 sm westlich von Ouessant-Leuchtturm, habe starke Schlagseite nach Backbord. Schiffe in der Nähe bitte Position, Kurs und Geschwindigkeit angeben für mögliche Hilfeleistung.+

8

Observed small unknown aircraft with two propellers ditched in position 58° 55.8′ N 002° 24.3′ E, aircraft is still afloat, ships in vicinity please try to contact aircraft on VHF CH 16

8

Auf Position 58° 55,8′ N 002° 24,3′ E, beobachtet wie ein kleines Flugzeug mit zwei Propellern notgewassert hat, Flugzeug ist noch treibend, Schiffe in der Nähe werden gebeten

and report to MRCC Stavanger via Inmarsat or on HF via Lyngby Radio.+

zu versuchen, mit dem Flugzeug Funkverbindung auf VHF-CH 16 aufzunehmen und MRCC Stavanger durch Inmarsat oder auf KW Lyngby Radio zu berichten.+

9

Our position 55° 16.9′ N 016° 23.1′ E observed red rockets in true bearing of about 45° estimated distance 8 nm, all ships in area please keep sharp lookout and report to MRCC Gothenburg.+

9

Rote Raketen beobachtet in rechtweisender Peilung 45° und 8 sm geschätztem Abstand von unserer Position 55° 16,9′ N 016° 23,1′ E, alle Schiffe in diesem Gebiet bitte scharf Ausschau halten und MRCC Göteborg berichten.+

10

Gale warning for Skagerrak and Kattegat, W 8 to 9, decreasing to 7, rough sea, showers, good to moderate visibility.+

10

Sturmwarnung für Skagerrak und Kattegat, W 8 bis 9, abnehmend auf 7, raue See, Schauer, mäßige bis gute Sicht.+

11

In position 16° 28.7′ S 174° 51.8′ E with dangerous leak below water line, cannot control flooding, ship is in critical condition, ships in area are requested to approach for assistance.+

11

Auf Position 16° 28,7′ S 174° 51,8′ E, gefährliches Leck unter der Wasserlinie, Wassereinbruch ist nicht zu kontrollieren, Schiff befindet sich in kritischem Zustand, Schiffe in dem Gebiet werden gebeten die Position anzusteuern um Hilfe zu leisten.+

12

At 0732 UTC on VHF channel 16 following received "Mayday Fjaellfjord/LGBX in position 4 nm northwest of Helgoland, explosion in engine room, 6 persons are injured, require helicopter and medical assistance." End of message.+

12

Um 0732 UTC folgendes auf VHF-CH 16 empfangen: „Mayday Fjaellfjord/LGBX auf Position 4 sm nordwestlich von Helgoland, Explosion im Maschinenraum, 6 verletzte Menschen an Bord, benötigen Hubschrauber und medizinische Hilfe." Ende der Meldung.+

13

At 1525 UTC on VHF CH 16 following received from MV Blue Sky/5KMO "Person over board in position 12 nm northwest of Calais, vessels in vicinity please keep sharp lookout." End of message. Ships in area are requested to assist with search and rescue and to report to MRCC Falmouth.+

13

Um 1525 UTC auf VHF-CH 16 folgendes von MS Blue Sky/5KMO empfangen: „Auf Position 12 sm nordwestlich von Calais Mensch über Bord, Schiffe in der Nähe bitte scharf Ausschau halten." Ende der Meldung. Schiffe in dem Gebiet werden gebeten, sich an der Suche und Rettung zu beteiligen und MRCC Falmouth zu berichten.+

14

MV Undine/DCBY in position 12 nm north of Cape Arkona, fire in superstructure, vessels in area are requested to assist in fire fighting.+

14

MS Undine/DCBY auf Position 12 sm nördlich von Kap Arcona, Feuer in den Aufbauten, Schiffe in dem Gebiet werden gebeten, Hilfe bei der Brandabwehr zu leisten.+

15

Due to steering gear problems vessel is not under command in position 51° 10.4′ N 003° 45.6′ E, require tug assistance.+

15

Schiff ist aufgrund von Problemen mit der Ruderanlage manövrierunfähig, Position 51° 10,4′ N 003° 45,6′ E, benötige Schlepperhilfe.+

16

In position 12 nm south of Cape Spartivento, a crew member is fallen from the mast and seriously injured, course 275° speed 13 kn, require urgent medical assistance.+

16

Ein Besatzungsmitglied ist vom Mast gefallen und schwer verletzt, benötige dringend ärztliche Hilfe. Position 12 sm südlich Cape Spartivento, Kurs 275°, Geschwindigkeit 13 kn.+

17

Sailing yacht Hadrian/DD 2663 in collision with fishing vessel Meyenburg/DCYJ in position 17 nm N of Puttgarden, dangerous leak, vessel sinking after flooding, require assistance.+

17

Segelyacht Hadrian/DD 2663 auf Position 17 sm nördlich Puttgarden, Kollision mit Fischereifahrzeug Meyenburg/DCYJ, gefährliches Leck, Schiff sinkt nach Wassereinbruch, benötigen Hilfe.+

18

Sailing boat Rubin 12 m red hull, white sails, 2 persons on board, left Klintholm on July 16th at 0600 hrs local time, bound for Visby, ship has not yet arrived, shipping is requested to keep sharp lookout and report to Lyngby Radio.+

18

Segelboot Rubin, 12 m Länge, roter Rumpf, weiße Segel, zwei Personen an Bord, verließ Klintholm am 16. Juli um 0600 Uhr Ortszeit mit Bestimmungshafen Visby, Schiff hat bisher Visby nicht erreicht, Schifffahrt wird gebeten, scharf Ausschau zu halten und Lyngby Radio zu benachrichtigen.+

19

Vessel struck growler in position 56° 25.1'N 027° 19.3'W, ship is making water, require assistance with towing and pumping. +

Auf Position 56° 25,1' N 027° 19,3' W Schiff rammte kleinen Eisberg, Wassereinbruch, benötige Schlepp- und Pumphilfe.+

20

German Bight near light buoy DB7, vessel on fire, fire not under control, require assistance.+

Deutsche Bucht, in der Nähe der Leuchttonne DB7, Schiff brennt, bekomme das Feuer nicht unter Kontrolle, benötige Hilfe.+

21

In position 55°12.4'N 005° 8.7'E, a crew member 56 years old, unconscious, suspect heart attack, require very urgent medical help by helicopter.+

Auf Position 55° 12,4' N 005° 08,7' E ein Besatzungsmitglied, 56 Jahre, bewusstlos, Verdacht auf Herzinfarkt, benötige dringend medizinische Hilfe per Hubschrauber.+

22

Engine is broken down in position 55° 23.4'N 006° 18.1'E ship is not under command in very rough sea and extremely high swell, require immediate tug assistance.+

Maschinenausfall, Schiff treibt manövrierunfähig in sehr schwerer See und sehr hoher Dünung auf Position 55° 23,4' N 006° 18,1' E, benötigen dringend Schlepphilfe.+

23

Sailing yacht Relaxe/SWLU length 40 feet, sloop with

Segelyacht Relaxe/SWLU 40 Fuß, weißer Rumpf,

white hull and brown sails underway from Martinique to Azores unreported since January 16th, ships on route please keep sharp lookout and report to US Coast Guard.+

braune Segel, unterwegs von Martinique zu den Azoren, seit dem 16. Januar keine Meldung mehr erhalten, Schiffe, die sich auf dieser Route befinden, bitte scharf Ausschau halten und der US-Küstenwache berichten.+

24

In position 2 nm northeast of whistle buoy A, engine room on fire, main engine still working, proceeding at slow speed, require tug assistance.+

Auf Position 2 sm nordöstlich der Heultonne A, Maschinenraum brennt, Hauptmaschine läuft noch, fahren mit langsamer Fahrt weiter, benötigen Schlepphilfe.+

25

Require medical advice for a man fallen from the mast, seriously injured with heavy loss of blood, position 54° 48,1' N 006°55,7' E, ships with doctor please contact VHF Ch 16.+

Ein Mann ist vom Mast gefallen und hat sich schwer verletzt, starker Blutverlust, Position 54° 48,1' N 006° 55,7' E, benötige medizinischen Rat, Schiffe mit einem Arzt an Bord bitte auf VHF-CH 16 melden.+

26

Sailing yacht Acatenango/DP2932 broken mast, damaged rudder. Vessel is not under command, rough sea, in position 61° 17.3' N 004° 28.4' E require tug assistance.+

Segelyacht Acatenango/DP2932, gebrochener Mast, Ruderschaden, Schiff treibt manövrierunfähig in schwerer See, auf Position 61° 17,3'N 004° 28,4'E benötigen Schlepperhilfe.+

152

27

Humber-Elbe-Route in position 53° 25.7' N 005° 28.4' E observed nearly submerged drifting yellow coloured bell buoy, dangerous to navigation.+

27

Humber-Elbe-Fahrwasser auf Position 53° 25,7' N 005° 28.4' E eine fast untergetauchte, treibende gelbe Glockentonne, gefährlich für die Schifffahrt.+

31

Ice warning. Icebergs are reported in area around Belle Isle and Cape Freels. Ice situation is not expected to change in the next 24 hours.+

31

Eiswarnung. Eisberge sind beobachtet worden rund um das Gebiet Belle Isle und Cape Freels. Mit einer Änderung der Eissituation ist in den nächsten 24 Stunden nicht zu rechnen. +

28

Sea area Dogger Bank to Isle of Wight strong westerly winds inceasing to gale force 8 to 9 veering later, drizzle at times, moderate to good visibility.+

28

Im Seegebiet Doggerbank bis Isle of Wight starke westliche Winde, zunehmend auf Sturmstärke 8 bis 9, rechtdrehend, später teilweise Sprühregen, mäßige bis gute Sicht.+

32

In position 4 nm northwest of Cape Finisterre sighted several drifting 40-feet containers red painted, one marked with Texascon, ships in area are requested to navigate carefully.+

32

Auf der Position 4 sm nordwestlich von Cape Finisterre sind mehrere rote 40-Fuß-Container gesichtet worden, ein Container mit der Aufschrift Texascon, Schiffe in diesem Gebiet bitte sorgfältig navigieren.+

29

Dunkerque approach, dangerous wreck located in position 51° 04.6' N 001° 52.2' E, vessels are requested to keep a wide berth.+

29

Gefährliches Wrack lokalisiert, Dunkerque Ansteuerung, auf Position 51° 04,6' N 001° 52,2' E, Schiffe werden gebeten, großen Abstand zu halten.+

33

Dangerous uncharted underwater obstruction reported in position 53° 48.3' N 007° 41.7' E marked by yellow buoy with west top mark. Navigation is requested to keep a berth.+

33

Gefährliches, in der Karte nicht angegebenes Unterwasserhindernis, gekennzeichnet durch gelbe Boje mit West-Toppzeichen, Position 53° 48' N 007° 41,7' E, Schifffahrt wird gebeten, Abstand zu halten.+

30

Storm warning at 210600 UTC September, hurricane Clara with central pressure 958 hPa in position 28° 36.5' N 072° 41.3' W present movement NW at 40 knots, within a radius of about 40 nm of centre seas over 7 m.+

30

Sturmwarnung vom 21. September 0600 UTC, Hurrikan Clara, 958 hPa im Zentrum, Position 28° 36,5' N 072° 41.3' W, bewegt sich nordwestlich mit etwa 40 kn, mit einem Radius von ungefähr 40 sm Seegang über 7 m.+

34

MV Xanthippe lost anchor and chain in position 51° 25.8' N 002° 40.5' E, Shipping in this area is requested to use neither an anchor nor fishing gear.+

34

MS Xanthippe hat Anker und Kette verloren auf Position 51° 25,8' N 002° 40,5' E. Schiffe in dem Gebiet werden gebeten, dort nicht zu ankern und kein Fischereigeschirr zu nutzen.+

35

Area Humber, Thames, Dover, Isle of Wight and Belgian coast. NE'ly gentle to moderate breeze force 3 to 4, moderate or poor visibility, mainly fair.+

35

Gebiet Humber, Themse, Dover, Isle of Wight und belgische Küste. Leichte bis mäßige NE-Brise, Windstärke 3 – 4, mäßige oder schlechte Sicht, überwiegend heiter.+

36

Fairway between Den Helder and Den Oever light and whistle buoy MG 18 is reported unlit, shipping in this area is requested to navigate with caution.+

36

Fahrwasser zwischen Den Helder und Den Oever, die Leucht- und Heultonne MG 18 ist als verlöscht gemeldet, die Schifffahrt wird gebeten, in diesem Gebiet vorsichtig zu navigieren.+

37

Weather forecast for the area north of Portugal, rain or showers, at times SW 6, temporarily increasing W 8, veering to NW 5 later.+

37

Wetterbericht für das Gebiet nördlich von Portugal: Regen oder Schauer, zeitweise SW 6, rasch zunehmend auf W 8, später rechtdrehend auf NW 5.+

38

Underwater cable operations by MV Leon Thevesin in progress until February 16th, wide berth is requested in area within 2 nm of 33° 55.6' N 008° 04.2' W.+

38

Unterwasser-Kabelarbeiten werden bis zum 16. Februar durch MS Leon Thevesin fortgeführt, die Schifffahrt wird gebeten, innerhalb eines Radius von 2 sm der Position 33° 55,6' N 008° 04,2' W großen Abstand zu halten.+

39

Drilling platform Drill Epsilon in position 58° 17.3' N 002° 43.8' E, spilling oil and leaking gas, ships in area are advised to pass the mentioned position with a wide berth of at least 2 nm.+

39

Bohrplattform Drill Epsilon hat einen Öl-Überlauf und ein Gasleck auf Position 58° 17,3' N 002° 43,8' E, Schiffe in diesem Gebiet werden angewiesen, die erwähnte Position mit einem Mindestabstand von 2 sm zu passieren.+

40

Western approaches to English Channel. Underwater operations in progress, vicinity of line joining 48° 00' N 007° 15' W and 48° 51' N 007° 13' W. Wide berth requested.+

40

Westansteuerung Englischer Kanal. Unterwasserarbeiten werden ausgeführt in der Nähe der Verbindungslinie 48° 00' N 007° 15' W und 48° 51' N 007° 13' W. Großer Abstand erbeten.+

41

England East Coast. Blyth northwards, No. 2 wind turbine suffered damaged and is dangerous to shipping. All vessels are advised to keep well clear. Icebreaker Odeon and Atle.+

41

Englische Ostküste. Im Norden von Blyth, Windturbine Nr. 2 ist beschädigt worden und gefährlich für die Schifffahrt. Alle Schiffe werden angewiesen, ausreichend Abstand zu halten. Eisbrecher Odeon und Atle.+

42

Lake Vaenern from this night north 25 to 35 kn. The Sound, the Belts, western and southern Baltic: southwest increasing to 35 kn. From late night

42

Vänernsee nachts Nord 25 bis 35 kn. Im Sund, im Großen und Kleinen Belt, westliche und südliche Ostsee: Südwest zunehmend bis 35 kn, in der

west 30 to 40 kn. Archipelago Sea: tonight south 30 kn. Sea of Bothnia: From tonight northeast 35 to 45 kn and close to very close ice.+

späten Nacht West 30 bis 40 kn, südfinnisches Archipel in der Nacht Süd 30 kn, Bottensee nachts Nordost 35 bis 45 kn, dichtes bis sehr dichtes Eis.+

43

Icebreaker Odeon and Atle assist in northern Bay of Bothnia. Ymer in southern Bay of Bothnia and the Quark. Only vessels suitable for winter navigation can expect icebreaker assistance.+

43

Eisbrecher Odeon und Atle assistieren im Bottnischen Meerbusen, Ymer in der südlichen Bottensee und im Norra Kvarken. Nur Schiffe, die für die Winterschifffahrt (Eisfahrt) geeignet sind, können mit der Hilfe der Eisbrecher rechnen.+

44

Gale and ice warning. Skagerrak, Kattegat and Lake Vaenern: From this evening northwest 30 kn. The Sound, the Belts, western and southern Baltic: Around south, increasing to 30 kn, this night north to northwest 30 to 40 kn, central Baltic and Golf of Riga: southwest increasing to 35 kn.+

44

Sturm- und Eiswarnung Skagerrak, Kattegat und Vänernsee: Heute Abend Nordwest 30 kn. Sund, Belte, westliche und südliche Ostsee: Wind aus südlichen Richtungen zunehmend auf 30 kn, heute Nacht Nord bis Nordwest 30 bis 40 kn. Zentrale Ostsee und Rigaischer Meerbusen Südwest zunehmend auf 35 kn.+

45

German navigational warning. Western Baltic. Traffic

45

Deutsche Navigationswarnung. Westliche Ostsee.

separation scheme south of Gedser. Changes of buoyage of deep water lane and traffic separation scheme according to German notices to mariners 41/01 has been carried out. See also Danish navigational warning 10/02.+

Verkehrstrennungsgebiet südlich von Gedser. Austausch der Betonnung des Tiefwasserwegs und des Verkehrstrennungsgebiets ist laut Nachrichten für Seefahrer 41/01 durchgeführt worden. Beachte ebenfalls die dänischen nautischen Warnnachrichten 10/02.+

46

Coast Guard Miami has received a DSC distress alert from vessel Uranus. Reported position is 10° 04′ N   077° 14′ W. Shipping is requested to keep a sharp lookout and report to Coast Guard RCC Miami.+

46

Küstenwache Miami hat einen DSC-Notalarm von MS Uranus empfangen. Die gemeldete Position ist 10° 04′ N   077° 14′ W, die Schifffahrt wird gebeten, scharf Ausschau zu halten und der Küstenwache RCC Miami zu berichten.+

47

Coast Guard Falmouth received following information from fishing vessel Parrain/FHEF. The message begins: "Mayday all crew members on board the vessel have now been airlifted and are proceeding to Stornoway on rescue helicopter 137. The vessel

47

Küstenwache Falmouth hat folgende Informationen vom Fischereifahrzeug Parrain/FHEF erhalten. Die Meldung beginnt: „Mayday, alle Besatzungsmitglieder an Bord des Schiffes sind vom Rettungshubschrauber 137 geborgen worden und fliegen

is still adrift in position 59° 05′ N   013° 55′ W."+

weiter nach Stornoway. Das Schiff treibt noch auf Position 59° 05′ N   013° 55′ W"+

48

Urgent broadcast. Coast guard District 7 in Miami received an overdue report of a 38 feet sailing vessel Windigo left Fajardo with destination Canaveral. The sailing vessel is white with red superstructure. Shipping is requested to keep a sharp lookout and report sightings to US Coast Guard Miami.+

48

Dringende Meldung. Küstenwache Abteilung 7 in Miami empfing eine Überfälligkeitsmeldung eine 38-Fuß-Segelyacht Windigo betreffend. Sie verließ Fajardo mit Zielhafen Canaveral. Die Segelyacht ist weiß mit rotem Aufbau. Die Schifffahrt wird gebeten, scharf Ausschau zu halten und der Küstenwache Miami Beobachtungen zu melden.+

49

Cancel navigational warning No. 131, Sea of Aaland. Light buoy Troeskeln Vaestra position 59° 39.58′ N   019° 51.72′ E destroyed. Underwater obstructions left below surface. East cardinal light buoy established east of obstructions. Wide berth requested.+

49

Aufhebung der Navigationswarnung Nr. 131 der Aalandsee. Leuchttonne Troekeln Vaestra auf Position 59° 39,58′ N   019° 51,72′ E zerstört. Unterwasser-Hindernisse unter der Wasseroberfläche. Die Ost-Kardinaltonne wurde östlich der Hindernisse verankert. Großen Abstand halten.+

50

Eastern Channel, Dover Strait, southern North Sea, numerous logs (length 7 m, diameter 0.40 m) reported adrift from Le Havre to the Belgian coast. Drifting north into the southern North Sea. Shipping is requested to keep a sharp lookout and report any sighting to Oostend radio.+

50

Östlicher Englischer Kanal, Straße von Dover, südliche Nordsee wird gemeldet, dass zahlreiche Baumstämme (Länge 7 m, Durchmesser 0,40 m) von Le Havre bis zur belgischen Küste treiben. Die Stämme treiben nach Norden in die südliche Nordsee. Die Schifffahrt wird gebeten, scharf Ausschau zu halten und jede Beobachtung der Küstenwache Oostende zu melden.+

51

Navigational warning No. 64: 130915 UTC Feb: "German Bight traffic separation scheme large package of timber drifting in 53° 47.4′ N   006° 11.1′ E." At 131100 UTC Feb navigational warning cancelled.+

51

Navigationswarnung Nr. 64 vom 13. Februar um 0915 UTC: „Ein großes Bündel Schnittholz treibt in der Deutschen Bucht, im Verkehrstrennungsgebiet auf Position 53° 47,4′ N   006° 11,1′ E." Aufhebung der Navigationswarnung am 13. Februar um 1100 UTC.+

Schritt 9: Übungen zur praktischen Prüfung

UKW-Funkbetriebszeugnis

Sofern die Ausbildungsstätte keine eigenen Geräte stellt, wird die praktische Prüfung an zwei Funkgeräten IC-M503 mit DSC-Controllern DS-100 durchgeführt. Für diese Geräte sind die Musterlösungen beschrieben. Die Prüfung besteht aus vier Pflichtaufgaben und zwei bis drei „sonstigen Fertigkeiten". Die Aufgaben werden schriftlich auf Englisch gestellt. Bei der Abgabe der Meldung muss der englische Text verlesen werden. Alle Pflichtaufgaben und zwei sonstige Fertigkeiten müssen spätestens im zweiten Versuch mit *ausreichend* bewertet werden.

Pflichtaufgaben sind entweder

1a) Controller editieren und Senden eines Notalarms
2a) Aussenden einer Notmeldung[1]
3a) Beenden des Notverkehrs
4a) Controller editieren, Senden eines Dringlichkeitsanrufes und Abgabe der Dringlichkeitsmeldung

oder

1b) Speicherabfrage und Bestätigung des Empfangs eines DSC-Notalarms
2b) Controller editieren, Weiterleitung eines Notalarms und Information der Seefunkstelle in Not
3b) Aufheben eines Fehlalarms
4b) Speicherabfrage, Aufnahme der Dringlichkeitsmeldung und Einleitung weiterer Maßnahmen

Die dreizehn sonstigen Fertigkeiten sind:

1 Aussenden eines Notalarms durch eine Funkstelle, die sich nicht selbst in Not befindet
2 Speicherabfrage und Empfangsbestätigung
3 Abwicklung des Notverkehrs
4 Funkstille gebieten
5 Abwicklung des Funkverkehrs vor Ort
6 Aufheben einer Dringlichkeitsmeldung
7 Controller editieren und Senden eines Sicherheitsanrufes mit Abgabe der Sicherheitsmeldung
8 Controller editieren und Senden eines Routineanrufes an eine SeeFuSt
9 Kanalwechsel
10 Abwicklung von Routinefunkverkehr mit einer SeeFuSt
11 Controller editieren und Senden eines Routineanrufes an eine KüFuSt
12 Abwicklung des Routinefunkverkehrs mit einer KüFuSt
13 Einstellen des Controllers

157

---

[1] Nicht zu verwechseln mit *Eröffnung des Notverkehrs.*

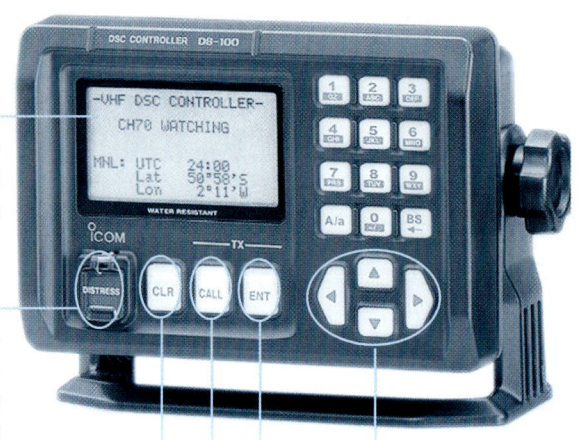

Display
Aus der hier gezeigten Grundeinstellung gelangt man durch Drücken der CALL-Taste in das Hauptmenü.

Distress-Taste
Wird die Distress-Taste 5 Sekunden lang gedrückt gehalten, so wird ein DSC-Notalarm gesendet. In der Prüfung muss jedoch zunächst der Controller editiert − d. h. Notfallart, Position und Zeit eingegeben − werden.

Clear-Taste
Drücken dieser Taste macht die letzte Eingabe rückgängig.

BS-Taste
BS steht für Back Space. Damit kann eine Ziffer gelöscht werden − etwa um einen anderen Kanal zu wählen als vorgeschlagen.

A/a-Taste
Dient u. a. zum Löschen empfangener Rufe.

Ziffern-, Buchstabentastatur
Zum Eingeben von Position, Zeit und Adressbuch.

Menütasten
Mit ▲ und ▼ kann man durch das Menü blättern, mit ▶ und ◀ den Cursor positionieren.

Enter-Taste
Mit ENT wird die Eingabe bestätigt.

Calltaste
Diese Taste öffnet das Menü. Sie muss in der Prüfung immer zuerst gedrückt werden. Zum Senden müssen CALL und ENT gleichzeitig gedrückt werden.

Ein-/Aus-Schalter
Das Gerät wird am Funkgerät ein- und ausgeschaltet (Taste Power).

Icom DSC-Controller Klasse D. Dieses Gerät wird zu Prüfungszwecken verwendet.

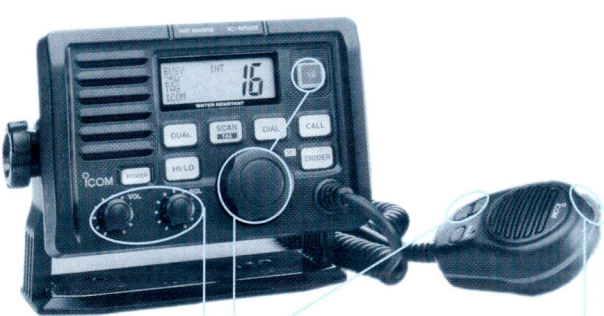

Betriebsart
Die Taste HI/LO gedrückt halten und dabei kurz DIAL drücken – so wird die Betriebsart eingestellt: Seefunk (Anzeige INT/DSC) oder Binnenschifffahrtsfunk (Anzeige ATIS).

POWER
Zum Ein- und Ausschalten der Funkanlage.

HI/LO
Zum Umschalten der Sendeleistung von 1 W auf 25 W und zurück. Die Sendeleistung wird im Display angezeigt.

SCAN / TAG
Startet und stoppt den Kanalsuchlauf. Um einen TAG-Kanal (Suchlaufkanal) zu programmieren, den Kanal einstellen und die Taste SCAN/TAG eine Sekunde lang gedrückt halten. Um den Kanalsuchlauf auszuschalten, SCAN/TAG drei Sekunden lang drücken. Um alle TAG-Kanäle zu löschen, HI/LO und SCAN/TAG gleichzeitig drei Sekunden lang drücken.

DIAL
DIAL stellt auf den letzten Arbeitskanal zurück, wenn zwischendurch Taste 16 oder CALL gedrückt wurde.

CALL
CALL stellt im Seefunkbetrieb Kanal 06 und im Binnenschifffahrtsfunk Kanal 10 ein.

Sendetaste
Drücken, um zu senden; Taste zum Empfang loslassen. Mikrofon (kleine Öffnung) zwei bis fünf cm vor den Mund halten. Vor dem Senden prüfen, ob der Kanal belegt ist (Anzeige BUSY).

Kanalwahl
Das Gerät bietet fünf Möglichkeiten, den Kanal einzustellen:
1. *mit dem Drehknopf*
2. *mit den Tasten am Mikro*
3. *mit Taste 16*
4. *mit Taste DIAL (siehe links)*
5. *mit CALL (siehe links)*

Rauschsperre, Lautstärke
Knopf SQL nach ganz links drehen, der Lautsprecher rauscht. Nun mit VOL die gewünschte Lautstärke einstellen. Schließlich SQL so weit nach rechts drehen, bis das Rauschen verstummt.

Das Icom UKW-Sprechfunkgerät ist mit dem DSC-Controller DS-100 verbunden.

Pflichtaufgabe 1a

Send a distress alert!

Your ship and data:
- Techno/DLXC 211222330
- position: 57-35N 007-50E
- distress time: 1730 UTC
- flooding

<Select a subject>

▸ Undesignated
Fire, Explosion
Flooding
Collision

<CLR->Exit / ENT->OK>

[▼] 2 x

<Input a time>

UTC 08:44 [1] Null

<A/a->Null data>
<CLR->Exit / ENT->OK>

[1] [7] [3] [0] [ENT]

-VHF DSC Controller-

CH 70 WATCHING

MNL: Local 08:44[1]
Lat   59°15' N
Lon   8°32' E

[CALL]

<Select a subject>

Undesignated
Fire, Explosion
▸ Flooding
Collision

<CLR->Exit / ENT->OK>

[ENT]

<Push and hold
[DISTRESS] for 5 sec>

Nature of Distress
Flooding
MNL: UTC 17:30
Lat   57°35'N
Lon   7°50'E

[DISTRESS] 5 sec

<Select a subject>

▸ Entry position/time
Individual call
Group call
All ships call
Position request
Received calls

[▼] 6 x

<Input a position>

Latitude
59°15' N [1]
Longitude
008°32' E [1]
<A/a->Null data>
<CLR->Exit / ENT->OK>

[5] [7] [3] [5] [ENT]

<Distress alert
Completed>

Now waiting for
acknowledgement

<CLR->Exit>

<Select a subject>

Individual call
Group call
All ships call
Position request
Received calls
▸ Distress setting

[ENT]

<Input a position>

Latitude
57°35' N
Longitude
008°32' E [1]
<A/a->Null data>
<CLR->Exit / ENT->OK>

[0] [0] [7] [5] [0] [ENT]

---

[1] Diese Daten stammen aus de
vorangegangenen Aufgabe. Si
können einfach überschriebe
oder durch Drücken der Tast
A/a gelöscht werden.

Fragen zu Aufgabe 1 a

1. Wann ist – nach Abgabe eines DSC-Notalarms – die Taste *CLR zu* drücken? Was passiert dann?

Die Taste *CLR* wird gedrückt, wenn keine weitere Hilfe benötigt wird (auch bei einem Fehlalarm). Dann empfängt der andere DSC-Controller eine Notalarm-Bestätigung (Distress Ack). Dass es keine echte Notalarm-Bestätigung (z. B. von Bremen Rescue) ist, erkennt man am Absender (MMSI) und daran, dass dieser DSC-Ruf auf dem anderen Controller nicht unter den *Distress messages*, sondern unter den *Other messages* abgelegt wird.

2. Was bedeuten die Buchstaben *MNL* in der ersten Display-Anzeige?

MNL steht für Manuell. Die angezeigten Daten wurden manuell erfasst und müssen regelmäßig aktualisiert werden – etwa alle 30 Minuten. Andernfalls zeigt sie der Controller weiterhin an, blendet aber jede Sekunde Fragezeichen ein. – Ist ein GPS-Gerät an den DSC-Controller angeschlossen, so erscheint statt *MNL* die Anzeige *GPS*.

3. Was passiert, wenn Sie nach dem Editieren die DISTRESS-Taste nicht fünf Sekunden, sondern z. B. nur drei Sekunden lang gedrückt halten?

Dann wird kein DSC-Notalarm gesendet. Der Controller schaltet in die Grundstellung zurück.

4. Welche Notfallarten bietet der DSC-Controller an?

1. Undesignated (keine Angabe)
2. Fire, Explosion
3. Flooding
4. Collision
5. Grounding
6. Capsizing
7. Sinking
8. Disabled adrift
9. Abandoning ship
10. Piracy attack
11. Man overboard
12. Epirb emission

5. Wie schaltet man bei der Erfassung der Notfallposition von nördlicher Breite auf südliche um?

Indem die Taste *7/PRS* gedrückt wird. Mit der Taste *6/MNO* kann zurück auf N geschaltet werden.

6. Was bedeutet die Anzeige *A/a->Null data*?

Durch Drücken der Taste A/a wird die manuell erfasste Position (und Uhrzeit) gelöscht. Die Eingabe der Daten wird so etwas übersichtlicher.

7. Die Aufgabenstellung enthält auch die MMSI des Havaristen. Wird sie nicht eingegeben?

Nein, die MMSI ist fest einprogrammiert. Sie wird bei jeder Aussendung automatisch übertragen und kann vom Nutzer nicht verändert werden.

161

Pflichtaufgabe 1b

Your boat
• Hip Hop/DYJU 211666440

You received a distress alert.[1] Recall the complete alert with all data from the memory.

Acknowledge the receipt of this distress call.

```
-RCV Distress-

Distress ID:
  211222330
Distress time & pos
  Time: UTC     17:30
  Pos.:  Lat      57°35' N
         Lon    007°50' E
```

CLR

1

```
-VHF DSC Controller-

  CH 70 WATCHING

GPS:   Local  19:30
       Lat      57°39' N
       Lon    007°48' E
```

CALL

```
<Select a subject>

▸ Entry position/time
  Individual call
  Group call
  All ships call
  Position request
  Received calls
```

 5 x

```
<Select a subject>

  Entry position/time
  Individual call
  Group call
  All ships call
  Position request
▸ Received calls
```

ENT

```
<Select a message>

▸ Distress message
  Other messages



  <CLR->Exit / ENT->OK>
```

ENT

```
<Select a message>
▸ 1: Distress        17:30



  <CLR->Exit / ENT->OK>
```

ENT

```
<Message contents>

Distress ID:
  211222330
flooding
Distress time & pos

  <A/a->Data clear>
```

---

[1] Gelegentlich wird diese Aufgabe auch gestellt, wenn der Controller in der Grundeinstellung steht.

3 x

```
┌─────────────────────────────┐
│  <Message contents>         │
│                             │
│  Distress time & pos        │
│  Time:   UTC    17:30       │
│    Pos.: Lat     57°35'N    │
│          Lon   007°50'E     │
│  <A/a->Data clear>          │
└─────────────────────────────┘
```

 3 x

```
┌─────────────────────────────┐
│  <Message contents>         │
│                             │
│  Distress ID:               │
│    211222330                │
│  flooding                   │
│  Distress time & pos        │
│                             │
│    <A/a->Data clear>        │
└─────────────────────────────┘
```

Auf Kanal 16, volle Leistung:

Mayday
211222330 211222330 211222330
This is
211666440 Hip Hop/DYJU
Received Mayday

Mayday
211222330 211222330 211222330
Hier ist
211666440 Hip Hop/DYJU
Erhalten Mayday

Fragen zu Aufgabe 1b

1. Was bedeutet die unterste Zeile in der letzten Display-Anzeige?

Durch Drücken der Taste A/a wird diese Meldung aus dem Speicher gelöscht. Das sollte nicht vor dem Ende des Notverkehrs geschehen (*Silence fini*).

2. Wie schalten Sie das Gerät in die Grundeinstellung zurück?

Ich drücke die Taste CALL.

3. Wann bestätigen Sie den Empfang eines DSC-Notalarms?

Nach dem Empfang eines DSC-Notalarms warte ich die DSC-Notalarm-Bestätigung des MRCC (bzw. der zuständigen KüFuSt) ab. Wenn ich – wie in Aufgabe 1b – nahe beim Havaristen liege und helfen kann, nehme ich unmittelbar nach Eingang des DSC-Notalarms Kurs zum Havaristen auf. Den Empfang des Notalarms bestätige ich während einer Pause im Notverkehr.

4. Was hätten Sie – bei Verständigungsproblemen – anstelle von *Erhalten Mayday* oder *Received Mayday* – auch sagen können?

163

RRR Mayday, gesprochen: Romeo Romeo Romeo Mayday.

5. Können Sie die Notalarm-Bestätigung auch per DSC senden?

Nein, das ist bei einem Klasse-D-Controller nicht möglich. Eine DSC-Notalarm-Bestätigung sendet – von ganz seltenen Ausnahmen abgesehen – nur die zuständige KüFuSt (MRCC).

Pflichtaufgabe 2a

Send a distress message![1]
Your ship and data:

• Techno/DLXC   211222330
• position 57-35N   007-50E at 1730 UTC
• flooding
• 5 persons on board
• abandoning the ship

Lösung am Sprechfunkgerät, ohne DSC-Controller: Kanal 16 einstellen; nicht prüfen, ob der Kanal frei ist; Sprechmuschel nehmen; Sendetaste drücken und sprechen:

Mayday Mayday Mayday
This is
211222330 Techno/DLXC
Mayday 211222330 Techno/DLXC
position 57-35N 007-50E at 1730 UTC
flooding
five persons on board
abandoning the ship
Over

Mayday Mayday Mayday
Hier ist
211222330 Techno/DLXC
Mayday 211222330 Techno/DLXC
Position 57-35N 007-50E um 1730 UTC
Wassereinbruch
Fünf Personen an Bord
Verlassen das Schiff
Over

---

[1] Beachte: Vor der Notmeldung – und nur dann – muss Mayday drei Mal gesprochen werden. Sonst immer nur ein Mal.

Fragen zu Aufgabe 2a

1. In welchen Fällen wird im Seefunk eine Notmeldung (und kein DSC-Notalarm) gesendet?

In zwei Fällen: 1. Wenn kein (funktionsfähiger) DSC-Controller an Bord ist. 2. Um FuSt zu alarmieren, die nicht mit einem DSC-Controller ausgerüstet sind.

2. Wie ist der übliche Ablauf, nachdem Sie in einem A1-Gebiet einen Notalarm (wie in Aufgabe 1a) gesendet haben?

Die zuständige KüFuSt (in Deutschland Bremen Rescue) bestätigt den Empfang des Notalarms per DSC – normalerweise innerhalb von 15 Sekunden. Das schaltet die automatische Wiederholung des DSC-Notalarms ab. Diese DSC-Notalarm-Bestätigung empfangen alle FuSt im Sendebereich der betreffenden KüFuSt, also nicht nur der Havarist, sondern auch die übrigen Schiffe. Falls der Havarist dazu noch in der Lage ist, eröffnet er nun den Notverkehr. Erst danach bestätigen Schiffe den Empfang des DSC-Notalarms per Sprechfunk auf Kanal 16 – und auch nur dann, wenn sie in der Nähe des Havaristen liegen und helfen können.

3. Mit welcher Meldung (Beispiel aus Aufgabe 2 a) eröffnet der Havarist den Notverkehr, nachdem er die DSC-Notalarm-Bestätigung empfangen hat?

Mayday
This is

211222330 Techno/DLXC
position 57-35N 007-50E at 1730 UTC
flooding
five persons on board
abandoning the ship
Over

Mayday
Hier ist
211222330 Techno/DLXC
Position 57-35N 007-50E um 1730 UTC
Wassereinbruch
Fünf Personen an Bord
Verlassen das Schiff
Over

4. Wann wird Mayday einmal und wann wird Mayday dreimal gesprochen?

Mayday wird nur im Notanruf drei Mal ge-sprochen, vor der Notmeldung, also wenn der Havarist ohne DSC um Hilfe ruft. Das kommt lediglich in drei Fällen vor:

1. Im Seefunk, wenn kein funktionsfähi-ger DSC-Controller an Bord ist
2. Im Seefunk, wenn Yachten ohne DSC-Controller um Hilfe gebeten werden sollen (NON-GMDSS)
3. Im Binnenschifffahrtsfunk

Während des Notverkehrs muss vor jedem Anruf ein Mal Mayday gesprochen werden. Damit soll klar gemacht werden, dass nur diejenigen FuSt senden dürfen, die am Notverkehr teilnehmen. Zudem erfahren alle FuSt, die sich erst später eingeschaltet haben, dass Notverkehr läuft und auf die-sem Kanal Funkstille einzuhalten ist.

5. Beschreiben Sie den Aufbau eines Not-anrufes und einer Notmeldung!

Der Notmeldung geht ein Notanruf voran. Er besteht aus dem dreimal zu sprechen-den Notzeichen *Mayday*, den Worten *Hier ist* und den Daten des Havaristen (MMSI/Namen/Rufzeichen). Dann kommt die Notmeldung. Sie ist mitzuschreiben und beginnt immer mit drei Worten: *Mayday*, Name und Rufzeichen des Hava-risten. Darauf folgt die Position, die Not-fallart, die Anzahl der in Not befindlichen Menschen und alles, was die Suche und Rettung erleichtern könnte. Zuletzt: *Over*.

Pflichtaufgabe 2b

Your yacht
• Ernie/DA1045 211001650
is sailing in the North Sea at the border of an A1-Area when you receive the following message on channel 16:

> Mayday Mayday Mayday
> This is
> Bert Bert Bert/DA 1046
> Mayday Bert/DA1046
> position 55-10 N 004-30 E
> we are sinking, 4 persons on board
> we are getting into a life raft
> help requested
> Over

What will you do?

165

Ich höre sofort Kanal 16 ab und beobachte meinen DSC-Controller. Sollte in den nächs-ten zwei Minuten keine Empfangsbestätigung kommen – weder per DSC noch per Sprechfunk –, so informiere ich zunächst die See-FuSt in Not – wer weiß, wie lange sie noch empfangsbereit ist. Ich bestätige also den Empfang der Notmeldung wie folgt (Kanal 16, volle Leistung):

Mayday
DA1046 DA1046 DA1046[1]
This is   *Hier ist*
211001650 Ernie/DA1045
Received Mayday   *Erhalten Mayday*

Nun leite ich die Notmeldung weiter. Dazu kündige ich die Weiterleitung mit einem *DSC-Ruf an alle FuSt* der Kategorie *Distress* an, denn der Klasse-D-Controller erlaubt keine DSC-Weiterleitung. Mit einem Ruf *an alle FuSt* erreiche ich nicht nur das MRCC sondern zugleich auch umliegende Schiffe.

```
-VHF DSC Controller-

    CH 70 WATCHING

GPS:   Local  15:12
       Lat    54°37' N
       Lon   004°51' E
```

CALL

---

[1] Statt des Rufzeichens kann auch der Schiffsname gesendet werden.

```
<Select a subject>

▸ Entry position/time
  Individual call
  Group call
  All ships call
  Position request
  Received calls
```

   3 x

```
<Select a subject>

  Entry position/time
  Individual call
  Group call
▸ All ships call
  Position request
  Received calls
```

ENT

```
<Select a category>

▸ Routine
  Safety
  Urgency
  Distress

<CLR->Exit / ENT->OK>
```

   3 x

```
<Select a category>

  Routine
  Safety
  Urgency
▸ Distress

<CLR->Exit / ENT->OK>
```

ENT

```
 <Push [CALL] & [ENT]
          simultaneously>




  To stop the call,
  push [CLR]
```

CALL   ENT

```
-VHF DSC Controller-

  CH 70 WATCHING

GPS:   Local  13:30
       Lat    54°12'N
       Lon   012°01'E
```

Mayday Relay
Mayday Relay
Mayday Relay
This is
211 001 650 Ernie/DA1045
Just receiving following distress message on
channel 16:
   Mayday Bert/DA1046
   Position 55-10 N 004-30 E
   we are sinking, 4 persons on board
   we are getting into a life raft
   help requested
This is Ernie/DA1045
Over

Mayday Relay
Mayday Relay
Mayday Relay
Hier ist
211 001 650 Ernie/DA1045

Ich habe soeben auf Kanal 16 folgende Notmeldung empfangen:
   Mayday Bert/DA1046
   Position 55-10 N 004-30 E
   Wir sinken, 4 Personen an Bord
   Wir gehen in eine Rettungsinsel
   Hilfe
Hier ist Ernie/DA1045
Over

Fragen zu Aufgabe 2b

1. Warum leiten Sie die Notmeldung nicht direkt an das nächste MRCC weiter?

Da ich in einem A1-Gebiet sende, empfängt sie auch das zuständige MRCC.

2. Wie geht es nun weiter?

Ich werde umgehend eine DSC-Bestätigung der zuständigen KüFuSt empfangen. Anschließend eröffne ich den Notverkehr. Danach erhalte ich per Sprechfunk Bestätigungen umliegender Schiffe.

3. Wie eröffnen Sie den Notverkehr?

Ich sende auf Kanal 16 mit voller Leistung z. B. folgende Meldung:
   Mayday
   This is
   211 001 650   Ernie/DA1045
   My position 55-03 N 004-35 E
   (my actual GPS-position)
   No further informations about Bert
   Please help with search and rescue
   Over

167

Mayday
Hier ist
211 001 650   Ernie/DA1045
Meine Position ist 55-03 N 004-35 E
(Die Position entnehme ich dem GPS)
Habe keine weiteren Informationen zum Notfall Bert, benötige Unterstützung bei der Suche und Rettung.
Over

4. Warum dürfen Sie in einem solchen Fall nicht einfach die DISTRESS-Taste drücken?

Weil nicht ich in Not bin, sondern eine andere SeeFuSt, also Mayday Relay und nicht Mayday.

Pflichtaufgabe 3a

Your ship
• Hip Hop/DYJU 211666440
is on scene co-ordinator for
• Techno/DLXC 211222330
At 1820 UTC complete silence on channel 16 is no longer necessary.

168

Kanal 16 ¹; Sendetaste drücken, sprechen:

Mayday	*Mayday*
All stations (3x)	*An alle FuSt (3 x)*
This is	*Hier ist*
211666440	*211666440*
Hip Hop/DYJU	*Hip Hop/DYJU*
1820 UTC	*1820 UTC*
Techno/DLXC	*Techno/DLXC*
Silence fini	*Silence fini*

---

¹ Mancher Prüfer will zuerst den DSC-Anruf von Seite 166

Pflichtaufgabe 3b

Your boat

• Jule/DD7535 211935710
• July 27th at 1925 UTC
• in position 53-46 N 007-51 E
sent a false distress alert.

Cancel the false alert!

Der DSC-Controller liefert nach Abgabe eines DSC-Notalarms folgende Anzeige.

```
<Distress alert
          completed>

Now waiting for
      acknowledgemet


      <CLR->Exit>
```

CLR

```
-VHF DSC Controller-

   CH 70 WATCHING

GPS:  Local  21:25
      Lat    53°46'N
      Lon   007°51'E
```

Drücken der Taste CLR erzeugt auf dem anderen DSC-Controller eine Notalarm-Bestätigung (Distress Ack), die unter Other messages gespeichert wird. Deshalb und weil die Bestätigung vom Havaristen stammt, ist klar, dass es ein falscher

Notalarm war. Trotzdem muss ich den falschen Alarm noch per Sprechfunk widerrufen.
Ich schalte daher sofort Kanal 16 ein, prüfe
ob der Kanal frei ist (Rauschsperre, keine Anzeige *BUSY*) und sende mit voller Leistung:

All Stations
All Stations
All Stations
This is
211935710   Jule/DD7535
Position 53-46 N   007-51 E
Cancel my distress alert of
1925 UTC, July 27th
Skipper
1927 UTC, July 27th
Over

An alle Funkstellen
An alle Funkstellen
An alle Funkstellen
Hier ist
211935710   Jule/DD7535
Position 53-46 N   007-51 E
Ich widerrufe meinen Notalarm vom
27. Juli, 1925 UTC
Skipper
27. Juli, 1927 UTC   aktuelle Uhrzeit
Over

Fragen zu Aufgabe 3b

1. Warum stellen Sie Ihrem Widerruf nicht
das Notzeichen Mayday voran?
Weil es kein Notfall ist, weil weder
Menschenleben noch ein Schiff in Gefahr
ist, deshalb eine Routinemeldung.

2. Mit welchen Konsequenzen müssen Sie
in diesem Fall rechnen?

Wenn ich umgehend den falschen Alarm
widerufe, erwarte ich keine weiteren Konsequenzen. Würde ich hingegen den
falschen Alarm nicht widerrufen, so müss-
te ich zumindest die entstehenden Kosten übernehmen. Weitergehende Maßnahmen hängen von den Einzelheiten
des Falles ab.

3. Ist der formale Aufbau des Widerrufs international vorgeschrieben – so wie in der
nebenstehenden Lösung dargestellt?

Nein, die Radio Regulations enthalten für
falsche Alarme auf UKW nur den Hinweis,
dass
1. das Gerät umgehend zurückzusetzen
ist (durch Drücken der Taste CLR)
2. Kanal 16 einzustellen
3. eine Meldung an alle FuSt unter Angabe des Schiffsnamens, des Rufzeichens und der MMSI auszusenden
und der falsche Alarm zu widerrufen
ist.
Der nebenstehende Aufbau entspricht den
Mitteilungen für Seefunkstellen und Schiffsfunkstellen der RegTP, Heft 1/2001.

169

4. Wie verhalten Sie sich, wenn versehentlich eine Seenotfunkbake ausgelöst hat?

Ich muss dann eine entsprechende Meldung abgeben, die jedoch nicht an alle
FuSt, sondern an die nächstgelegene
zuständige KüFuSt (MRCC) zu richten ist.
Das darf auch per Handy geschehen.

Pflichtaufgabe 4a

Your yacht
* Suleika/DG 2525 211042760
* in position 54-12 N 012-01 E

At 1130 UTC dismasted and engine broken down.
Tug assistance urgently required.

```
-VHF DSC Controller-

    CH 70 WATCHING

GPS:   Local  13:30
       Lat    54°12'N
       Lon   012°01'E
```

CALL

```
<Select a subject>

▸ Entry position/time
  Individual call
  Individual ACK [1]
  Group call
  All ships call
  Position request
```

 4 x

```
<Select a subject>

  Entry position/time
  Individual call
  Individual ACK [1]
  Group call
▸ All ships call
  Position request
```

ENT

```
<Select a category>

▸ Routine
  Safety
  Urgency
  Distress

<CLR->Exit / ENT->OK>
```

 2 x

```
<Select a category>

  Routine
  Safety
▸ Urgency
  Distress

<CLR->Exit / ENT->OK>
```

ENT

```
<Push [CALL] & [ENT]
       simultaneously>




To stop the call,
push [CLR]
```

CALL ENT

```
-VHF DSC Controller-

    CH 70 WATCHING

GPS:   Local  13:30
       Lat    54°12'N
       Lon   012°01'E
```

---

[1] Wird angezeigt, solange nicht die received calls gelöscht sind.

Das Sprechfunkgerät hat bereits auf Kanal 16 geschaltet. Falls nötig noch die Sendeleistung (HI/LO) auf 25 W einstellen. Hinweisen, dass kein Seenotverkehr läuft, Sprechmuschel nehmen; Sendetaste drücken und sprechen:

Pan Pan Pan Pan Pan Pan
All stations
All stations
All stations
This is
211042760 Suleika/DG2525
position 54-12N 012-01E at 1130 UTC
dismasted and engine broken down
tug assistance urgently required
Over

Pan Pan Pan Pan Pan Pan
An alle Funkstellen
An alle Funkstellen
An alle Funkstellen
Hier ist
211042760 Suleika/DG2525
Position 54-12N 012-01E um 1130 UTC
Mastbruch und Maschinenschaden
Dringend Schlepphilfe benötigt
Over

Fragen zu Aufgabe 4a

1. Obwohl Sie wie nebenstehend beschrieben den DSC-Controller editiert haben, wird der DSC-Ruf nicht gesendet. Woran liegt das?

Das Funkgerät ist auf Binnenschifffahrtsfunk eingestellt. Dies ist an der Anzeige *ATIS* oben im Display erkennbar. In dieser Einstellung kann das Funkgerät nicht auf Kanal 70 schalten und den DSC-Ruf senden. Das Funkgerät wird auf Seefunkbetrieb umgeschaltet, indem gleichzeitig die Tasten HI/LO und DIAL gedrückt werden.

2. Obwohl Sie wie nebenstehend beschrieben den DSC-Ruf gesendet haben, ertönt beim zweiten Gerät nur ein leises Alarmsignal und der Kanal wird nicht umgeschaltet. Woran liegt das?

Das andere Funkgerät ist auf Binnenschifffahrtsfunk eingestellt (an der Anzeige *ATIS* oben im Display erkennbar). Zum Umschalten HI/LO und DIAL drücken.

3. Warum haben Sie die Position nicht per DSC übermittelt?

Das ist nur bei einem DSC-Notalarm möglich. Nur bei einem DSC-Notalarm ist keine Abgabe einer Meldung nötig. In allen anderen Fällen muss nach dem Senden eines DSC-Rufes eine Meldung gesprochen werden. Sie enthält die Position.

4. Muss der Empfang eines Dringlichkeitsanrufes bestätigt werden? Muss diese Dringlichkeitsmeldung widerrufen werden?

Dringlichkeitsanrufe an alle FuSt werden nicht bestätigt, es sein denn man kann helfen.
Nein, diese Dringlichkeitsmeldung muss nicht widerrufen werden, weil nicht alle FuSt aufgefordert wurden, eine bestimmte Maßnahme durchzuführen.

Pflichtaufgabe 4b

Your boat
• Scheherazade/DE3443 211344430
received Suleika's urgency call (see
exercise 4a, page 170).

1. Recall the complete dsc-urgency call from
    the memory.

2. You are half a mile away from Suleika and
    you can offer tug assistance.
    Answer the dsc-call and inform Suleika
    about the possible support!

```
-VHF DSC Controller-

  CH 70 WATCHING

GPS:   Local  13:30
       Lat    54°12'N
       Lon  012°02'E
```

```
-RCV All ships call-

From:  211042760
Category:  Urgency


  <CLR->Exit / ENT->OK>
```

CLR

```
-VHF DSC Controller-

  CH 70 WATCHING

GPS:   Local  13:30
       Lat    54°12'N
       Lon  012°02'E
```

CALL

```
<Select a subject>

▶ Entry position/time
  Individual call
  Group call
  All ships call
  Position request
  Received calls
```

  5 x

```
<Select a subject>

  Entry position/time
  Individual call
  Group call
  All ships call
  Position request
▶ Received calls
```

ENT

```
<Select a message>

▶ Distress message
  Other messages



  <CLR->Exit / ENT->OK>
```

```
<Select a message>

  Distress message
▶ Other messages



  <CLR->Exit / ENT->OK>
```

ENT

```
<Select a message>

▸ 1: All ships call
  2: Individual call
  3: All ships call


  <CLR->Exit / ENT->OK>
```

ENT

```
<Message contents>

Urgency to all ships
From:  211042760
F3E/G3E simplex
CH 16

  <A/a->Data clear>
```

▼

```
<Message contents>

From:  211042760
F3E/G3E simplex
CH 16
No information

  <A/a->Data clear>
```

CALL   *Achtung! Zuerst MMSI abschreiben*

```
-VHF DSC Controller-

  CH 70 WATCHING

GPS:  Local  13:30
      Lat    54°12'N
      Lon  012°02'E
```

Zu 2.: Im Notverkehr ist vor jedem Anruf das Notzeichen zu senden. Für den Dringlichkeitsverkehr gibt es eine entsprechende Vorschrift nicht. Daher steht es im Ermessen der FuSt, ob sie es für erforderlich halten, nachfolgenden Anrufen nochmal das Dinglichkeitszeichen Pan Pan (dreimal gesprochen) voranzusetzen. Der nachfolgende Funkverkehr wird üblicherweise als Routineverkehr abgewickelt, wenn die weitere Lösung des Problems nur noch eine Routineangelegenheit ist.

Das ist in diesem Beispiel der Fall. Scheherazade meldet sich auf Kanal 16, weil Suleika, diesen Kanal vorgegeben hat. Sobald Kanal 16 frei ist, ruft Scheherazade:

211042760
This is
211344430 Scheherazade/DE3443
I can offer tug assistance
Over

211042760
Hier ist
211344430 Scheherazade/DE3443
Ich kann Schlepphilfe anbieten.
Over

Weil der weitere Funkverkehr nicht mehr dringend ist, muss Suleika den Kanal wechseln. Auf Kanal 16:

Scheherazade
This is
211042760 Suleika/GD 2525
Thank you. Please switch to channel 72
Over

173

Wäre Kanal 16 mit Notverkehr belegt, so ant-
wortete Scheherazade besser per DSC:

```
-VHF DSC Controller-

  CH 70 WATCHING

GPS:  Local  13:30
      Lat   54° 12' N
      Lon   012° 02' E
```

Call

```
<Select a subject>

  Individual call
  Group call
  All ships call
  Position request
▶ Received calls
  Distress setting
```

  4 x

```
<Select a subject>

▶ Individual call
  Group call
  All ships call
  Position request
  Received calls
  Distress setting
```

ENT

```
<Select address ID>

▶ Manual Entry
  Bremen Rescue
  Bert

  <CLR->Exit / ENT->OK>
```

ENT

```
<Input address ID>

ID:    (9digit)
       ▪_____

  <CLR->Exit / ENT->OK>
```

2 1 1 0 4 2 7 6 0

```
<Input address ID>

ID:    (9digit)
       211042760

  <CLR->Exit / ENT->OK>
```

ENT

```
<Select a category>

▶ Routine
  Safety
  Urgency
  Distress

  <CLR->Exit / ENT->OK>
```

  2 x

```
<Select a category>

  Routine
  Safety
▶ Urgency
  Distress

  <CLR->Exit / ENT->OK>
```

174

ENT

```
<Input a traffic CH>

CH:  ▪16



<CLR->Exit / ENT->OK>
```

BS   2 x

```
<Input a traffic CH>

CH:  ▪ _



<CLR->Exit / ENT->OK>
```

7 2

```
<Input a traffic CH>

CH:   72▪



<CLR->Exit / ENT->OK>
```

ENT

```
<Push [CALL] & [ENT]
     simultaneously>



To stop the call,
push [CLR]
```

CALL ENT

```
-VHF DSC Controller-

   CH 70 WATCHING

GPS:   Local  13:30
       Lat    54°12' N
       Lon   012°02' E
```

Sonstige Fertigkeit 2.1

Your boat
• Suleika/DG2525 211042760
received this dsc-call.
1. Recall message contents from the memory.
2. Acknowledge the call. You are able to comply.

Lösung von 1. analog Pflichtaufgabe 4b.

```
-RCV Individual call-

From:  211344430



  <CLR->Exit / ENT->OK>
```

ENT

```
<Select an address ID>

▸ 211344430
  Other



  <CLR->Exit / ENT->OK>
```

ENT

```
<Select a comply>

▶ Able to comply
  Unable to comply



  <CLR->Exit / ENT->OK>
```

ENT

```
<Input a traffic CH>

CH:   72



  <CLR->Exit / ENT->OK>
```

ENT

```
<Push [CALL] & [ENT]
      simultaneously>




To stop the call,
push [CLR]
```

CALL   ENT

```
-VHF DSC Controller-

  CH 70 WATCHING

GPS:   Local 13:32
       Lat   54°12'N
       Lon  012°01'E
```

Nun sind beide Funkgeräte auf Kanal 72 geschaltet. *Scheherazade* empfängt die Anruf-Bestätigung (Individual Ack) von 211042760 mit *Able to comply* und eröffnet:

Pan Pan   Pan Pan   Pan Pan
211042760
This is
211344430 Scheherazade/DC3443
I am only half a mile away
I can offer tug assistance
Over

Pan Pan   Pan Pan   Pan Pan
211042760
Hier ist
211344430 Scheherazade/DC3443
Ich bin nur etwa eine halbe Meile entfernt und kann Schlepphilfe leisten.
Over

Suleika antwortet ohne Dringlichkeitszeichen:

Scheherazade
This is
Suleika/GD 2525
Thanks for your offer. You are welcome
Over

Scheherazade
Hier ist
Suleika/GD 2525
Danke für Ihr Angebot. Ich erwarte Sie.
Over

Hinweis zur Prüfung:
Zwei Bewerber können gleichzeitig geprüft werden. Sie bearbeiten dann abwechselnd die Pflichtaufgaben 1a bis 4a und 1b bis 4b.

176

Fragen zu diesen Aufgaben

1. Wie können Sie eine Anruf-Bestätigung senden, wenn Sie den Controller zwischendurch in die Grundeinstellung zurückgeschaltet haben?

Solange Anrufe noch nicht bestätigt wurden, zeigt das Hauptmenü die Option *Individual Ack* an. Damit kann die Anrufbestätigung gesendet werden.

2. Wie erhält die gerufene FuSt *Suleika* Kenntnis von dem Arbeitskanal, wenn sie den Anruf nicht per DSC, sondern als offenen Sprachanruf bestätigen möchte?

Im Anrufspeicher *Other* (*Received calls*) ist der DSC-Anruf mit Arbeitskanal 72 gespeichert. DSC-Selectivanrufe (an eine FuSt) müssen jedoch per DSC bestätigt werden.

3. Hätte *Suleika* in ihrem DSC-Dringlichkeitsanruf nicht besser gleich Kanal 72 angeben sollen? Ist das überhaupt gestattet?

Ja, das ist gestattet. *Suleika* würde besser Kanal 72 wählen, wenn sie Hilfe von einer anderen Yacht erbitten will. Möchte sie (nicht nur Yachten, sondern auch) Bremen Rescue informieren, so muss sie Kanal 16 wählen. – Wenn gleichzeitig auf Kanal 16 Notverkehr herrscht, so *muss* (auch bei Dringlichkeit) ein Arbeitskanal genommen werden (siehe Frage 176 auf Seite 94). *Suleika* darf während eines Notverkehrs ihre Dringlichkeitsmeldung keinesfalls auf Kanal 16 senden; sie darf sie dort allenfalls ankündigen (siehe Seite 52).

Sonstige Fertigkeit 1 (siehe Seite 157)

Your ship
• Adlerauge/DG4711 211552660
• in position 54-59 N 008-06 E

At 17:15 LT you are observing in a distance of 0.5 nm west of above position a surfer sitting on his board and giving a distress sign (repeated raising and sinking of his stretched out arms)[1]. Send a distress alert to Bremen Rescue (MMSI 002111240)!

```
-VHF DSC Controller-

    CH 70 WATCHING

GPS:   Local  17:15
       Lat    54°59' N
       Lon     8°06' E
```

```
<Select a subject>

▸ Entry position/time
  Individual call
  Group call
  All ships call
  Position request
  Received calls
```

```
  ▼
```

---

[1] Gemäß Handbuch für Suche und Rettung soll dem Surfer in Not der Empfang seines Notzeichens signalisiert werden, indem drei Blitzknallsignale – etwa im Minutenabstand – abgefeuert werden oder ein orangefarbenes Rauchsignal gezündet wird.

```
<Select a subject>

  Entry position/time
▸ Individual call
  Group call
  All ships call
  Position request
  Received calls
```

```
<Select a category>

▸ Routine
  Safety
  Urgency
  Distress

<CLR->Exit / ENT->OK>
```

| ENT |

| ▼ | 3 x

```
<Select address ID>

▸ Manual Entry[1]
  Algebra
  Bert
  Undine

<CLR->Exit / ENT->OK>
```

```
<Select a category>

  Routine
  Safety
  Urgency
▸ Distress

<CLR->Exit / ENT->OK>
```

| ENT |

| ENT |

```
<Input address ID>

ID:  (9digit)
     ▓ _____



<CLR->Exit / ENT->OK>
```

```
<Push [CALL] & [ENT]
         simultaneously>




To stop the call,
push [CLR]
```

| 0 | 0 | 2 | 1 | 1 | 1 | 2 | 4 | 0 |

| CALL | | ENT |

```
<Input address ID>

ID:  (9digit)
     002111240▓



<CLR->Exit / ENT->OK>
```

```
-VHF DSC Controller-

   CH 70 WATCHING

GPS:   Local  17:15
       Lat    54°59' N
       Lon     8°06' E
```

| ENT |

---

[1] Nur falls Bremen Rescue nicht im Telefonbuch steht.

178

Nachdem Bremen Rescue den Empfang per DSC bestätigt hat (binnen wenigen Sekunden), wird gesprochen. Auf Kanal 16:

Mayday Relay
Mayday Relay
Mayday Relay
This is
211 552 660   Adlerauge/DG4711
In position 54-59 N 008-06 E
At 17:15 local time I am observing in a distance of 0.5 nm west of above position a surfer sitting on his board and giving a distress sign (repeated raising and sinking of his stretched out arms).
This is Adlerauge/DG4711
Over

Mayday Relay
Mayday Relay
Mayday Relay
Hier ist
211 552 660   Adlerauge/DG4711
Ich stehe auf Position 54-59 N   008-06 E und beobachte um 17:15 Uhr GZ in 0,5 sm Entfernung westlich von obiger Position einen Surfer, der auf seinem Brett sitzt und ein Notzeichen abgibt (wiederholtes Heben und Senken der ausgestreckten Arme).
Hier ist Adlerauge/DG4711
Over

Fragen dazu

1. Warum sprechen Sie Bremen Rescue in Ihrem Anruf nicht an?

Das ist nicht vorgesehen und auch überflüssig, weil Bremen Rescue nach Bestätigung meines DSC-Anrufes Kanal 16 hört.

2. Ist der DSC-Anruf vor der Meldung vorgeschrieben?
Es ist nach den Radio Regulations vorgeschrieben, dass ein Notalarm ausgesendet wird. Im Gegensatz zur Notmeldung bedeutet dies eine Alarmierung per DSC.

3. Warum senden Sie nicht bereits per DSC ein Mayday Relay, also einen DSC-Ruf, aus dem hervorgeht, dass nicht Ihr Schiff, sondern ein anderes Fahrzeug in Not ist?
Das ist nur mit einem DSC-Controller der Klasse A oder B möglich, jedoch nicht mit diesem Gerät (Klasse D).

4. Warum sagen Sie am Ende der Meldung noch einmal: «Hier ist Adlerauge/DG4711»?
Eine Funkstelle, die einen Notalarm weiterübermittelt, muss angeben, dass sie nicht selbst in Not ist. Das geschieht zum einen durch das Zeichen Mayday Relay und es wird mit dem genannten Abschluss noch einmal verdeutlicht (für alle, die den Anfang nicht richtig verstanden haben).

5. Müssen Sie den Notalarm auch dann senden, wenn Sie keine weitere Hilfe zur Rettung des Surfers benötigen?
Ja, das schreiben die Radio Regulations vor, weil der Surfer ja nicht in der Lage ist, den Notalarm selbst auszusenden. (Damit sichere ich mich auch ab, falls der Surfer ertrinken sollte.) Wenn der Surfer hingegen nur winkt – also nicht in Not ist –, so ist kein Notalarm zu senden.

Sonstige Fertigkeit 8 (siehe Seite 157)

Your boat
• Ernie/DA1045 211001650

You want a small talk with your friend
• Bert / DA1046 211001660
on channel 69.

```
-VHF DSC Controller-

    CH 70 WATCHING

GPS:   Local  13:11
       Lat    56°54' N
       Lon     3°21' E
```

Call

```
<Select a subject>

  Individual call
  Group call
  All ships call
  Position request
▸ Received calls
  Distress setting
```

 4 x

```
<Select a subject>

▸ Individual call
  Group call
  All ships call
  Position request
  Received calls
  Distress setting
```

ENT

```
<Select address ID>

▸ Manual Entry
  Bert



  <CLR->Exit / ENT->OK>
```

```
<Select address ID>

  Manual Entry
▸ Bert



  <CLR->Exit / ENT->OK>
```

ENT

```
<Select a category>

▸ Routine
  Safety
  Urgency
  Distress

  <CLR->Exit / ENT->OK>
```

ENT

```
<Input a traffic CH>

CH:   79



  <CLR->Exit / ENT->OK>
```

BS 2 x

```
<Input a traffic CH>

CH:    ▓_




<CLR->Exit / ENT->OK>
```

6		9

```
<Input a traffic CH>

CH:    69




<CLR->Exit / ENT->OK>
```

ENT

```
<Push [CALL] & [ENT]
       simultaneously>




To stop the call,
push [CLR]
```

CALL   ENT

Nach Empfang der Anrufbestätigung (siehe
nächste Fertigkeit) kann das Gespräch
begonnen werden, sobald Kanal 69 frei ist
(Rauschsperre, keine Anzeige *BUSY*):

Ernie   *Ernie*
This is   *Hier ist*
Bert   *Bert*
How are you ...   *Moin Moin ...*

```
Sonstige Fertigkeit 2.2   (siehe Seite 157)

Your boat
•  Bert/DA1046  211001660
received a dsc-call.

1.  Recall message contents from the memory.
2.  Acknowledge the call. You are able to
    comply.
```

```
-RCV Individual call-

From: 211001650




        <CLR->Exit / ENT->OK>
```

CLR

```
-VHF DSC Controller-

    CH 70 WATCHING

GPS:   Local  13:12
       Lat    56°56'N
       Lon     3°21'E
```

CALL

```
<Select a subject>

▸ Entry position/time
  Individual call
  Individual ACK
  Group call
  All ships call
  Position request
```

    6 x

```
<Select a subject>

Individual call
Individual ACK
Group call
All ships call
Position request
▸ Received calls
```

```
<Message contents>

Routine to Individual
From:  211001650
F3E/G3E simplex
CH 69


<A/a->Data clear>
```

ENT

```
<Select a message>

▸ Distress message
  Other messages




<CLR->Exit / ENT->OK>
```

```
<Message contents>

From:  211001650
F3E/G3E simplex
CH 69
No information


<A/a->Data clear>
```

▼   1 x

CALL

```
<Select a message>

  Distress message
▸ Other message




<CLR->Exit / ENT->OK>
```

```
-VHF DSC Controller-

   CH 70 WATCHING

GPS:   Local  13:12
       Lat    56°56' N
       Lon     3°21' E
```

ENT

```
<Select a message>

▸ 1: Individual call
  2: All ships call
  3: Individual call



<CLR->Exit / ENT->OK>
```

Der Ruf ist ein Routine-Selektivruf (nur an
Bert gerichtet). Er stammt von 211001650.
Die Sendeart *F3E/G3E* ist Sprechfunk auf
UKW (Phasenmodulation) auf Kanal 69.
Keine weitere Information. Damit ist Teil 1
gelöst.

ENT

```
-VHF DSC Controller-

  CH 70 WATCHING

GPS:  Local  13:12
      Lat    56°56' N
      Lon     3°21' E
```

CALL

```
<Select a subject>

Individual call
Individual ACK
Group call
All ships call
Position request
▶ Received calls
```

▲ 4 x

```
<Select a subject>

Individual call
▶ Individual ACK
Group call
All ships call
Position request
Received calls
```

ENT

```
<Select address ID>

▶ 211001650
  Other



<CLR->Exit / ENT->OK>
```

ENT

```
<Select a comply>

▶ Able to comply [1]
  Unable to comply



<CLR->Exit / ENT->OK>
```

ENT

```
<Input a traffic CH>

CH:   69



<CLR->Exit / ENT->OK>
```

ENT

```
<Push [CALL] & [ENT]
      simultaneously>



To stop the call,
push [CLR]
```

CALL ENT

```
-VHF DSC Controller-

  CH 70 WATCHING

GPS:  Local  13:12
      Lat    56°56' N
      Lon     3°21' E
```

183

[1] Bereit den Wunsch zu erfüllen

Sonstige Fertigkeit 3   (siehe Seite 157)

Your yacht
• Bruno Lepa/DH8855 211543210
• at 1745 UTC in position 55-35 N 003-13 E
At 1735 UTC you had received a distress alert
from
• Anni Graner/DD3443 211333220
You have already acknowledged the receipt.

Now you have to inform the ship in distress
about your position and that you are proceeding with a speed of 8 kn to the distress position that will be reached at 1815 UTC.

*Mayday
Anni Graner
This is
211543210 Bruno Lepa/DH8855
At 1745 in position 55-35 N 003-13 E.
I am proceeding with a speed of 8 knots to
the distress position that will be reached at
1815 UTC
Over*

184

*Mayday
Anni Graner
Hier ist
211543210 Bruno Lepa/DH8855
Meine Position um 1745: 55-35 N 003-13 E
Ich laufe mit 8 kn zur Unfallstelle und werde
dort um 1815 UTC eintreffen.
Over.*

Sonstige Fertigkeit 4   (siehe Seite 157)

Your yacht
• Bruno Lepa/DH8855 211543210
is coordinating distress traffic for
• Anni Graner/DD3443 211333220
Impose silence for two unknown stations
which interfere with distress traffic.

Mayday	*Mayday*
All stations	*An alle Funkstellen*
Silence Mayday[1]	*Silence Mayday*

Sonstige Fertigkeit 5   (siehe Seite 157)

Your yacht
• Bruno Lepa/DH8855 211543210
is on scene co-ordinator for
• Anni Graner/DD3443 211333220
At 1825 UTC you have rescued all persons
being on board of the ship in distress.
Inform all stations.

*Mayday
All stations
This is
Bruno Lepa
Bruno Lepa
At 1825 UTC I rescued all persons being on
board of the ship in distress.
Over*

*Mayday
An alle Funkstellen*

---

[1] Französisch gesprochen wie ßilaanß mädeh.

Hier ist
Bruno Lepa
Bruno Lepa
Ich habe um 1825 UTC alle Personen von
Bord des Havaristen geborgen.
Over

Sonstige Fertigkeit 6 (siehe Seite 157)

Your boat
• Kollege Kühnert/DA6622 211484840
At 1220 UTC you had requested all ships in vicinity to keep a sharp lookout for a person missing and to report any sighting to you. At 1430 UTC the person was rescued. Cancel the urgency message.

Seefunkbetrieb, Kanal 16, Rauschsperre kurz aufdrehen, Kanal nicht *Busy*[1].

All stations
This is
Kollege Kühnert
Kollege Kühnert
The urgency message of 1220 UTC is cancelled. The lost person was rescued.

An alle Funkstellen
Hier ist
Kollege Kühnert
Kollege Kühnert
Dringlichkeitsmeldung von 1220 UTC aufgehoben. Die vermisste Person wurde gerettet.

---

[1] Mancher Prüfer will zuerst den DSC-Anruf von Seite 170

Sonstige Fertigkeit 7 (siehe Seite 157)

Your ship
• Dr. Dempe/DE6699 211772770
• at 1111 UTC in position 56-54 N 003-21 E observed a drifting fishing net about 200 sqm large. Send a navigational warning!

```
-VHF DSC Controller-

   CH 70 WATCHING

GPS:  Local  13:11
      Lat    56°54' N
      Lon     3°21' E
```

Call

```
<Select a subject>

 Individual call
 Group call
 All ships call
 Position request
▶ Received calls
 Distress setting
```

▲   2 x

```
<Select a subject>

 Individual call
 Group call
▶ All ships call
 Position request
 Received calls
 Distress setting
```

ENT

```
<Select a category>

▸ Routine
  Safety
  Urgency
  Distress

  <CLR->Exit / ENT->OK>
```

```
<Select a category>

  Routine
▸ Safety
  Urgency
  Distress

  <CLR->Exit / ENT->OK>
```

| ENT |

```
<Push [CALL] & [ENT]
    simultaneously>




To stop the call,
push [CLR]
```

| CALL | | ENT |

```
-VHF DSC Controller-

  CH 70 WATCHING

GPS:  Local  13:11
      Lat     56°54' N
      Lon      3°21' E
```

Seefunkbetrieb, Kanal 16, Rauschsperre kurz aufdrehen, Kanal nicht *Busy:*

Sécurité   Sécurité   Sécurité
All stations   All stations   All stations
This is
211772770 Dr. Dempe/DE6699
At 1111 UTC in position 56-54 N   003-21 E
I observe a drifting fishing net about 200
square metres large. End of message.

Sécurité   Sécurité   Sécurité
An alle Funkstellen   An alle Funkstellen
An alle Funkstellen
Hier ist
211772770 Dr. Dempe/DE6699
Um 1111 UTC auf Position 56-54 N   003-21 E
Ich beobachte ein treibendes, etwa 200 m²
großes Fischernetz. Ende der Meldung.

Fragen dazu

1. Warum sagen Sie am Ende der Meldung nicht *Over?*
   Over bedeutet *Bitte kommen.* Sicherheits-meldungen an alle Funkstellen werden nicht bestätigt, *Over* ist überflüssig. *Ende der Meldung* hätte auch entfallen können.

2. Müssen Sie die Meldung auch an eine KüFuSt übermitteln?
   Ja. In Küstennähe empfängt die KüFuSt die Meldung automatisch. Die angegebene Position liegt aber in einem A2-Gebiet, so-dass die Sendung auf UKW keine KüFuSt erreicht. Sobald ich in ein A1-Gebiet ein-laufe, übermittele ich die Meldung auch an die zuständige KüFuSt.

Sonstige Fertigkeit 9 (siehe Seite 157 [1])

Your boat
• Ernie/DA1045 211001650
received from your friend
• Bert/DA1046 211001660
a dsc-routine call. Bert made a mistake by entering channel 79 instead of channel 69. You are unable to comply – channel unable.

```
-RCV Individual call-

From: 211001660




      <CLR->Exit / ENT->OK>
```

| ENT |

```
<Select address ID>

▸ 211001660
  Other



      <CLR->Exit / ENT->OK>
```

| ENT |

```
<Select a comply>

▸ Able to comply
  Unable to comply



      <CLR->Exit / ENT->OK>
```

```
<Input a traffic CH>

CH:   79



      <CLR->Exit / ENT->OK>
```

| CLR | *Ernie erkennt den falschen Kanal und geht einen Schritt zurück.*

```
<Select a comply>

▸ Able to comply
  Unable to comply



      <CLR->Exit / ENT->OK>
```

```
<Select a comply>

  Able to comply
▸ Unable to comply



      <CLR->Exit / ENT->OK>
```

| ENT |

```
<Select a reason>

▸ Busy
  Queue indication
  Station barred
  No operator

      <CLR->Exit / ENT->OK>
```

  6 x

---

[1] Zum Kanalwechsel siehe auch Nr. 9, Seite 193.

187

```
<Select a reason>

No operator
operator unavailable
Equipment disable
▶ Channel unable


<CLR->Exit / ENT->OK>
```

| ENT |

```
<Push [CALL] & [ENT]
    simultaneously>



To stop the call,
push [CLR]
```

| CALL | | ENT |

Bert empfängt daraufhin die Mitteilung, dass Ernie nicht bereit ist, das Gespräch zu führen, weil der Kanal ungeeignet ist:

188

```
-RCV Individual call-

From: 211001650
Unable to comply
Channel unable


<CLR->Exit / ENT->OK>
```

Hinweis: Anstatt zurückzugehen (oben blaue Schrift) und «Unable to comply» zu senden, hätte Ernie auch mit der Taste BS – Backspace – Kanal 79 löschen und stattdessen Kanal 69 eingeben können.

Doch dann wird nur auf der Yacht *Ernie* das Funkgerät auf Kanal 69 eingestellt. Auf der Yacht *Bert* bleibt das Funkgerät weiter auf dem falschen Kanal 79; das Gespräch wird daher nicht zustande kommen. *Bert* kann das an seinem DSC-Controller erkennen, er hat nämlich keine Anrufbestätigung empfangen, sondern einen normalen Selektivruf. Bei Anrufbestätigungen wird immer der Zusatz «Able to comply» oder «Not able to comply» angezeigt und der fehlt dann.

Berts DSC-Controller zeigt also den Empfang eines ganz normalen Selektivrufs an. Erst wenn *Bert* diesen Ruf erneut bestätigt, werden beide Funkgeräte auf Kanal 69 gestellt und das Gespräch kann geführt werden. – Sorry, so hat der Hersteller die Geräte eben programmiert.

Sonstige Fertigkeit 10   (siehe Seite 157)

Your sailing boat
• Lina Unverzagt/DF1122   211445440
• in position 54-03 N   011-17E
calls a white motor yacht shipping half a mile north. You kindly ask the motor yacht to tow you through Ofentief to Wismar.

Seefunkbetrieb, Kanal 72, 1 W, Rauschsperre kurz aufdrehen, Kanal nicht *Busy*:

Lösung gemäß IMO-Entschließung A.954(23), siehe Seiten 11 und 14.

Hello all ships
This is
Lina Unverzagt Lina Unverzagt

White Motoryacht
in position 54-03 N 011-17 E
I am the sailing boat half a mile south of
you
I kindly ask you to tow me through Ofentief
to Wismar
Over

Hallo alle Schiffe
Hier ist
Lina Unverzagt Lina Unverzagt
Weiße Motoryacht
auf Position 54-03 N   011-17E
Ich bin das Segelboot eine halbe
Seemeile südlich von Ihnen.
Ich möchte höflich fragen, ob Sie mich durch
das Ofentief nach Wismar schleppen kön-
nen
Over

Sonstige Fertigkeit 11   (siehe Seite 157)

Your boat
• Lord Kenterbury/DF3311   211887880
You want to make a dialphone call.
Next coast station for public calling is
Lübeck Radio
• MMSI 002113200

```
-VHF DSC Controller-

   CH 70 WATCHING

GPS:   Local  17:50
        Lat    54°20' N
        Lon    11°45' E
```

Call

```
<Select a subject>

  Entry position/time
  Individual call
  Individual ACK
  Group call
  All ships call
▶ Position request
```

| ▲ | 4 x
| --- |

```
<Select a subject>

▶ Individual call
  Group call
  All ships call
  Position request
  Received calls
  Distress setting
```

ENT

```
<Select address ID>

▶ Manual Entry
  Bert
  Bremen Rescue


<CLR->Exit / ENT->OK>
```

ENT

```
<Input address ID>

ID:   ▮_____



<CLR->Exit / ENT->OK>
```

189

0 0 2 1 1 3 2 0 0

```
┌─────────────────────────────┐
│ <Input address ID>          │
│                             │
│ ID:    002113200 ▨          │
│                             │
│                             │
│ <CLR->Exit / ENT->OK>       │
└─────────────────────────────┘
```

ENT

```
┌─────────────────────────────┐
│ <Select a category>         │
│                             │
│ ▶ Routine                   │
│   Safety                    │
│   Urgency                   │
│   Distress                  │
│                             │
│ <CLR->Exit / ENT->OK>       │
└─────────────────────────────┘
```

ENT

```
┌─────────────────────────────┐
│ <Push [CALL] & [ENT]        │
│       simultaneously>       │
│                             │
│                             │
│ To stop the call,           │
│ push [CLR]                  │
└─────────────────────────────┘
```

CALL   ENT

```
┌─────────────────────────────┐
│ -VHF DSC Controller-        │
│                             │
│   CH 70 WATCHING            │
│                             │
│ GPS:  Local  17:50          │
│       Lat    54°20' N       │
│       Lon    11°45' E       │
└─────────────────────────────┘
```

190

Fragen dazu

1. Warum geben Sie keinen Arbeitskanal ein?
Das ist nicht vorgesehen, weil beim Anruf an eine KüFuSt der Arbeitskanal von der KüFuSt vorgegeben wird.

2. Woher «weiß» das Gerät, dass Sie eine KüFuSt anrufen wollen?
Das ist an der MMSI erkennbar. Die MMSI der KüFuSt beginnen immer mit zwei Nullen.

3. Welche Voraussetzungen müssen erfüllt sein, damit Sie wie in diesem Beispiel mit Ihrem UKW-Funkgerät telefonieren können?
Es muss ein Vertrag mit einer Seefunk-Telefongesellschaft abgeschlossen und eine entsprechende Betriebserlaubnis bei der RegTP Hamburg beantragt werden.

4. Wie erfolgt der Anruf bei einer KüFuSt für den öffentlichen Verkehr ohne DSC?
Ich suche den Arbeitskanal heraus und stelle ihn ein. Ich höre hinein und schalte die Rauschsperre aus. Wenn frei ist und es rauscht, drücke ich ein Mal kurz die Sendetaste. Dann rufe ich die KüFuSt.

```
┌──────────────────────────────────────────┐
│ Sonstige Fertigkeit 12.1 (siehe Seite 157)│
│                                            │
│ Your ship                                  │
│ • Gelber Sack/DA3274  211569420            │
│ is nearby Kiel Lighthouse.                 │
│ You observe a vessel with a long and wide  │
│ oil slick behind it. Report to Kiel traffic│
│ radio (channel 22, cf. page 204)!          │
└──────────────────────────────────────────┘
```

Seefunkbetrieb, Kanal 22, 1 W, Rauschsperre kurz aufdrehen, Kanal nicht *Busy:*

Kiel Traffic
This is
Gelber Sack
Gelber Sack
Nearby Kiel Lighthouse I observe a vessel with a long and wide oil slick behind it
Over

Kiel Traffic
Hier ist
Gelber Sack
Gelber Sack
Ich beobachte in der Nähe des Leuchtturms Kiel ein Frachtschiff, das eine lange, breite Ölspur hinter sich herzieht.
Over

Die KüFuSt antwortet:

Gelber Sack
This is
Kiel Traffic
Could you please tell me the ship's name and port of registry, Sir?
Over

Gelber Sack
Hier ist
Kiel Traffic
Können Sie mir den Namen und den Heimathafen des Schiffs nennen?
Over

Das konnte ich leider nicht erkennen.

Sorry Sir, I couldn't see it.

Sonstige Fertigkeit 12.2 (siehe Seite 157)

Your sailing yacht
• Stangenspargel/DB2255   211112210
is sailing inward and waiting in front of Oldenburg bridge. You want to know, when the bridge will open (channel 73).

Seefunkbetrieb, Kanal 73, 1 W, Rauschsperre kurz aufdrehen, Kanal nicht *Busy:*

Oldenburg Bridge
This is
Stangenspargel
Stangenspargel
Inward
Waiting in front of the bridge
When will you open the bridge
Over

Oldenburg Bridge
Hier ist
Stangenspargel
Stangenspargel
Von See kommend
Stehe vor der Brücke und möchte wissen,
wann die Brücke geöffnet wird
Over

191

Frage dazu

1. Wo wird in Deutschland eine Brücke mit *Ortsname Bridge* und wo mit *Ortsname Brücke* gerufen?
   Brücken im Bereich der Seeschifffahrtsstraßen werden mit *Ortsname Bridge* gerufen und im Binnenschifffahrtsfunk mit *Ortsname Brücke.*

Sonstige Fertigkeit 12.3 (siehe Seite 157)

Your boat
• Strandkorb/DD7887 211661660
is calling Norderney Port (channel 17).
Is there a crane for an 8-tons-yacht?

Sonstige Fertigkeit 12.4 (siehe Seite 157)

Your boat
• Wattwurm/DB4951 211495110
going outward and wants to pass Eider lock.
When is locking possible? (channel 14)

Seefunkbetrieb, Kanal 17, 1 W, Rauschsperre kurz aufdrehen, Kanal nicht *Busy:*

Norderney Port
This is
Strandkorb
Strandkorb
Question: Is there a crane for an 8-tons-yacht
Over

Norderney Port
Hier ist
Strandkorb
Strandkorb
Eine Frage: Gibt es im Hafen Norderney einen Kran für eine 8-Tonnen-Yacht
Over

Seefunkbetrieb, Kanal 14, 1 W, Rauschsperre kurz aufdrehen, Kanal nicht *Busy:*

Eider Lock
This is
Wattwurm
Wattwurm
Outward. When is locking possible?
Over

Eider Lock
Hier ist
Wattwurm
Wattwurm
Von Land kommend. Ich möchte schleusen.
Over

Fragen dazu

192

1. Warum nennen Sie das Rufzeichen und die MMSI nicht im Anruf?
   Nach der IMO-Resolution über die richtige Benutzung von UKW-Kanälen auf See, die 2005 in Deutschland umgesetzt wurde, ist dies nicht vorgesehen.

2. Warum nennen Sie die gerufene FuSt nur ein Mal und die rufende FuSt zwei Mal?
   Auch das ist in der IMO-Entschließung so geregelt. Zwei Mal rufe ich die FuSt nur bei schwierigen Bedingungen.

Sonstige Fertigkeit 12.5 (siehe Seite 157)

Your yacht
• Baltica/DB1111 211999990
needs a berth in Strande port.
(channel 11)

Seefunkbetrieb, Kanal 11, Rauschsperre kurz aufdrehen, Kanal nicht *Busy:*

Strande Port
This is
Baltica Baltica

I need a berth
Over

Strande Port
Hier ist
Baltica Baltica
Ich möchte einen Liegeplatz anmelden.
Over

Sonstige Fertigkeit 9   (siehe Seite 157)

Your vessel
• Off Course/ **DGFA** 211458210

You need a pilot for Kiel channel.
A working channel is not available.

Seefunkbetrieb, Kanal 16, 1 W, Rauschsperre
kurz aufdrehen, Kanal nicht *Busy:*

Kiel Pilot
This is
Off Course Off Course
Your working channel please
Over

Kiel Pilot
Hier ist
Off Course Off Course
Was ist Ihr Arbeitskanal?
Over

Kiel Pilot antwortet:

Off Course
This is
Kiel Pilot
working channel thirteen, one-three
Over

Off Course
Hier ist
Kiel Pilot
Arbeitskanal 13, eins-drei
Over

Off Course ruft nun auf Kanal 13:

This is
Off Course/DGFA
I need a pilot for Kiel channel
Over

Hier ist
Off Course/DGFA
Ich benötige einen Lotsen für den NOK.

Fragen dazu

1. Warum rufen Sie im letzten Anruf nicht *Kiel Pilot?*
   Das ist eine Auslegungssache. Sicherlich hätte ich hier Kiel Pilot noch einmal ansprechen können; aber weil ich gerade zuvor mit Kiel Pilot gesprochen hatte und Kanal 13 der Arbeitskanal von Kiel Pilot ist, kann ich im Sinne einer knappen Belegung des Kanals hier Kiel Pilot auch weglassen.

2. Benötigen Sie auf einem Sportboot einen Lotsen?
   Bei der üblichen Größe eines Sportbootes wohl eher nicht. Der Wunsch nach einem Lotsen muss im übrigen frühzeitig angemeldet werden.

193

Sonstige Fertigkeit 13 (siehe Seite 157)

1. Stellen Sie im DSC-Controller die «local time» auf MESZ ein (UTC+2 h).
2. Fügen Sie dem Adressbuch einen neuen Eintrag hinzu: Secret Love, 211212120.
3. Rufen Sie die MMSI Ihres Controllers auf.
4. Fragen Sie die Position von Secret Love ab.

ENT

```
   <Select a subject>

 ▸ Address ID
   Offset time
   Brightness
   Contrast

   <CLR->Exit / ENT->OK>
```

```
-VHF DSC Controller-

   CH 70 WATCHING

MNL:  Local  14:10
      Lat    54°45' N
      Lon    11°58' E
```

CALL

```
    <Select a subject>

 ▸ Entry position/time
   Individual call
   Group call
   All ships call
   Position request
   Received calls
```

 7x

```
    <Select a subject>

   Group call
   All ships call
   Position request
   Received calls
   Distress setting
 ▸ Set-up
```

Diese ersten Schritte sind für alle drei Aufgaben gleich. Die erste Aufgabe wird so fortgesetzt:

```
   <Select a subject>

   Address ID
 ▸ Offset time
   Brightness
   Contrast

   <CLR->Exit / ENT->OK>
```

ENT

```
   <Offset time>

 ▮ 01:00



   <CLR->Exit / ENT->OK>
```

  | 2 | | 0 | | 0 |

```
<Offset time>

  02:00



<CLR->Exit / ENT->OK>
```

ENT   *danach*   CALL

```
-VHF DSC Controller-

  CH 70 WATCHING

MNL:  Local  15:10
      Lat    54°45'N
      Lon    11°58'E
```

Zur zweiten Aufgabe:

ENT

```
<Select a subject>

▸ Add an address ID
  Delete address ID
  Add a group ID
  Delete a group ID

  <CLR->Exit / ENT->OK>
```

ENT

```
<Add an address ID>

▸ ID: (9digit)
  _____
  Name: (15characters)
  _____

  <CLR->Exit / ENT->OK>
```

Nun werden MMSI und Name eingegeben und die Eingabe wird jeweils mit ENT bestätigt.

Zur dritten Aufgabe:

   4 x

```
<Select a subject>

  Offset time
  Brightness
  Contrast
▸ MMSI check

  <CLR->Exit / ENT->OK>
```

ENT

```
<MMSI check>

  211001650




  <CLR->Exit>
```

195

Zur Lösung der vierten Aufgabe wählt man im Menü <Select a subject> Position request und im Untermenü <Select address ID> *Secret Love* aus. Die Positionsanfrage muss dann wie ein Selectivruf (vergleiche sonstige Fertigkeit 7, Seite 183) abgeschickt werden. Erst wenn *Secret Love* die Positionsanfrage bestätigt, wird sie beantwortet. Die notwendigen Menüschritte werden stets im Display angezeigt.

UKW-Sprechfunkzeugnis

Prüfungsstoff für den praktischen Teil ist:
1. **Kenntnisse**
1.1 UKW-Funkanlagen
1.2 Grundeinstellung
1.3 Kanalauswahl
1.4 Sendeleistung
1.5 Rauschsperre
2. **Abwicklung des Binnenschifffahrtsfunks**
2.1 Notverkehr
2.2 Dringlichkeitsverkehr
2.3 Sicherheitsverkehr
2.4 Routinegespräch
2.5 Testsendungen
3. **Allgemeine Form der Abwicklung**
3.1 Anruf an eine Funkstelle
3.2 Beantwortung von Anrufen
3.3 Anruf an alle Funkstellen

Die erforderlichen **Kenntnisse** sind auf den Seiten 76 ff. und 159 dargestellt. Beispiele für die **Abwicklung des Binnenschifffahrts-funks** werden auf den Seiten 81, 82 gegeben. Die **allgemeine Form der Abwicklung** ist auf Seite 80 beschrieben. Für Inhaber des UKW-Funkbetriebszeugnisses besteht der Prüfungsstoff nur aus den Punkten 2.1 bis 2.4.

196

1. Kanal 22 einstellen (siehe Seite 159)
2. Wird *ATIS* angezeigt? (Falls nein, be gedrückter Taste *HI/LO* einmal kurz *DIAL* drücken.)
3. Wird **25 W** angezeigt? (Falls nein, mit Taste HI/LO umschalten.)
4. Muschel nehmen, Sendetaste drücken und sprechen:

Mayday Mayday Mayday
Hier ist
Motorboot Binsenbummler
Motorboot Binsenbummler
Motorboot Binsenbummler
Mayday
Motorboot Binsenbummler
Bei Rheinkilometer 794 zu Tal fahrend
Großes Feuer an Bord
Benötige schnell Hilfe
Bitte kommen

Binnenschifffahrtsfunk Aufgabe 2

Ihr Motorboot
• Hot Dog/DA4455
• bei Rheinkilometer 795 zu Berg fahrend
bestätigt den Empfang der Notmeldung von Binsenbummler.

---

1. Kanal 10 einstellen
2. Wird *ATIS* angezeigt? (Falls nein, be gedrückter Taste *HI/LO* einmal kurz *DIAL* drücken.)
3. Wird **1 W** angezeigt? (Falls nein, mit Taste HI/LO umschalten.)
4. Muschel nehmen, Sendetaste drücken und sprechen:

Binnenschifffahrtsfunk Aufgabe 1

Ihr Motorboot
• Binsenbummler/DC2255
• bei Rheinkilometer 794 zu Tal fahrend
hat ein großes Feuer an Bord und benötigt schnell Hilfe (Revierzentrale Duisburg, Kanal 22).

Mayday
Motorboot Binsenbummler
Hier ist
Motorboot Hot Dog
Erhalten Mayday

Binnenschifffahrtsfunk Aufgabe 4

Im Notfall Binsenbummler beobachtet Ihr Segelboot
• Sphinx/DA4712
dass die Schiffsfunkstelle Labermax die Funkstille auf Kanal 10 stört. Rufen Sie Labermax zur Ruhe!

Binnenschifffahrtsfunk Aufgabe 3

Ihre Segelyacht
• Kleopatra/DA4994
• bei Moselkilometer 45 zu Berg segelnd beobachtet eine gekenterte Jolle, deren Segler Notzeichen geben (den Kanal der Revierzentrale der Karte auf Seite 210 entnehmen).

1. Kanal 10 einstellen
2. Wird *ATIS* angezeigt? (Falls nein, bei gedrückter Taste *HI/LO* einmal kurz *DIAL* drücken.)
3. Wird **1 W** angezeigt? (Falls nein, mit Taste HI/LO umschalten.)
4. Muschel nehmen, Sendetaste drücken und sprechen:

Mayday
Labermax
Silence Détresse

1. Kanal 79 einstellen (Seite 210)
2. Wird *ATIS* angezeigt? (Falls nein, bei gedrückter Taste *HI/LO* einmal kurz *DIAL* drücken.)
3. Wird **25 W** angezeigt? (Falls nein, mit Taste HI/LO umschalten.)
4. Muschel nehmen, Sendetaste drücken und sprechen:

Binnenschifffahrtsfunk Aufgabe 5

Im Notfall Binsenbummler gibt um 12 Uhr 15 die Revierzentrale Duisburg Kanal 22 für eingeschränkten Betrieb frei. Was sendet sie?

197

Mayday Relay   Mayday Relay
Mayday Relay
Hier ist
Segelyacht Kleopatra
Segelyacht Kleopatra
Segelyacht Kleopatra
Bei Moselkilometer 45 zu Berg segelnd
Ich beobachte eine gekenterte Segeljolle,
deren Segler Notzeichen geben
Hier ist Segelyacht Kleopatra
Bitte kommen.

Auf Kanal 22, mit 25 Watt Sendeleistung:

Mayday
An alle Funkstellen   (dreimal)
Hier ist
Duisburg Revierzentrale   (höchstens 3 x)
12 Uhr 15
Motorboot Binsenbummler
Prudence

Binnenschifffahrtsfunk Aufgabe 6

Im Notfall Motorboot Binsenbummler beendet Ihr Motorboot
• Hot Dog/DA4455
um 12 Uhr 20 den Notverkehr auf Kanal 10.

---

1. Kanal 10 einstellen
2. Wird *ATIS* angezeigt? (Sonst bei ge-drückter Taste *HI/LO* kurz *DIAL* drücken.)
3. Wird **1 W** angezeigt? (Sonst mit Taste HI/LO umschalten.)
4. Muschel nehmen, Sendetaste drücken und sprechen:

Mayday
An alle Funkstellen   (dreimal)
Hier ist
Motorboot Hot Dog   (dreimal)
12 Uhr 20
Motorboot Binsenbummler
Silence fini

Binnenschifffahrtsfunk Aufgabe 7

Ihr Motorboot
• Feuerstuhl/DC9999
• bei Rheinkilometer 551 zu Tal fahrend
hat Motorschaden und treibt manövrierun-fähig. Sie benötigen dringend Schlepphilfe und wenden sich an die Revierzentrale St. Goar (Kanal siehe Seite 210).

---

1. Kanal 18 einstellen (siehe Seite 210)
2. Wird *ATIS* angezeigt? (Sonst bei ge-drückter Taste *HI/LO* kurz *DIAL* drücken.)
3. Wird **25 W** angezeigt? (Sonst mit Taste HI/LO umschalten.)

4. Muschel nehmen, Sendetaste drücken und sprechen:

Pan Pan Pan Pan Pan Pan[1]
Hier ist
Motorboot Feuerstuhl   (dreimal)
Bei Rheinkilometer 551 zu Tal fahrend
Motorschaden, treibe manövrierunfähig
Benötige dringend Schlepphilfe
Bitte kommen

Binnenschifffahrtsfunk Aufgabe 8

Ihr Segelboot
• Knockout/DC7585
• bei Moselkilometer 11 zu Tal segelnd
Eine Person wurde vom Großbaum getroffen. Starke Schädelblutung, Verdacht auf Schädelbruch. Ein Rettungsfahrzeug wird drin-gend benötigt. (Kanal siehe Seite 210).

---

1. Kanal 20 einstellen (Koblenz Schleuse)
2. Wird *ATIS* angezeigt? (Sonst bei ge-drückter Taste *HI/LO* kurz *DIAL* drücken.)
3. Wird **25 W** angezeigt? (Sonst mit Taste HI/LO umschalten.)
4. Muschel nehmen, Sendetaste drücken und sprechen:

Pan Pan Pan Pan Pan Pan[1]
Hier ist
Segelboot Knockout   (dreimal)
Bei Moselkilometer 11 zu Tal segelnd
Eine Person wurde vom Großbaum getroffen
Starke Schädelblutung, Verdacht auf

---

[1] Nur die Revierzentrale hört die Meldung.

Schädelbruch, ein Rettungsfahrzeug wird dringend benötigt
Bitte kommen

Binnenschifffahrtsfunk Aufgabe 9

Ihre Motoryacht
• Deutsche Eiche/DC5555
• im Dortmund-Ems-Kanal, bei Kilometer 33 beobachtet, dass ein Baum umgefallen ist und im Fahrwasser liegt. Warnen Sie die Schifffahrt.

---

1. Kanal 10 einstellen
2. Wird *ATIS* angezeigt? (Sonst bei gedrückter Taste *HI/LO* kurz *DIAL* drücken.)
3. Wird **1 W** angezeigt? (Sonst mit Taste HI/LO umschalten.)
4. Muschel nehmen, Sendetaste drücken und sprechen:

Sécurité Sécurité Sécurité
An alle Schiffsfunkstellen   (dreimal)
Hier ist
Motoryacht Deutsche Eiche   (dreimal)
Dortmund-Ems-Kanal, bei KM 33
Ein Baum ist umgefallen und liegt im Fahrwasser. Die Schifffahrt wird gewarnt.

Binnenschifffahrtsfunk Aufgabe 10

Ihr Segelboot
• Raumwunder/DC6789
• bei Rhein-Kilometer 665 zu Tal fahrend möchte in den Godorfer Hafen einlaufen.

---

1. Kanal 14 einstellen (siehe Seite 210)
2. Wird *ATIS* angezeigt? (Sonst bei gedrückter Taste *HI/LO* kurz *DIAL* drücken.)
3. Wird **1 W** angezeigt? (Sonst mit Taste HI/LO umschalten.)
4. Sprechmuschel nehmen, Kanal nicht *BUSY*, Sendetaste drücken, sprechen:

Godorf Hafen   (höchstens dreimal)
Hier ist
Segelboot Raumwunder   (höchstens dreimal)
Bei Rheinkilometer 665 zu Tal fahrend
Ich möchte in den Godorfer Hafen einlaufen.
Bitte kommen

Binnenschifffahrtsfunk Aufgabe 11

Ihre Motoryacht
• True Love/DDFR
• bei Rhein-Kilometer 287 zu Berg fahrend möchte in Iffezheim geschleust werden (Kanal 18).

---

1. Kanal 18 einstellen
2. Wird *ATIS* angezeigt? (Sonst bei gedrückter Taste *HI/LO* kurz *DIAL* drücken.)
3. Wird **25 W** angezeigt? (Dann mit Taste HI/LO umschalten.)
4. Sprechmuschel nehmen, Kanal nicht *BUSY*, Sendetaste drücken, sprechen:

Iffezheim Schleuse   (höchstens dreimal)
Hier ist
Motoryacht True Love   (höchstens dreimal)
Bei Rheinkilometer 287 zu Berg fahrend.
Ich möchte geschleust werden. Wann ist das möglich?
Bitte kommen

Schritt 10: Funkzeugnisse, Prüfungsinhalte

Funkzeugnisse

Inhaber eines gültigen deutschen Seefunkzeugnisses sind zur Teilnahme am Seefunkdienst auf deutschen Seefunkstellen berechtigt. Welche Funkanlagen sie bedienen dürfen, hängt von ihrem Zeugnis ab.

Das **UKW-Funkbetriebszeugnis** heißt amtlich „Beschränkt Gültiges Funkbetriebszeugnis (**SRC**)". Beschränkt ist es allein auf den Frequenzbereich, nämlich UKW. Das Seefunkzeugnis für die Sport- und Kleinschifffahrt, das auch für Grenz- und Kurzwelle sowie für den Inmarsat-Seefunk gilt, heißt **Allgemeines Funkbetriebszeugnis** (**LRC**). Inhaber des UKW-Funkbetriebszeugnisses können es durch eine vereinfachte Zusatzprüfung (Fragebogen, 30 Min und praktische Prüfung an den Geräten) erwerben. Diese Zeugnisse wurden 2003 eingeführt und berechtigen nicht zur Teilnahme am Binnenschifffahrtsfunk. Sie sind unbefristet gültig. Die entsprechenden Zeugnisse für die Großschifffahrt heißen **Allgemeines Betriebszeugnis für Funker** (**GOC**) und **Beschränkt gültiges Zeugnis für Funker** (**ROC**). Sie sind nur fünf Jahre lang gültig und müssen dann durch Praxisnachweise oder eine erneute Prüfung verlängert werden.

Das war bei den alten, bis 2002 ausgestellten Seefunkzeugnissen anders. Inhaber des **UKW-Betriebszeugnisses I** oder **II** oder des **Allgemeinen Betriebszeugnisses** dürfen auch am Binnenschifffahrtsfunk teilnehmen. Dagegen beinhalteten die ganz alten Funkzeugnisse **UKW-Sprechfunkzeugnis** und **Allgemeines Sprechfunkzeugnis** nicht das GMDSS. Sie sind nur noch im Binnenschifffahrtsfunk gültig.

Inhaber eines Funkbetriebszeugnisses, die auch am Binnenschifffahrtsfunk teilnehmen möchten, müssen das **UKW-Sprechfunkzeugnis für den Binnenschifffahrtsfunk** (**UBI**) erwerben (vereinfachte Ergänzungsprüfung).

Am 30. September 2002 hatte der Gesetzgeber bekannt gegeben, dass ab 2008 Inhaber eines Sportküstenschifferscheins mindestens das Beschränkt gültige Funkbetriebszeugnis und Inhaber eines Sportsee- oder Sporthochseeschifferscheins mindestens das Allgemeine Funkbetriebszeugnis besitzen müssen. Das ist am 6. August 2005 geändert worden. Nunmehr muss jeder Schiffsführer – und nicht irgendeine Person an Bord – ein Funkzeugnis besitzen, das zur Bedienung der Funkanlagen an Bord berechtigt.

Prüfungsinhalte

Für das **UKW-Funkbetriebszeugnis** muss eine theoretische und eine praktische Prüfung abgelegt werden. Die **theoretische Prüfung** besteht aus drei Teilen: Fragebogen bearbeiten, Diktat in englischer Sprache aufnehmen und schriftlich ins Deutsche übersetzen und schriftliche Übersetzung eines deutschen Textes ins Englische.

Für die Bearbeitung des **Fragebogens** stehen 60 Minuten Zeit zur Verfügung. Alle Prüfungsfragen sind auf den Seiten 83 ff., die Prüfungsfragebogen auf den Seiten 101 ff. abgedruckt. Als **Diktat** wird einer der 51 Texte, die auf den Seiten 149 ff. wiedergegeben sind, verwendet. Aus diesen Texten stammt auch die **schriftliche Übersetzung** vom Deutschen ins Englische. Die beiden Übersetzungen müssen in jeweils 15 Minuten angefertigt werden.

Ein Schwerpunkt der Prüfung liegt im **praktischen Teil**, der von zwei Prüfern abgenommen wird. Die praktische Prüfung dauert für jeden Bewerber bis zu 20 Minuten; sie besteht aus **vier Pflichtaufgaben** und höchstens **drei „sonstigen Fertigkeiten"**. Für jede Aufgabe bzw. sonstige Fertigkeit hat man zwei Versuche. Die praktische Prüfung ist bestanden, wenn alle vier Pflichtaufgaben und zwei sonstige Fertigkeiten spätestens im zweiten Versuch mit ausreichendem Erfolg absolviert werden. Beispiele für die Aufgaben der praktischen Prüfung (Pflichtaufgaben und sonstige Fertigkeiten) sind auf den Seiten 157 ff. beschrieben.

In der **theoretischen Prüfung** für das **UKW-Sprechfunkzeugnis für den Binnenschifffahrtsfunk** muss ein Fragebogen (siehe Seite 116 ff.) bearbeitet werden. Die **praktische Prüfung** besteht aus vier Teilen:

1. Zwei bis drei praktische Aufgaben, wie sie auf Seite 196 ff. beschrieben sind.
2. Fehlerfreies Übermitteln einer Meldung; hier ist eine Meldung ähnlich den Seefunktexten auf Seite 149 ff. so vorzulesen, wie es auf Seite 202 beschrieben ist. Die Texte aus dem Binnenschifffahrtsfunk werden nicht veröffentlicht.
3. Fehlerfreie Aufnahme einer Meldung; hier wird eine Meldung ähnlich den Seefunktexten auf Seite 149 ff. so diktiert, wie es auf Seite 202 beschrieben ist.
4. Bedienen des Sprechfunkgerätes (siehe Seite 159).

Inhaber des UKW-Funkbetriebszeugnisses müssen nur eine **vereinfachte Ergänzungsprüfung** ablegen. Für die theoretische Prüfung ist der Fragenkatalog hier von 198 Fragen auf 137 Fragen gekürzt; die Fragebogen bestehen nur aus 16 Fragen (statt 34 Fragen). Der praktische Teil beschränkt sich auf zwei bis drei Übungen. Das Übermitteln und die Aufnahme einer Meldung sowie das Bedienen des Sprechfunkgerätes entfallen. Die vereinfachte Zusatzprüfung wird auch dann abgenommen, wenn beide Prüfungen (See und Binnen) am selben Tag erfolgen.

Besteht der Bewerber einen Teil der Prüfung nicht, so kann er ihn nach einer Woche (UKW-Funkbetriebszeugnis) oder nach zwei Wochen (UKW-Sprechfunkzeugnis) wiederholen (spätestens nach sechs Monaten).

201

Übermitteln von Meldungen

Beim Übermitteln von Meldungen ist langsam und deutlich zu sprechen. Wenn mitgeschrieben werden soll, sind Pausen einzulegen. Endsilben der Wörter dürfen nicht unterdrückt (verschluckt) werden. Wörter, über deren Schreibweise Zweifel bestehen (z. B. geographische Begriffe), sind erst zusammenhängend zu sprechen und dann zu buchstabieren. Das Buchstabieren wird – ausgenommen bei Rufzeichen – mit „ich buchstabiere" angekündigt. Rufzeichen werden in jedem Fall buchstabiert. Das Ende der Meldung wird durch ein „+" markiert. Für Punkte als Satzzeichen wird „Stop" gesagt. In Ziffern geschriebene Zahlen werden durch „in Ziffern" angekündigt. Anschließend werden die einzelnen Ziffern der Zahl wiederholt (Ankündigung durch „ich wiederhole"). Zahlen, die in Buchstaben geschrieben sind, werden durch „in Buchstaben" angekündigt. Ziffern werden deutsch oder englisch gesprochen. Für *null* soll auf Englisch *zero* gesagt werden. Die Anwendung der Buchstabiertafel ist bei Ziffern nur üblich, wenn der Empfänger weder deutsch noch englisch versteht und eine andere Sprachverständigung ebenfalls unmöglich ist.

Internationale Buchstabiertafel

Buchstabe	Schlüsselwort	Aussprache[1]
A	Alfa	**AL** FAH
B	Bravo	**BRA** WO
C	Charlie	**TSCHAH** LI
D	Delta	**DEL** TAH
E	Echo	**ECK** O
F	Foxtrot	**FOX** TROTT
G	Golf	GOLF
H	Hotel	HO **TELL**
I	India	**IN** DI AH
J	Juliett	**JUH** LI **ETT**
K	Kilo	**KI** LO
L	Lima	**LI** MA
M	Mike	MEIK
N	November	NO **WEMM** BER
O	Oscar	**OSS** KAR
P	Papa	PA **PAH**
Q	Quebec	**KI** BECK
R	Romeo	**RO** MIO
S	Sierra	SSI **ER** RAH
T	Tango	**TANG** GO
U	Uniform	**JU** NI FORM
V	Viktor	**WICK** TAR
W	Whiskey	**WISS** KI
X	X-ray	**EX** REH
Y	Yankee	**JENG** KI
Z	Zoulou	**SUH** LUH
Punkt	Stop	SSTOPP

Ziffer	Schlüsselwort	Aussprache[2]
0	Nadazero	NA-DAH-SEH-RO
1	Unaone	UH-NAH-WANN
2	Bissotwo	BIS-SO-TUH
3	Terrathree	TER-RA-TRIH
4	Kartefour	KAR-TE-FAUER
5	Pantafive	PANN-TA-FAIF
6	Soxisix	SSOCK-SSI-SSIX
7	Setteseven	SSET-TEH-SSÄWN
8	Oktoeight	OCK-TO-ÄIT
9	Noveniner	NO-WEH-NAINER
Komma	Decimal	DEH-SSI-MAL

---

[1] Fett gedruckte Silben werden betont.
[2] Alle Silben werden gleich stark betont.

Vorhersagegebiete in Seewetterberichten

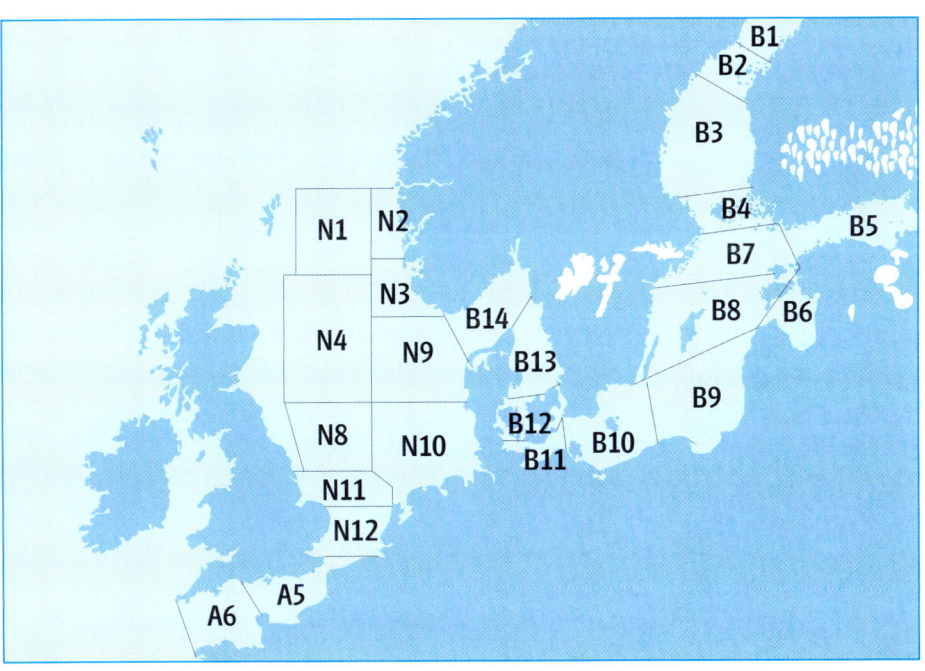

Der Deutsche Wetterdienst gibt für die Vorhersagegebiete N1 bis N4, N8 bis N12 und B7 bis B14 Starkwind- und Sturmwarnungen heraus.

B1	Bottenvik	N1	Viking
B2	Norra Kvarken	N2	Utsira-Nord
B3	Bottensee	N3	Utsira-Süd
B4	Åland-See und Åland-Inseln	N4	Forties
B5	Finnischer Meerbusen	N8	Dogger
B6	Rigaischer Meerbusen	N9	Fischer
B7	Nördliche Ostsee	N10	Deutsche Bucht
B8	Zentrale Ostsee	N11	Humber
B9	Südöstliche Ostsee	N12	Themse
B10	Südliche Ostsee		
B11	Westliche Ostsee	A5	Englischer Kanal Ostteil
B12	Belte und Sund	A6	Englischer Kanal Westteil
B13	Kattegat		
B14	Skagerrak		

Anruf- und Arbeitskanäle deutscher KüFuSt

KüFuSt	Kanäle

MRCC Bremen

Bremen Rescue (DGzRS-Zentrale)	16

Verkehrszentralen

German Bight Traffic	79, 80 (16)
Ems Traffic	15, 16, 18, 20, 21
Jade Traffic	16, 20, **63**
Bremerhaven Weser Traffic	02, 04, 05, 07, 16, 21, **22**, 82
Bremen Weser Traffic	16, 19, 78, 81
Hunte Traffic	16, 63
Cuxhaven Elbe Traffic	16, 71
Brunsbüttel Elbe T.	16, 68 13, 14
Hamburg Port Traffic (Verkehrszentrale)	13, 14 16, **74**
Kiel Kanal I (Schleuse Brunsbüttel)	13
Kiel Kanal II (westl. Abschnitt)	02
Kiel Kanal III (östl. Abschnitt)	03
Kiel Kanal IV (Schleuse Holtenau)	12
Kiel Traffic	22
Trave Traffic	13
Wismar Traffic	12, 16
Warnemünde Traffic	16, 73
Stralsund Traffic	16, 67
Sassnitz Traffic	13, 16
Wolgast Traffic	09, 16

Häfen

Borkum Port	14, 16
Burkana Port	14
Norddeich Port	17
Norderney Port	17
Bensersiel Port	17
Langeoog Port	17
Neusiel Port (Neuharlingersiel)	17
Wangerooge Port	17
Wilhelmshaven Port	11, 16
Bremerhaven Port	12, 16
Bremerhaven Weser Port	14, 16
Bremen Port	03, 16
List Port	11
Hörnum Port	**14**, 16
Wyk Port	11, 16
Amrum Port	16, **67**
Pellworm Port	11
Husum Port	11, 16
Büsum Port	11, 16
Friedrichskoog Port	10
Helgoland Port	16, 67
Cuxhaven Port	69
Kappeln Port	11
Eckernförde Port	11
Kiel Port	11, 16
Strande Port	11
Heiligenhafen Port	14
Neustadt Port	11
Travemünde Port	16, 19
Wismar Port	11
Marienehe Port	13
Rostock Port	10
Barth Port	15
Stralsund Port	11
Sassnitz Port	15
Mukran Port	11
Peenemünde Port	15
Wolgast Port	15
Ueckermünde Port	11

Brücken

Leer Bridge	15
Weener Bridge (Ems)	15
HKW Bridge	11
Deichbrücke W'haven[1]	11
Rüstringer Brücke[1]	11
Elsfleth Bridge	73
Hunte Bridge	73
Oldenburg Bridge	73
Cäcilien Bridge	73
Oste Bridge (Sperrw.)	69
Geversdorf Bridge	69
Oberndorf Bridge	69
Este Bridge	10
Rethe Bridge (HH)	13
Kattwyk Bridge (HH)	13
Kappeln Bridge	11
Lübeck Hubbrücken	18

[1] Binnen: Brücke; See: Bridge

Schleusen

Emden Lock	13, 16
Nesserland Lock	13, 16
Oldersum Lock	13
Leer Lock	13, 16
Weener Lock	13, 16
Papenburg Lock	13, 16
Leysiel Lock	17
Harlesiel Lock	17
Wilhelmshaven Lock	13, 16
Varel Lock	13
Brake Lock	10
Hunte Lock (Sperrw.)	73
Oldenburg Lock	20
Bhv-Fischereihafen	69, 70
Oslebshausen Lock	12
Hemelingen Lock	20
Eider Lock	14, 16
Cuxhaven Lock	69
Stör Lock (Sperrwerk)	09
Glückstadt Lock	11
Este Lock (Sperrwerk)	10
Krückau Lock	09
Pinnau Lock	09
Harburg Lock	13
Tiefstack Lock	11

Frequenzen und Verwendung der UKW-Kanäle

Kanal	Sendefrequenzen der SeeFuSt	KüFuSt	Schiff-Schiff[1]	Revier- u. Hafenfunk simplex	duplex	Öffentl. Verkehr
60	156,025	160,625			x	x
01	156,050	160,650			x	
61	156,075	160,675			x	x
02	156,100	160,700			x	
62	156,125	160,725			x	x
03	156,150	160,750			x	
63	156,175	160,775			x	x
04	156,200	160,800			x	
64	156,225	160,825			x	x
05	156,250	160,850			x	
65	156,275	160,875			x	x
06	156,300	–	1			
66	156,325	160,925			x	
07	156,350	160,950			x	
67	156,375	156,375	9	x		
08	156,400	–	2			
68	156,425	156,425		x		
09	156,450	156,450	5	x		
69	156,475	156,475	8	x		
10	156,500	156,500	3	x		
70	**156,525**	**156,525**	Nur für digitalen Selektivruf			
11	156,550	156,550		x		
71	156,575	156,575		x		
12	156,600	156,600		x		
72	156,625	–	6			
13	156,650	156,650	4	x		
73	156,675	156,675	7	x		
14	156,700	156,700		x		
74	156,725	156,725		x		
15	156,750	156,750	11	x		
75				x		
16	**156,800**	**156,800**				
76				x		
17	156,850	156,850	12	x		
77	156,875	–	10			
18	156,900	161,500			x	
78	156,925	161,525			x	x
19	156,950	161,550			x	
79	156,975	161,575			x	x
20	157,000	161,600			x	
80	157,025	161,625			x	x
21	157,050	161,650			x	
81	157,075	161,675			x	x
22	157,100	161,700			x	
82	157,125	161,725		x		
23	157,150	161,750			x	
83	157,175	161,775		x		
24	157,200	161,800			x	
84	157,225	161,825		x		
25	157,250	161,850			x	
85	157,275	161,875		x		
26	157,300	161,900			x	
86	157,325	161,925		x		
27	157,350	161,950			x	
87	157,375	161,975		x		
28	157,400	162,000			x	
88	157,425	–		x		
AIS 1	161,975	161,975				
AIS 2	162,025	162,025				

[1] Die Zahlen in der Spalte Schiff-Schiff geben die normale Reihenfolge an, in der die Kanäle von den SeeFuSt benutzt werden sollen.

205

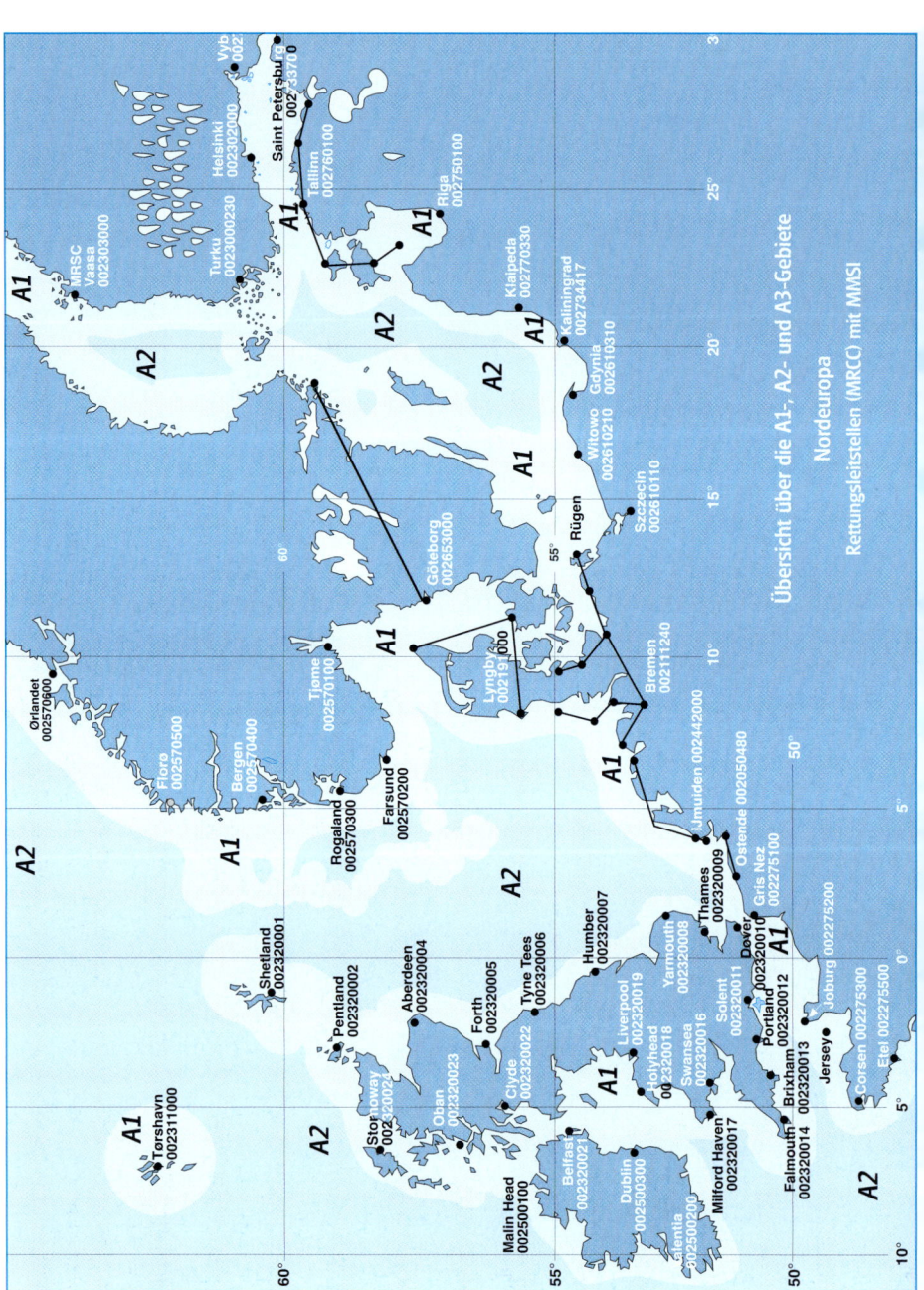

Übersicht über die A1-, A2- und A3-Gebiete

Nordeuropa

Rettungsleitstellen (MRCC) mit MMSI

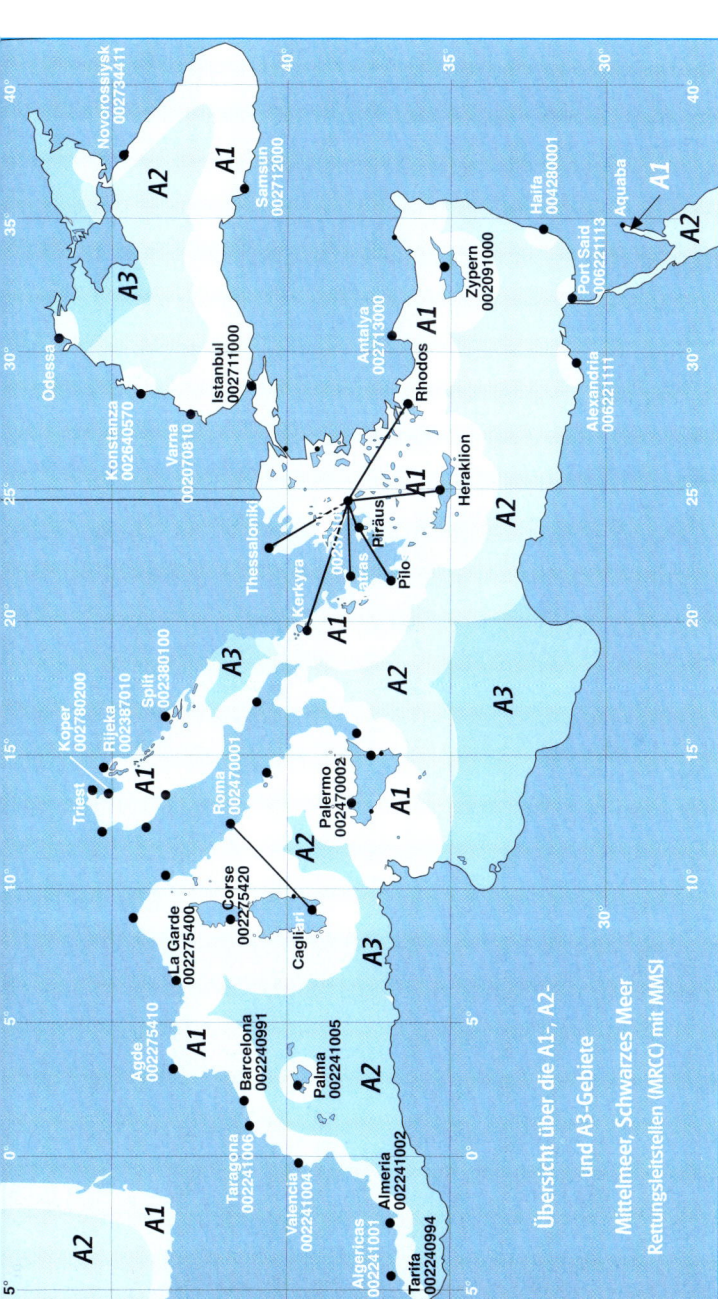

Die Seegebietskarten zeigen die Alarmierungsmöglichkeiten im GMDSS (zur Definition der A1-, A2- und A3-Gebiete siehe Seiten 22, 23). Diese Karten können lediglich zur ersten Orientierung oder zur Reiseplanung verwendet werden. Während der Reise werden aktuelle amtliche Unterlagen benötigt, z. B. die Admiralty List of Radio Signals, vol. 5 (GMDSS), welche nicht nur genaue Informationen über die jeweiligen Sendeeinrichtungen enthält, sondern auch die Möglichkeiten zum Empfang von maritimen Sicherheitsinformationen (MSI) über Navtex und Inmarsat beschreibt.

Übersicht über die A1-, A2-
und A3-Gebiete

Mittelmeer, Schwarzes Meer

Rettungsleitstellen (MRCC) mit MMSI

Die DGzRS ist nicht nur im Notfall für die Schifffahrt da (siehe auch Seite 60).

Stationen, Namen und Rufzeichen deutscher Rettungskreuzer

Nordsee

Borkum ständig besetzt
Alfried Krupp/DBAA

Juist bei Bedarf
Juist/DH3773

Norddeich bei Bedarf
Cassen Knigge/DH3771

Norderney ständig besetzt
Bernhard Gruben/DB85

Baltrum bei Bedarf
Baltrum/DH3779

Langeoog ständig besetzt
Hannes Glogner/DBAJ

Neuharlingersiel bei Bedarf
Neuharlingersiel/DD4980

Wangerooge bei Bedarf
Wilma Sikorski/DD4594

Horumersiel bei Bedarf
Wilhelm Hübotter/DA3989

Hoogsiel ständig besetzt
Vormann Steffens/DBAE

Wilhelmshaven bei Bedarf
Otto Behr/DH3774

Fedderwardersiel bei Bedarf
Hermann Onken/DH3776

Bremerhaven ständig besetzt
Hermann Rudolf Meyer/DBAE

Helgoland ständig besetzt
Wilhelm Kaisen/DBAK

Cuxhaven ständig besetzt
Hermann Helms/DBAM

Brunsbüttel bei Bedarf
Gillis Gullbransson/DD4598

Büsum ständig besetzt
Hans Hackmack/DBAT

Eiderdamm bei Bedarf
H. J. Kratschke/DBAU

Nordstrand ständig besetzt
Vormann Leiss/DBAQ

Amrum ständig besetzt
Eiswette/DBAL

Hörnum bei Bedarf
Herta Jeep/DD4564

List ständig besetzt
Minden/DBAP

Ostsee

Langballigau bei Bedarf
Werner Kuntze/DD4639

Gelting bei Bedarf
Jens Fuerschipp/DH3777

Maasholm ständig besetzt
Nils Randers/DBAF

Schleswig bei Bedarf
Franz Stapelfeldt/DA3112

Damp bei Bedarf
Karl van Well/DH3769

Eckernförde bei Bedarf
Carl A. Wuppesahl/DA3990

Schilksee bei Bedarf
Asmus Bremer/DF7680
Eltje/DA8110

Laboe
Berlin/DBAH ständig besetzt
Bottsand/DH3780 bei Bedarf

Lippe/Weissenhaus bei Bedarf
Hellmut Manthey/DH3775

Heiligenhafen bei Bedarf
Heiligenhafen/DD4988

Puttgarden bei Bedarf
Emil Zimmermann/DD4662

Großenbrode bei Bedarf
John T. Essberger/DBAI

Grömitz ständig besetzt
Bremen/DBAS

Neustadt bei Bedarf
Crempe/DH3778

Travemünde bei Bedarf
Hans Ingwersen/DD4656

Timmendorf/Poel bei Bedarf
Günther Schöps/DH3767

Kühlungsborn bei Bedarf
Butt/DH3785

Warnemünde ständig besetzt
Theo Fischer/DBBR

Wustrow bei Bedarf
Barsch/DH3784

Darßer Ort ständig besetzt
Vormann Jantzen/DBAG

Prerow Wieck bei Bedarf
Hörnum/DA3991

Zingst bei Bedarf
Zander/DH3782

Vitte/Hiddensee bei Bedarf
Dornbusch/DH3770

Sassnitz ständig besetzt
Arkona/DBAD

Lauterbach bei Bedarf
Putbus/DH3772

Stralsund bei Bedarf
Stralsund/DH3781

Freest bei Bedarf
Heinz Orth/DD4654

Greifswalder Oie ständig bes.
Fritz Behrens/DBAN

Zinnowitz/Achterwasser Bedarf
Max Carstensen/DD2503
Hecht/DH3783

Ueckermünde bei Bedarf
Gerhard ten Doornkaat/DH3768
Marie Luise Rendte/DF7681

Breege bei Bedarf
Walter Müller/DA3987

Glowe bei Bedarf
Siegfried Boysen/DA7298

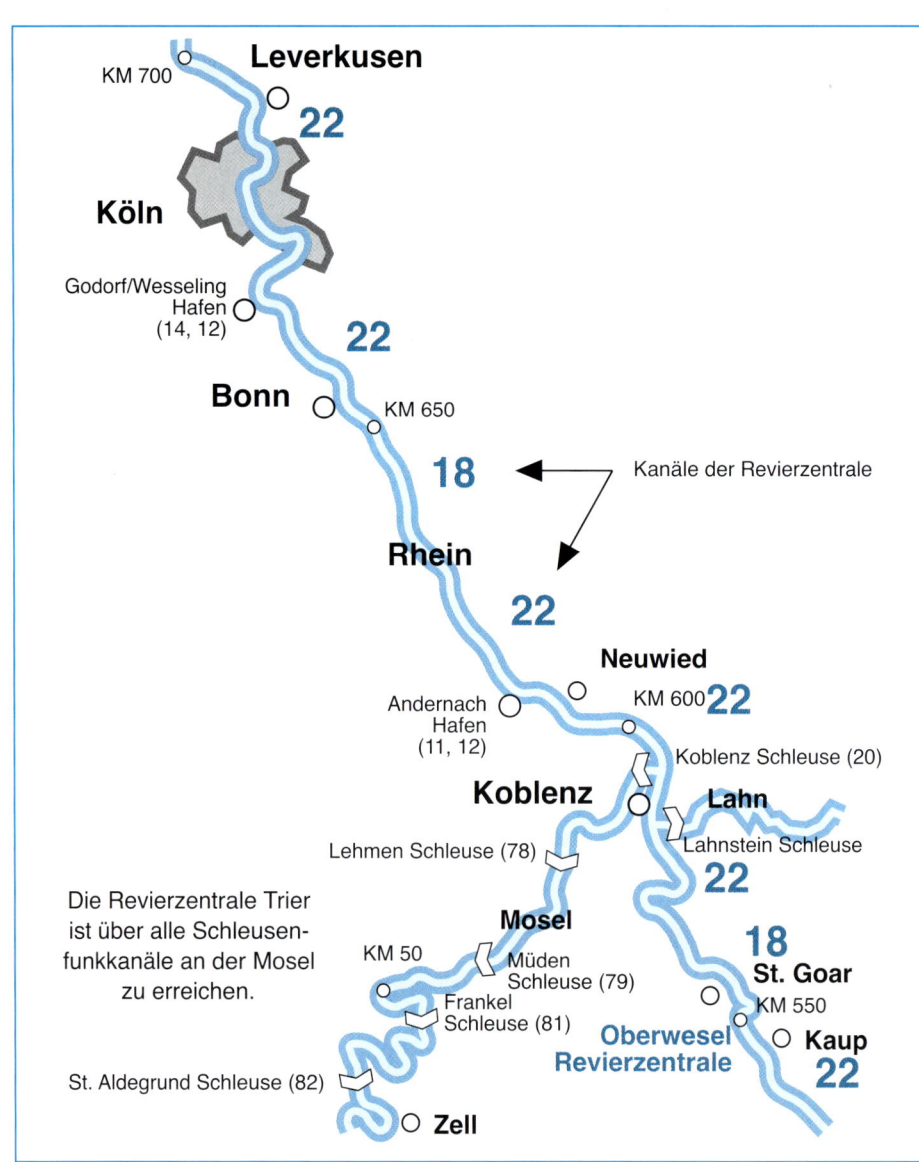

Derartige Karten sind im Handbuch Binnenschifffahrtsfunk abgedruckt. In der Prüfung zum UKW-Sprechfunkzeugnis für den Binnenschifffahrtsfunk muss manchmal der Arbeitskanal aus einer solchen Karte herausgesucht werden.

markers	Spruchkennzeichen	may I	darf ich
answer	kündigt eine Antwort an	is there	gibt es
		do you wish	möchten Sie
correction	kündigt eine Berichtigung an	how do you read me	wie empfangen Sie mich
information	kündigt eine beobachtete Tatsache an	which is your call sign	wie lautet Ihr Rufzeichen
instruction	kündigt einen Hinweis auf eine Rechtslage an	what is your present position	was ist Ihre derzeitige Position
intention	kündigt eine unmittelbar bevorstehende Absicht an	yes oder affirmative	ja; anschließend wird der Satz in vollem Wortlaut wiederholt.
query oder question	kündigt eine Frage an	no oder negative	nein; anschließend wird der verneinte Satz in vollem Wortlaut wiederholt.
request	kündigt eine Aufforderung an		
warning	kündigt eine Warnung vor Gefahren an		
repeat	kündigt eine Wiederholung an	standby	warten Sie
		say again	wiederholen Sie
acknowledgement	Bestätigung	I cannot read you	ich empfange Sie nicht
		message not understood	Nachricht nicht verstanden
		no information	keine Information
numbers, exact times	**Zahlen, Zeitangaben**	change/switch to channel	schalten Sie um auf Kanal
two-one-zero	210	please use channel	benutzen Sie bitte Kanal
five-point-six	5,6		
local (shore)time	gesetzliche Landeszeit	standby on channel	warten Sie auf Kanal
zone time	Zonenzeit	I am not able to comply	ich kann Ihrer Bitte nicht nachkommen
UTC	Weltzeit UTC		
seventeenhundred UTC	1700 UTC		
190745 Sep UTC	19. 9., 07.45 Uhr UTC		
190745Z Sep	19. 9., 07.45 Uhr UTC		
190745Z Sep 01	19. 9. 01, 07.45 Uhr UTC	**radio telephony**	**Sprechfunk**
		to be in radiocontact with	in Funkkontakt stehen mit
		radio message	Funkspruch
questions, answers	**Fragen, Antworten**	VHF channel 06	UKW-Kanal 06
must I	muss ich	to transmit	senden
do I require	benötige ich	to receive	empfangen

211

I wish	ich möchte
a call	ein Gespräch
I am passing	ich übermittele
a message for	eine Nachricht für
I read you	ich empfange Sie
barely perceptible	kaum wahrnehmbar
poor	mangelhaft
weak	schwach
fair	ausreichend
good	gut
excellent	ausgezeichnet
I am ready to receive	ich bin empfangsbereit
carrier/radio signal	Träger
calling-in point	Meldestelle
radio reporting point	Meldestelle
to promulgate	verbreiten
promulgation	Verbreitung
to disseminate	verbreiten
dissemination of safety communications	Verbreitung von Sicherheitsmeldungen

navigation	**Schifffahrt**
shipping	Schifffahrt
naval force/navy	Kriegsmarine
merchant navy	Handelsmarine
coastguard	Küstenwache
master	Kapitän
vessel crossing	Schiff, das ein Fahrwasser kreuzt
vessel inward	Schiff, das von See kommend in einen Hafen einläuft
vessel leaving	Schiff, das seinen Liegeplatz verlässt
vessel outward	Schiff, das Richtung See ausläuft

vessel turning	Schiff, das erhebliche Kursänderung vornimmt
transitting shipping	durchgehende Schifffahrt
freighter	Frachter
freight vessel	Frachtschiff
container-ship	Containerschiff
tanker	Tanker
ferry	Fähre
rescue vessel	Rettungsschiff
tug	Schlepper
barge	Lastkahn
tow	1. Schleppanhang, 2. Schlepptrosse
hull	Rumpf
superstructures	Aufbauten
accommodation	Unterkunft
hold	Laderaum
cargo (Am. freight)	Ladung
draught/draft	Tiefgang
maximum permitted draught	höchstzulässiger Tiefgang
air draught	Höhe über dem Wasser
vertical clearance	Durchfahrthöhe
on the high seas	auf hoher See
strait	Meerenge, Straße
ashore	an der/in Richtung Küste
approach	Ansteuerung
gateway/entrance	Einfahrt
breakwater	Wellenbrecher
levee	Damm
groyne	Buhne
harbour	Hafen
port	Handelshafen
harbour depth	Hafentiefe
harbour-masters office	Hafenbüro

harbour dues	Hafengebühr	to report	berichten
basin	Hafenbecken	light	Leuchtfeuer
pier	Pier, Landungsbrücke	lighthouse	Leuchtturm
depth at a jetty	Tiefe an einem Steg	leading lights	Richtfeuer
pontoon	Schwimmsteg	direction light	Leitfeuer
dockyard	Werft	light vessel	Feuerschiff
underway	in Fahrt	light buoy	Leuchttonne
ground speed	Fahrt über Grund	fixed light	Festfeuer
way through the water	Fahrt durch das Wasser	occulting light	unterbrochenes Feuer
knots (pl.)	Knoten (naut. und	isophase light	Gleichtaktfeuer
	seemänn.)	long flashing light	Blinkfeuer
slow down	fahren Sie langsamer	short flashing light	Blitzfeuer
go ahead	fahren Sie voraus	quick flashing light	Funkelfeuer
I proceed by	ich benutze das	very quick flashing	schnelles Funkel-
fairway	Fahrwasser	light	feuer
I am approaching to	ich nähere mich	sector light	Sektorenfeuer
I keep course and	ich behalte Kurs und	all-round light	rundumscheinendes
speed	Geschwindigkeit bei		Feuer
current	Strom, Strömung	fairway buoy	Fahrwassertonne
I am altering my	ich ändere meinen	marker buoy	Markierungsboje
course to ...	Kurs auf ...	whistle buoy	Heultonne
you are heading	Sie fahren auf	barrel buoy	Fasstonne
towards fishing gear	Fanggeschirr zu	pillar buoy	Bakentonne
I require a	ich benötige einen	spar buoy	Spierentonne
pilot	Lotsen	buoy with topmark	Tonne mit Toppzeichen
wait for lock clearance	warten Sie, bis die	unlit mark	nicht befeuertes
	Schleuse klar ist		Seezeichen
bridge will not open	Brücke wird nicht	visitors mooring	Festmachetonne für
	geöffnet		Gastyachten
bascule bridge	Klappbrücke	beacon	Bake
I am at anchor	ich liege vor Anker	prohibited area	ziviles Sperrgebiet
anchorage	Ankerplatz	military restricted area	militärisches Sperrgebiet
anchoring	vor Anker liegend	firing danger	militärisches Übungs-
my anchor is dragging	mein Anker hält nicht	area	gebiet
anchoring is prohibited	Ankern verboten	firing range	Schießgebiet
I heave up anchor	ich gehe ankerauf	area to be avoided	zu meidendes Gebiet
to sight	sichten	precautionary area	Vorsichtsgebiet
to keep clear	sich klar halten, aus-	restricted area	Gebiet mit Schifffahrts-
	weichen		beschränkungen

		yachting	**Yachtsport**
dumping ground	Schüttstelle	chandlery	Yachtausrüster
spoil ground	Baggerschüttstelle	GRP	GFK
dredging area	Baggergebiet	glass reinforced	Glasfaser verstärkter
incination area	Abfallverbrennungsgebiet	polyester	Kunststoff
foul	gefährlich, unrein	sailboat	Segelboot
flat/shoal	Flach, Untiefe, flach	sturdy	stämmig, stäbig
fairway	Fahrwasser	seaworthy	seetüchtig
channel	Fahrwasser, Durchfahrt	motor cruiser	Motorkreuzer
traffic separation	Verkehrstrennungs-	yacht	Yacht
scheme (TSS)	gebiet (VTG)	tender	Beiboot
inshore traffic zone	Küstenverkehrszone	inflatable dinghy	aufblasbares Beiboot
inshore waters	Küstengewässer	undecked boat	offenes Boot
	(12-sm-Zone)	screw	Schraube
offshore	auf hoher See	twin screw yacht	Doppelschraubenyacht
onshore	von See her, auflandig	engine	Maschine
approximate position	ungefähre Position	outboard	Außenborder
degrees	Grad (Positionsangabe)	under power	unter Maschine
minutes	Minuten (Positionsang.)	under canvas/under	unter Segeln
latitude	Breite	sail	
longitude	Länge	length over all	Gesamtlänge
in vicinity of	in der Nähe von	beam	Breite
nearby	nahebei	ahead	voraus
position doubtful	Position zweifelhaft	astern	achteraus
nautical miles (nm)	Seemeilen (sm)	abeam	querab
variation	Missweisung	forward	nach vorn
course	Kurs (Soll-Kurs)	aft	nach achtern
heading	Kurs (Ist-Kurs)	midships	mittschiffs
recommended track	empfohlener Kurs	starboard	Steuerbord
true bearing	rechtweisende Peilung	port	Backbord
chart	Karte	(to be) aboard	an Bord (sein)
tidal datum/chart	Kartennull	(to go) on board	an Bord (gehen)
datum	(Gezeitennull)	rudder	Ruder
estimated time of	voraussichtliche	wheel steering	Radsteuerung
arrival (ETA)	Ankunftszeit	tiller steering	Pinnensteuerung
estimated time of	voraussichtliche	deck	Deck
departure (ETD)	Abfahrtzeit	railing	Reling
ebb	Ebbe	rail	Schiene, Fußreling
flood	Flut	to hoist	heißen
neap tide	Nipptide		

to hoist the colours	die Nationalflagge setzen	bow spring/ forward spring	Vorspring
courtesy flag	Gastlandflagge	aft spring	Achterspring
navigation lights	Positionslichter	shackle	Schäkel
companionway	Niedergang	skipper-owner	Skipper und Eigner
main cabin	Hauptkajüte, Salon	helmsman	Rudergänger
bunk	Koje	to sail out	auslaufen
berth	1. Liegeplatz eines Schiffes,	to reckon	aus-/berechnen
		dead reckoning	Koppeln
	2. Koje	dead reckoning navigation	Koppelnavigation
galley	Kombüse		
garbage	Abfall	dead reckoning position	Koppelort
shelf, pl. shelves	Regal, Bücherbrett		
cabin trunk	Kajütaufbau	true position	wahrer Ort
forecastle	Vorschiff	dead calm	Totenflaute
forecabin	Vorderkajüte	dead ahead	recht voraus
aftcabin	Achterkajüte	dead astern	recht achteraus
hatch	Luke	dead slow	ganz langsam
bow	Bug		
pulpit	Bugkorb		
pushpit	Heckkorb	**sailing**	**Segeln**
stem	Steven	rig/rigging	Rigg, Takelage
stern	Heck	fractional rig	7/8- oder
transom	Spiegel		15/16-Takelung
keel	Kiel	aloft	in der Takelage (Höhe)
hull shape	Rumpfform	mast	Mast
topsides	Überwasserschiff	boom	Baum
underwater hull	Unterwasserschiff	shroud	Want
buoyancy	Auftrieb	spreader	Saling
wash	Wellenschlag, Kielwasser	stay	Stag
		headstay/forestay	Vorstag
to berth a boat	anlegen, ein Boot festmachen	backstay	Achterstag
		preventer	Backstag
rope	Tauwerk	halyard	Fall
tow line	Schleppleine	main halyard	Großfall
anchor warp	Ankerleine	to set a sail	ein Segel setzen
docking line	Festmacheleine	to take-down a sail	ein Segel bergen
bow line	Vorleine	sail batten	Segellatte
stern line	Heckleine	mizzen	Besan

215

mainsail	Großsegel	to jibe/to gybe	halsen
foresail	Vorsegel	wind abeam/	halber Wind
genoa	Genua	beam wind	
jib	Fock	reach	Raumschotkurs
spinnaker	Spinnaker	reaching	raumschots
reef	1. Reff, 2. Riff	to reach	mit raumem Wind
winch handle	Winschkurbel		segeln
luffing sails	killende Segel	beam reach	raum seitlich
to luff	anluven	close-reach	raum vorlich
leeward	in Lee	broad reach	raum achterlich
windward	in Luv	to run downwind	auf Vorwindkurs laufen
starboard tack	Backbord (!) Bug	to sail before the wind	vor dem Wind segeln
port tack	Steuerbord (!) Bug	wind aft	achterlicher Wind,
same tack	gleicher Bug	dead run	platt vor dem Wind
tack	1. Wende,		
	2. Kreuzschlag,		
	3. Hals eines Segels	**distress**	**Seenot**
to tack	1. wenden,	distress alert	Seenotalarm
	2. kreuzen,	distress communi-	Funkverkehr im
	3. Hals anschlagen	cations	Seenotfall
to tack downwind	vor dem Wind kreuzen	search and rescue	Suche und Rettung
beat	Kreuzschlag	emergency transmitter	Notsender
to beat	kreuzen	epirb	Epirb, Seenotfunkboje
to heel	krängen	assistance immediately	sofortige Hilfe benötigt
close haul course	Amwindkurs	needed	
close-hauled/upwind	am Wind	radio beacon	Funkbake, -boje
to haul	holen, ziehen	assistance no longer	Hilfe nicht länger
to haul down	niederholen	required	erforderlich
downhaul	Niederholer	what assistance is	welche Art Hilfe ist
to haul taut (tight)/	dichtholen	required	erforderlich
to tauten		send a lifeboat	schickt ein Rettungs-
to haul/harden in	eine Schot anholen		boot
a sheet		I am coming to your	ich komme Ihnen zu
jib sheet	Fockschot	assistance	Hilfe
main sheet	Großschot	helicopter is	Hubschrauber kommt
to veer/to slack/	fieren	proceeding	
to lower		rescue by breeches-	Abbergen mit Hilfe
slack the sheets	fier die Schoten	buoy	einer Hosenboje
jibe/gybe	Halse	life-/survival raft	Rettungsinsel

life vest, life jacket	Rettungsweste	**urgency**	**Dringlichkeit**
red rockets	rote Raketen	to assist	Beistand leisten
leak below	Leck im	if possible	falls möglich
the waterline	Unterwasserschiff	to keep a sharp lookout	scharf Ausguck halten
undesignated distress	Notfall ohne genaue	seriously injured person	schwer verletzte Person
	Angabe	heart attack suspected	Verdacht auf Herzinfarkt
ship on fire	Feuer an Bord	unconscious	bewusstlos
fire fighting assistance	Feuerlöschhilfe	medical assistance	ärztliche Hilfe
to strike (struck, struck)	rammen	dismasted	Mastbruch
iceberg	Eisberg	seacock	Seeventil
growler	kleiner Eisberg	engine broken down	Maschine ausgefallen
sinking	Schiff sinkt	to tow	schleppen
still afloat	noch schwimmend	I need a tow	Ich brauche
grounding	Grundberührung,		Schlepphilfe
	Strandung	tug assistance required	Schlepphilfe benötigt
flooding/ship is making	Wassereinbruch	to go aground	auf Grund laufen
water		vessel not	manövrierunfähiges
in collision with …	Kollision mit …	under command	Schiff
list/listing	Schlagseite	overdue yacht	überfällige Yacht
to list	Schlagseite haben	radiomedical	funkärztliche
cargo has shifted	Ladung ist verrutscht	assistance requested	Beratung erbeten
danger of capsizing	Kentergefahr	end of urgency	Ende des Dringlich-
disabled and adrift	manövrierunfähig	traffic	keitsverkehrs
	vertrieben		
abandoning ship	Schiff wird verlassen		
bottom up adrift	kieloben treibend	**safety**	**Sicherheit**
hit-and-run collision	Kollision mit Unfallflucht	safety message	Sicherheitsmeldung
salvage	Bergung	buoy unlit	Tonne verlöscht
shipwrecked	Schiffbrüchiger	buoy off station	Tonne nicht am Ort
mariner/person		buoy withdrawn	Tonne eingezogen
to drown	ertrinken	buoy with yellow	Tonne mit gelbem
aircraft is ditched	Flugzeug ist	flashlight	Blitzfeuer
	notgewassert	temporary inoperative	zeitweilig außer Funktion
man overboard	Mann-über-Bord	dangerous wreck	gefährliches Wrack
one person	eine Person wird	drilling rig	Bohrinsel
missing	vermisst	container adrift	treibender Container
missing diver	vermisster Taucher	in position	auf Position
help with search and	Hilfe bei Suche und	drifting treetrunks	treibende Baumstämme
rescue	Rettung	measuring works	Vermessungsarbeiten

217

seismograhic investigations	seismographische Untersuchungen
diving works	Taucherarbeiten
will be carried out	werden ausgeführt
vessel with difficult tow	außergewöhnlicher Schleppverband
right-of-way vessel	Wegerechtschiff
keep clear of this area	meiden Sie dieses Gebiet
wide berth to … requested	großer Abstand um … erbeten
area is closed for navigation	Gebiet gesperrt für die Schifffahrt
danger for navigation	Gefahr für die Schifffahrt
navigate with caution	fahren Sie vorsichtig
shallow water ahead	Untiefe voraus
rock awash	überspülter Felsen
rock which covers and uncovers	Fels trockenfallend
dangerous underwater rock	gefährliche Unterwasser-klippe
partly submerged at high water	bei Hochwasser teil-weise unter Wasser
submerged wreck	unter Wasser befind-liches Wrack
submerged obstacle	Hindernis unter Wasser
fog bank ahead	Nebelbank voraus
risk of a collision imminent	eine Kollision droht unmittelbar
my radar is not working	meine Radaranlage ist ausgefallen
anchor chain parted	Ankerkette gebrochen/verloren
gas leakage from fractured pipeline	Gasausbruch aus gebro-chener Rohrleitung
gunnery exercises	Schießübungen
extinguished/unlit	verlöscht
adrift/drifting	treibend

weather	**Wetter**
weather report	Wetterbericht
weather forecast	Wettervorhersage
weather service	Wetterdienst
area	Gebiet
inference	allgemeine Wetterlage
general synopsis	allgemeine Wetterlage
pressure	Luftdruck
outlook	Aussichten
gentle breeze	leichte Brise (Bft. 3)
moderate breeze	mäßige Brise (Bft. 4)
gale warning	Sturmwarnung
gale	stürmischer Wind (Bft. 8)
severe gale	Sturm (Bft. 9)
storm	schwerer Sturm (Bft. 10)
violent storm	orkanartiger Sturm (11)
hurricane	Orkan (Bft. 12)
tropical storm, vortex	Wirbelsturm
wind direction and speed	Windrichtung und -stärke
westerly	Westwind
veering	rechtdrehend
backing	rückdrehend
shifting of the wind	Drehen des Windes
variable/cyclonic	umlaufend
gust/squall	Bö
gusty/squally	böig
the storm will decrease	der Sturm wird abnehmen
increasing wind	zunehmender Wind
deterioration	Verschlechterung
cancellation	Aufheben (z. B. einer Sturmwarnung)
onshore wind	Seewind
offshore wind	Landwind
thunderstorm	Gewitter
thunder	Donner
lightning	Blitz
thundery	gewittrig

mist/haze	Dunst	overcast	bedeckt
fog at dawn	Frühnebel	cloudy	bewölkt
fog in patches	stellenweise Nebel	visibility	Sicht
floe	Treibeis, Eisscholle	good	gut (> 5 sm)
local	örtlich	moderate	mäßig (2 - 5 sm)
precipitation	Niederschlag	poor	diesig (1000 m - 2 sm)
drizzle	Nieselregen, Sprühregen	fog	Nebel (< 100 m)
rain/rainfall	Regen	wet fog	nässender Nebel
sleet	Schneeregen	mainly fair	überwiegend heiter
dew	Tau	seaway	Seegang
rime	Reif	heavy sea	schwere See
sleet	Schneeregen		(Wellenhöhe > 4 m)
hail	Hagel	moderate sea	mäßige See
soft hail	Graupel		(Wellenhöhe 2 - 4 m)
shower	Regenschauer	low sea	leichte See
showery	Schauerwetter		(Wellenhöhe 0 - 2 m)
moderating	nachlassend	breaker	Brecher
isolated/scattered	vereinzelt	breakers/surf	Brandung
slight	leicht	swell	Dünung
low	Tief		
cyclone	Sturmtief		
gradient	Druckunterschied	**Geographical**	**Geographische**
depression	Tiefdruckgebiet	**names**	**Namen**
extensive	ausgedehnt	Humber	Humber,
filling	auffüllend		südwestliche Nordsee
secondary depression	Teiltief		(nördlicher Teil)
complex depression	Tiefdrucksystem	Thames	Themse,
course line	Zugbahn		südwestliche Nordsee
rear of depression	Rückseite des Tiefs		(südlicher Teil)
cold front	Kaltfront	Dover Strait	Straße von Dover
warm front	Warmfront	Denmark Strait	Dänemark Straße
dispersing	auflösend		(Island-Grönland)
trough	Trog, Tiefausläufer	Fair Isle	Orkney, Shetland
high	Hoch	Bay of Biscay	Bucht von Biscaya
anticyclone	Hochdruckgebiet	Gulf of Finland	Finnischer Meerbusen
ridge/wedge of	Hochdruckkeil	German Bight	Deutsche Bucht
high pressure		Baltic sea	Ostsee
stationary	stationär	North sea	Nordsee
disturbance	Störung	Mediterranean Sea	Mittelmeer

219

A

A1 bis A4 22, 23, 206, 207
Abrechnungskennung 16
Admiralty List of Radio
    Signals 43, 60, 61, 207
AIS 58, 59
Aktivradarreflektor 39
Alarmierungskonzept
    des GMDSS 21
Allgemeines Betriebszeugnis
    200
Anrufverfahren 13, 80
Arbeitskanäle deutscher
    KüFuSt 204
ATIS 77, 78
Aufheben von Fehlalarmen
    49, 50
Ausrüstungspflicht 77

B

Beschränkt gültiges Betriebs-
    zeugnis für Funker 200
Bestätigung eines Notalarms
    44, 45, 47
Binnenschifffahrtsfunk 76 ff.,
    116 ff., 158, 196 ff., 210
Bremen Rescue 8, 42, 54
Bridge Radio 54, 204
Buchstabiertafel 202
Bundesnetzagentur 53, 61, 78

C

CES 21, 32
Coast Earth Station 21, 32
Control 13, 55
Cospas-Sarsat 32, 37 ff.
CQ 45
Cross 42

D

Datentelegramme 58, 59
DE 45
DGzRS 8, 42, 208, 209
Digitaler Selectivruf 15, 24,
    62 ff., 158 ff.
Distress Alert 7
Distress-Taste 6, 7
DK, Donaukommission 79, 117
Dover Coastguard 42, 55
Dover Port Control 55
DP01, DP07 16
Dringlichkeit 7, 12, 51, 80, 82
Dringlichkeitsmeldung an eine
    KüFuSt 69
DSC 15, 24
DSC-Controller 6, 15, 25, 62 ff.,
    81, 158 ff.
DSC-Controller-Bedienung
    62 ff., 158 ff.
DSC-Dringlichkeitsmeldung an
    eine KüFuSt 69
DSC-Notalarm 7, 42 ff.
DSC-Routineanruf an ein Schiff
    64 ff.
DSC-Routineanruf an eine
    KüFuSt 66 ff.
DSC-Ruftyp 63
DSC-Sicherheitsmeldung an alle
    Schiffe 67
DSC-Weiterleitung einer
    Notmeldung 25, 73 ff.
Duplex 11, 26, 205

E

EGC-Empfänger 31, 34
Englische Vokabeln 211 ff.

Epirb 21, 37 ff.
Errichten einer SeeFuSt 61

F

F3E/G3E 185
Fehlalarme 49, 50
Flugfunknotfrequenz 37
Fragenkataloge 81, 83
Fremdpeilung 60
Frequenzen der UKW-Kanäle
    205
Frequenzzuteilungsurkunde
    35, 53, 59, 78
Funkärztlicher Beratungsdienst
    61
Funkausrüstung 20 ff., 77
Funkbenutzungspflicht 55, 78
Funkerregeln 10
Funkliteratur 59, 81
Funkverkehr an Bord 76
Funkverkehr vor Ort 22
Funkverkehr zwischen den
    Brücken der Schiffe 15, 22
Funkzeugnisse 53, 200

G

G3E 185
Gegensprechen 11
Geo-Satellit 38
Gesetzliche Zeit 60
GMDSS 9, 17 ff., 53
GMDSS-Alarmierungskonzept
    21
GMDSS-Fehlalarme 49, 50
GMDSS-Funkausrüstung 23 ff.
GMDSS-Seegebiete 22, 23, 206
GOC 200
GZ 60

H

Häfen 204
Handbuch Binnenschiff-
  fahrtsfunk 81
Handsprechfunkgerät 41
Hörbereitschaft 55
Hörwache auf Kanal 16   49
Homing 38

I

Inmarsat 31 ff.
International Maritime Organi-
  zation (IMO) 11, 18, 53
International Telecommunication
  Union (ITU) 18, 53

J

Jachtfunkdienst 54, 61

K

Kanal 10   78
Kanal 16   11, 17, 49
Kanal 70   24
Kanäle 10, 11 204, 205, 210
Kategorie 63
Klasse-B-Controller 25
Klasse-D-Controller 25
KüFuSt 12, 53
Küstenerdfunkstelle 21, 32

L

L-Band-Epirb 34
Lagemeldungen 54
Leo-Satellit 37
Leosar-Geosar 38
Literatur 61, 81
Local User Terminal 37

Lock Radio 54, 204
LRC 200
LUT 37
Lyngby Radio 42

M

Marina Radio 55
Maritime Sicherheitsinforma-
  tionen 22, 29
Mayday 12, 42 ff., 79
Mayday Relay 47, 79
Medico-Gespräch 61
Metarea 31
MfS 61
MID 13, 24
Mitteilungen für SeeFuSt 61
Mitteleuropäische Sommerzeit
  60
MMSI 13, 24, 36
MRCC 8, 21, 42
MSI 22, 29

N

Nautischer Funkdienst 54, 61
Nautischer Informationsfunk
  76, 79, 80, 210
Navarea 31
Navtex 30, 31, 52
NDR 4 60
Nicht-öffentlicher Verkehr
  12, 54
Niederlande 77
NIF 74, 77, 78
NON-GMDSS 9, 30, 44, 77
Notalarm 7, 42 ff.
Notmeldung 10, 42, 44, 77, 80
Notverkehr 12, 43 ff., 77, 80

O

Öffentlicher Nachrichten-
  austausch 74
Öffentlicher Verkehr 12, 16, 53
Oki Reeds Nautical Almanac
  55, 61
On-Scene-Co-ordinator 47
Ortungssignale 22

P

Pan Pan 12, 51, 52, 79, 82
Pilot Radio 54
Port Control Radio 55
Port Radio 54, 55, 204
Praktische Verkehrsabwicklung
  157 ff.
Prudence 79
Prüfung 83, 149, 157, 201
Prüfungsbogen 101, 130

R

Racon 39
Radar Radio 54, 57, 60
Radarantwortbake 39
Radarberatung 60
Radarketten 57
Radarreflektor 39
Radartechnik 38
Radartransponder 40 ff.
Radio Regulations 53
Rangfolge 12, 78
Rauschsperre 11
Rechtliche Vorschriften 53
Rettungskreuzer Standorte
  208, 209
Reisevorbereitung 54, 55, 59
Rettungsleitstelle 8, 21, 42, 208

Rettungskreuzer   208, 209
Revier- und Hafenfunk   15, 54, 205
Revierzentrale   80
Rheinfunk   76
ROC   200
Routineanruf an ein Schiff   14, 15, 64 ff., 80
Routineanruf an eine KüFuSt   16, 66 ff.
RR   53
RRR   45
Rufzeichen   13, 78
Rundfunksender   60

S
S-Band-Radar   40
Safetynet   30, 31
Sammelanrufe   16
SAR   38
SART   40 ff.
Satellitenseefunk   31 ff
Schiff-Schiff-Verkehr   14, 74, 205
Schiff-zu-Schiff-Notalarme   20
Schifffahrtsvokabular   211 ff.
Schiffserdfunkstelle   33
Schiffsfunkstelle   12, 78
Schiffslenkungsfunkdienst   54
Schiffssicherheitsverordnung   53
Schiffssicherheitsvertrag   53
Schleusen   54, 80, 81, 204
Sécurité   13, 52, 80
Seefunk mit DSC-Controller   62 ff., 157 ff.
Seefunkkennzahl   13, 24
Seefunkzeugnisse   53, 200
SeeFuSt   12, 61

Seegebiete   22, 23, 206, 207
Seenotfunkboje   34 ff.
Seeschiffsregister   13
Seewarndienst Emden   31
Seewetterberichte   29, 30, 60, 203
Semiduplex   11
Sendeleistung   12
SES   33
Ship Earth Station   33
Sicherheit   13, 52, 80
Sicherheitsmeldung an alle Schiffe   67, 82
Silence Détresse   79
Silence fini   49, 79
Silence Mayday   47
Simplex   11
SOLAS-Abkommen   17, 53
Sprechfunk   10
Sprechweg   77
SQL   11
SRC   200
Suche und Rettung   20, 38, 40

T
Telefonieren   16, 32, 67, 189 ff.
Telegramm   16, 99, 100
Telekommunikationsgesetz   53
Traffic Radio   54, 204
Transponder   38 ff.

U
Übermitteln von Meldungen   202
Übersetzungsaufgaben   149
UKW-Funkbetriebszeugnis   200
UKW-Karte   203
UKW-Sprechfunkgerät   6, 26 ff.

UKW-Sprechfunkzeugnis   76, 200
Ultrakurzwellen   10
Universal Time Coordinated   60
Unterscheidungssignal   13
UTC   60

V
Verkehr vor Ort   47
Verkehrskreis   76
Verkehrssicherungssysteme   54, 81
Verkehrszentrale   54, 58, 204
VHF   7
VO Funk   53
Vokabeln   211 ff.
Von Land weiterübermittelte Notalarme   20
Vorhersagegebiete   203
VTS   54

W
Warn- und Informationsfunk   29
Wechselsprechen   9, 11
Weiterübermittelte Notmeldung   47, 48, 72 ff.
Wetterberichte   29, 30, 60, 203
Widerruf eines Fehlalarms   49, 50

X
X-Band-Radar   40

Z
Zeitangaben   60
ZKR Zentralkommission   76, 79
Zulassungspflicht   59, 78
Zweikanalüberwachung   11, 77